罗嘉文 著

基于SNM理论的前孵化器运行机制研究

企业管理出版社
ENTERPRISE MANAGEMENT PUBLISHING HOUSE

图书在版编目（CIP）数据

基于SNM理论的前孵化器运行机制研究 / 罗嘉文著. —北京：企业管理出版社，2021.12

ISBN 978-7-5164-2517-6

Ⅰ.①基… Ⅱ.①罗… Ⅲ.①企业孵化器－研究 Ⅳ.①F276.44

中国版本图书馆CIP数据核字（2021）第230951号

书　　名：	基于SNM理论的前孵化器运行机制研究
书　　号：	ISBN 978-7-5164-2517-6
作　　者：	罗嘉文
责任编辑：	张　羿
出版发行：	企业管理出版社
经　　销：	新华书店
地　　址：	北京市海淀区紫竹院南路17号　　邮　　编：100048
网　　址：	http://www.emph.cn　　电子信箱：26814134@qq.com
电　　话：	编辑部（010）68701661　发行部（010）68701816
印　　刷：	北京虎彩文化传播有限公司
版　　次：	2021年12月第1版
印　　次：	2021年12月第1次印刷
开　　本：	710mm×1000mm　　1/16
印　　张：	17
字　　数：	280千字
定　　价：	88.00元

版权所有　翻印必究·印装错误　负责调换

前　言

在创新驱动和产业转型升级背景下，我国积极推动科技创新体系构建和网络深化发展，而探索科技与产业的融合新思路、新模式是当前创新范式发展的新趋势。前孵化器出现于20世纪90年代中后期，作为连接孵化器前端的关键一环，在搭建商业群落与研究群落桥梁，跨越科技创新的"死亡之谷"，促进科技创新成果转化方面发挥了重要作用，已逐步发展成为高科技中小微企业的"催生器"。

战略生态位管理（Strategic Niche Management，SNM）主要研究将体制环境外部互动机制与技术的生态位内部互动机制相结合来帮助引进与扩散新技术，促使"社会—技术体制"变革和技术变革的有机结合，最终实现新技术的可持续发展，是国外20世纪末才兴起的一种基于生态位观点的管理工具和分析方法。

本书将SNM理论应用与前孵化器的运行发展相结合，从理论、应用和实证研究等多个层面围绕前孵化器的运行机制及效率、前孵化器背景下的创新创业人才培养展开研究。

随着有关SNM理论和前孵化器研究的推进和发展，本书力求将SNM理论应用到前孵化器的创新管理实践发展中。基于此，书中主要分以下几个部分进行论述。

首先，阐释了商业群落和研究群落之间"死亡之谷"的跨越重要性和关键问题，提出了本书的研究边界——前孵化器发展相关问题以及研究目的和意义，并对相关的基本概念进行了界定和解析。

其次，在分析前孵化器内涵、特征和功能定位的基础上，分析了国内外前孵化器的发展现状和面临的问题。通过对 SNM 理论特别是市场生态位理论，从技术创新成果转化的角度进行了系统的研究，丰富了 SNM 理论。

最后，在理论层面进行了创新。一是以 SNM 理论的视角，从生态位实施、生态位成长和前孵化器培育等方面构建前孵化器发展模型，从宏观、中观和微观三个层面分析前孵化器发展路径。二是提出基于 SNM 理论的全程孵化管理，从管理模式契合、促进孵化和重心前移等方面研究基于 SNM 的全程管理对前孵化的作用，从 SNM 过程出发，研究前孵化器全程孵化管理设计，提出以 SNM 理论规划全程孵化管理战略的路径。三是基于 SNM 理论的多主体参与前孵化器开放式创新研究，构建基于政府、高校、科研机构、中介及用户的多主体参与的开放创新模式，分析在不同开放程度下，前孵化器各参与创新主体的收益变化情况。四是应用 SNM 理论，探索 SNM 评价指标体系的构建，提出 SNM 评价的程序、指标选择原则及评价指标体系构建的思路，并在此基础上构建基于 SNM 的前孵化器评价指标体系，为 SNM 效果测量和前孵化器实践提供支撑。

在实证层面，一是运用随机前沿分析（Stochastic Frontier Analysis，SFA）方法，选取 2016 年广东省前孵化器发展数据进行实证分析，研究其功能目标，探究孵化行为及形态，了解前孵化器的投入对于前孵化器的收入和技术创新成果转化的作用，分析主要影响因素及作用机理。二是在 SFA 方法分析结果风险投融资调节效应显著的基础上，进一步揭示前孵化器和风险投资合作的机理，研究前孵化器和初创企业如何通过自身努力积极提升前孵化器网络声誉以更好地吸引风险投资的问题，运用随机微分博弈理论，分别考虑两者在合作和非合作博弈情况下的最优努力水平及最大收益。三是对基于前孵化器的学生创新创业教育，从影响因素、评价体系、创新创业团队绩效等层面进行了实证分析。

研究结果表明，SNM 理论能为前孵化器的新技术推广、应用和转化提供崭新的分析模型，通过理论推演和实例验证，可以构建 SNM 评价体系对前孵化器进行评估。实证分析显示：基础服务能力和投融资能力是提升前孵化器运行效率的核心能力，前孵化器创业导师的作用明显，创业效率较高，而自主知识产出方面仍需提升，创新效率较低。

本书为把握科技创新和成果转化深度融合的规律以及科学制定前孵化器发展政策提供了新的 SNM 理论的思路和视角，同时通过对前孵化器运行机制理论和实践的研究，进一步丰富和完善了 SNM 理论体系和应用范围。

本书是本人前期研究的一个阶段性总结，我从 2007 年开始关注 SNM、从 2012 年开始关注前孵化器至今，在这一研究过程中，很多研究同仁、朋友和同事给予了悉心的帮助。特别要感谢我的博士生导师张光宇教授、我的老领导苏一凡研究员，正是他们引领我进入这两个领域的研究探索。我还要感谢书稿的审读老师，他们仔细阅读了书稿并且给出了许多宝贵的意见和建议。

本书论点的形成，并非仅仅依靠我的一己之力，而是在研究过程中参考借鉴了国内外众多研究同行的思想和观点，在此一并致谢。

罗嘉文
2021 年 10 月

目 录
contents

第一章 绪论 / 001

第一节 研究背景及意义 / 001

第二节 问题的提出 / 005

第三节 基本概念解释 / 007

第四节 研究方法、技术路线与内容框架 / 012

第五节 主要创新点 / 017

第二章 国内外研究现状与评述 / 019

第一节 企业孵化器的相关研究 / 019

第二节 前孵化器的相关研究 / 020

第三节 国外案例 / 027

第四节 理论视角 / 028

第五节 前孵化器国内外研究现状述评 / 031

第三章　SNM 理论及其应用研究 / 033

第一节　SNM 理论的起源 / 033

第二节　SNM 理论的内涵分析 / 036

第三节　SNM 过程的步骤概述 / 038

第四节　SNM 的应用 / 044

第四章　基于 SNM 理论的前孵化器发展路径研究 / 048

第一节　SNM 理论在前孵化器建设中的应用 / 048

第二节　基于 SNM 的前孵化器建设思路及意义：跨越"死亡之谷" / 049

第三节　基于 SNM 理论的前孵化器发展模型构建 / 051

第四节　基于 SNM 理论的前孵化器多层共生发展 / 060

第五节　基于 SNM 理论的前孵化器发展战略步骤 / 063

第五章　基于 SNM 理论的前孵化器全程孵化管理 / 070

第一节　基于 SNM 理论的全程管理对前孵化器的作用 / 070

第二节　基于 SNM 理论的前孵化器全程孵化管理设计 / 072

第三节　以 SNM 规划全程孵化管理战略路径 / 079

第六章 基于 SNM 理论的多主体参与前孵化器开放式创新 / 085

第一节 SNM 理论在新技术扩散及孵化管理中的应用 / 085

第二节 SNM 理论视角的前孵化器开放式创新的具体实践 / 087

第三节 前孵化器的不同程度创新模式 / 094

第七章 基于 SNM 理论的前孵化器评价指标体系构建 / 100

第一节 SNM 评价的程序与指标选择的原则 / 101

第二节 评价指标体系构建的思路 / 104

第三节 评价指标体系的构建及评价实例 / 109

第八章 基于 SNM 理论的前孵化器运行效率实证分析 / 139

第一节 理论假设和研究方法 / 139

第二节 数据说明与变量选取 / 141

第三节 实证分析结果 / 146

第四节 讨论与建议 / 155

第九章 风险投资对前孵化器与初创企业孵化网络的影响分析 / 160

第一节 孵化器与风险投资合作及影响因素相关研究 / 160

第二节 研究假设与模型构建 / 162

第三节 合作及非合作条件下的博弈策略 / 164

第十章　基于前孵化器的大学生创新创业能力培养 / 175

第一节　实证研究及关键因素分析 / 176

第二节　依托前孵化器建设的工科大学生创新创业能力培养运行机制和平台建设研究 / 203

第三节　案例研究：广工大数控装备协同创新研究院的实践探索 / 208

第四节　新型研发机构创新创业教育评价体系 / 217

第五节　依托前孵化器建设的工科大学生创新创业能力培养的对策建议 / 222

第十一章　结论及展望 / 234

参考文献 / 241

附录一　"工匠创客汇"前孵化器定量指标评价表 / 257

附录二　"工匠创客汇"前孵化器定性指标专家打分表 / 259

第一章 绪论

第一节 研究背景及意义

一、研究背景

随着经济社会的不断发展，创新驱动发展战略日益成为国家竞争力的核心要素，国家战略亦随之变化。2011年2月，美国政府提出了一系列针对教育的改革举措，在颁布的《美国创新战略2011》中明确指出要"赋予美国人21世纪必备的技能，打造一支世界级的人才队伍"。欧盟也于同年11月启动"地平线2020"计划，其中三大目标之一就是打造卓越的科学，提高欧洲基础学科的研究水平，通过一系列世界顶级研究保持持久的竞争力。日本在2011年8月发布的《第四期科技基本计划（2011—2015）》提出，要将科技创新的人才、研究机构和创新环境上升为文化培育，要让科技创新成为一种国家文化。为了实现"2020年成为创新型国家，2050年成为世界科技强国"的目标，我国面临提升自主创新能力、进行产业结构调整等艰巨任务。

为了适应当前我国社会经济发展的新常态，国家明确提出了要大力实施创新驱动发展战略，通过推动以科技创新为核心的全面创新，发挥市场在资源配置中的决定性作用，增强科技进步对经济增长的贡献度，形成新的增长动力源泉。在全面推进创新驱动发展的过程中，最迫切需要解决的一个"短板"是科技与经济"两张皮"的问题，即在创新价值链中"知识创新→技术创新→产品创新"三者转化过程出现断裂，形成科技成果转化的"死亡之谷"。为了更好地促进科学与经济结合，前孵化器顺势而生，这是顺应历史发展和时代要求的必然选择。作为科技与经济深度结合的产物，前孵化器的培育和发展得到了政府的高度重视，它是新常态下科技体制改革的主要抓手，也是大众创业、万众创新的突破口，更是产业转型升级的关键。

国家大力实施大众创业、万众创新，力促我国经济发展从资源要素驱动转向创新驱动。但是，对于大多数尝试创业的初创者而言，不仅缺乏足够的创业经验，同时也缺乏资金等必要的创业资源，因此，即便拥有很好的创意或者项目，也很难成功地度过初创期，九死一生是全世界创业者都面临的一个共同问题。这些创业团队或者项目极度希望获得必要的支持和辅导以提高成功概率，但由于不符合传统商业孵化器的入孵条件，因而很难获得这些孵化器专业的孵化服务。在这种情况下，一种以创新团队或者项目为主要服务对象的新的孵化模式应运而生，这就是前孵化器。这一模式最早诞生在美国，并由此催生了一大批成功的高科技企业。在我国，前孵化器的兴起仅有短短七八年的时间，而真正引起国内外广泛关注的则是华南理工大学创办的我国首个特色高校前孵化器——创新医药前孵化器，它解决了高层次人才走向高科技企业的"一厘米"障碍，完善了我国从高层次人才引进到高科技企业成长的培育链条。与传统孵化器不同，这种类型的孵化器主要支持高校中的高端人才利用自身的研究成果进行产业化，它与传统企业孵化器以及孵化后阶段的企业"加速器"进行有效衔接，形成了我国科技中小微企业育成、扶持和发展的完整链条，极大地完善了我国科技企业的孵化体系。可以说，高校前孵化器不仅是科技产品的孕育平台，更是科技型企业的"催生器"，对于推动大众创业、万众创新具有重要的作用。

《国家中长期科学和技术发展规划纲要（2006—2020年）》明确提出："国家创新体系是以政府为主导、充分发挥市场配置资源的基础性作用、各类科技创新主体紧密联系和有效互动的社会系统。"在社会大系统的创新协同中，前孵化器更强调集聚创新资源，更多地发挥高校科研机构的基础研究、原始创新作用，从而帮助企业在高新技术领域突破创新，同时为社会培养创新创业人才，发挥的是政府、企业、社会智囊和创新先动的作用。

一方面，前孵化器为国家引进急需高端人才特别是海外高端人才，以及引进高新技术和加速科技创新提供了新的解决方案；另一方面，通过开放使高校、科研机构的科研资源得到更加充分的利用，同时催化和育成科技型中小微企业。由此可见，前孵化器不仅可以降低创新创业风险和成本，还可以加速知识和研发成果转化，是推动科技研究与经济发展密切结合的有效机制。正因如此，前孵化器的建设和发展得到了我国各级政府部门的高度重视，作为经济发达和改革开放的前沿阵地，广东省各级政府对这种全新的创新创业机制给予高度重视，出台了一系列相关政策予以大力支持，例如成立了广东前孵化器战略联盟、设置了前孵化器人才专项，并且还出台《关于大力发展前孵化器促进科技成果转化的指导意见》，明确提出广东省将建设10个以上的前孵化器，并且对前孵化器的运作以及入驻企业的诸多管理措施都进行了体制机制创新。2015年初，广东省首批前孵化器建设试点单位公布，一共11家，包括华南理工大学生物科学与工程学院、广州南方医大科技园有限公司、东莞华中科技大学制造工程研究院、佛山市南海区广工大数控装备协同创新研究院、广州中山大学科技园有限公司、肇庆市西大（肇庆学院大学科技园）资产经营管理有限公司等。

尽管对于前孵化器在实践上已有重要探索，同时也得到了社会各界的广泛支持与认可，但在理论上相关的研究并不多见。回顾已有的理论研究成果可以发现：①目前，无论是实践还是理论研究，前孵化器都还处于探索阶段，尽管企业孵化器的丰富研究成果可以为前孵化器的深入研究提供可借鉴的素材，但两者之间的差异较大。因此，需要对前人相关研究和当前实践经验进行提炼、总结，建立前孵化器的理论体系。②尽管已有学者对一些典型的前孵化器模式进行了初步的案例研究，但是现行的前孵化器组织模式和运行机制等并不完善，也缺乏研究，因而当前需要解决的一个重要问题就是对前孵化器功能定位、组织模式和运行机制进行系统研究。③当前我国已开展的前孵化器实践的成功与政府支持密不可分，政府相关部门也已经陆续出台了一些政策措施，例如设置前孵化器人才专项、组建前孵化器战略联盟等，但现有关于前孵化器的研究还比较缺乏，因此继续深化探讨运行机制和效率问题也显得非常急迫。

二、研究的目的与意义

20世纪以来的技术发展及以技术创新作为经济发展驱动力的国家创新发展实践，为创新管理理论的发展提供了广泛的社会基础。新技术、新产业的持续发展，不仅要求在理论上细化对技术创新形成过程的分析，还要上升到社会技术体制、社会技术远景等层面与技术协同演化过程的分析。正是在上述背景下，战略生态位管理即SNM理论开始诞生。

SNM理论是国外近20年才兴起的前沿理论，是在生态学和社会技术范式有关思想基础上研究技术创新如何实现并引发产业革命直至社会技术体制变革的理论，为研究产业创新演化问题提供了崭新的政策分析工具和创新管理研究方法。目前SNM理论在国外被广泛应用到新生物燃料、新能源、新材料和新能源汽车等新兴产业和高技术产业的研究中，解决了许多重大的技术创新问题，为研究高新技术产业创新演化问题提供了崭新的分析视角和研究方法。

鉴于其实践的重要性、紧迫性和理论研究的相对薄弱，本书将SNM这一国际前沿理论与前孵化器发展这一重大现实问题有机结合在一起，运用SNM理论，在厘定前孵化器的概念内涵和特征基础上，结合国内外前孵化器建设的发展现状、实践经验和主要影响因素，探索适合前孵化器发展的功能定位、组织模式、运行机制和效率评价，丰富已有的前孵化器理论成果，明确前孵化器发展的路径设计和制度安排。其理论意义在于：丰富SNM和创新演化的理论研究成果，进一步拓展前孵化器研究的范畴和内涵。其实践价值在于：为我国前孵化器发展的政策设计提供理论依据，特别是助力技术跨越"死亡之谷"，突破"路径依赖与锁定"，并为高校、企业和政府机构等部门提供理论依据和决策支持。

第二节 问题的提出

随着区域创新和产业转型升级的要求，承担技术创新和成果转化功能的前孵化器面临的环境日益开放和复杂，如何适应和发展成为前孵化器不得不面对的战略选择。而 SNM 理论作为国际前沿的管理理论和政策工具，非常契合前孵化器理论和实践的发展诉求。从战略生态位理论看前孵化器的发展，主要是看前孵化器与环境的互动问题，例如，战略生态位对前孵化器的运行机制及效率产生了怎样的影响？如何验证和分析这些影响？这些问题的尝试解决，为本书的研究提供了机会。

一、SNM 理论如何解释前孵化器与环境的互动机制

首先，要弄清楚几个基本问题。一是要明晰 SNM 理论与前孵化器两者的基本内涵，包括 SNM 的相关概念、内容和关系。二是要梳理从孵化器、科技孵化器到前孵化器的发展脉络，厘清前孵化器是如何产生的、发展现状如何。

其次，基于 SNM 理论的前孵化器要如何发展，即如何运用战略生态位框架，对前孵化器的发展路径进行研究和探索，搭建战略生态位与前孵化器的互动框架；如何对前孵化器和生态位的构成要素进行分析，并在此基础上建立相应的互动匹配模型；如何根据互动匹配模型进行前孵化器发展路径的分析，对其发展路径进行解释。

最后，搭建好运用 SNM 理论分析前孵化器发展的框架之后，如何从战略生态位与前孵化器互动影响的角度，分析揭示前孵化器发展运行机理。主要包括两个方面：第一，基于 SNM 理论有关技术创新管理重心前移的思想，如何对前孵化器的孵化管理进行全程设计，如何根据战略生态位实现对前孵

化器"知识发现—技术创新—成果转化"的全程孵化管理；第二，基于 SNM 理论，如何通过前孵化器与社会互动的网络构建，揭示保护空间和市场生态位的应用，如何分析前孵化器的各参与创新主体的作用，以及它们是怎样通过实践开放式创新模式提升前孵化器发展的。

二、SNM 理论如何评价前孵化器发展及运行效率

SNM 这一国际前沿管理创新理论和工具，在技术创新和创新管理中有着良好的应用，本书试图回答在前孵化器发展运行过程中，如何评价 SNM 理论应用于前孵化器的管理水平，以及如何评价前孵化器的运行效率问题。

首先，从理论发展的角度研究 SNM 理论管理应用和评价，分析如何从 SNM 理论的研究中选择指标体系，搭建 SNM 评价体系，在此基础上如何构建基于 SNM 的前孵化器管理评价指标体系，以及有哪些指标体系可以选入基于 SNM 理论的前孵化器管理评价指标。

其次，实证研究如何对基于 SNM 的前孵化器运行效率进行分析验证的问题。一是从投入产出的视角，阐述前孵化器运行效率，揭示提升运行效率的核心条件和影响因素。二是从孵化网络的角度，分析风险投资对前孵化器与初创企业的孵化网络的影响，并在此基础上提出相应结论与建议。

本选题一是来源于导师张光宇教授 2011 年承担的国家自然科学基金项目"基于 SNM 理论的颠覆性创新路径与机理研究（项目编号：71173051）"。该项目以颠覆性技术创新为研究边界，运用 SNM 理论研究颠覆性创新的路径和机理问题。主要包括：对 SNM 理论本身的理论研究和完善；颠覆性创新的影响因素识别以及生态因子如何影响颠覆性创新的进程；如何通过颠覆性技术生态位空间的构建、培育和跃迁，把握战略生态位空间的运动状态和机理；如何选择变量，对战略生态位空间的进程进行调控和干预，从而实现突变，完成颠覆性创新。二是来源于张光宇教授 2016 年承担的国家自然科学基金项目"前孵化器的运行模式与治理机制：创新价值链视角"，该项目以目前我国前孵化器的发展现状、存在问题及其原因出发，围绕完善创新价

值链、解决"死亡之谷"问题的目标，通过文献回顾、案例分析和问卷调查等相结合，基于创新价值链视角，系统分析我国前孵化器的发展现状和形成机理，并深入探讨前孵化器的界定分类、功能定位、组织模式选择与治理机制等重大实践问题和理论问题。三是来源于作者主持的国家教育规划课题"面向开放式创新的工科大学生培养模式研究：基于前孵化器的视角"，该项目以高等工程教育、前孵化器等理论为依据，根据工程类高层次拔尖人才的成长和培养规律，依托"2011"计划实施，深入研究基于开放式创新的前孵化器建设的工科大学生培养模式。四是来源于作者深度参与的苏一凡研究员主持的广东省软科学研究计划项目"广东省高校前孵化器建设理论及政策支撑体系研究项目（编号：2013B070205006）"，该项目结合国内外高校前孵化器建设的发展现状、实践经验和主要影响因素，探索适合广东高校前孵化器发展的功能定位、组织模式、运行机制和政策措施，丰富了已有的高校前孵化器理论成果。

第三节　基本概念解释

一、生态位

生态位（Niche）是生态学中的一个重要概念，许多学者从不同角度对它进行了定义。简单来说，生态位是指特定时间和空间范围内，生物单元对生态资源利用和生态环境适应的态势。这一概念的基本思想有两点：一是反映生物种群在生态位系统中的空间位置、功能和作用；二是反映生态系统的客观存在，即生态系统的结构和秩序。

二、技术生态位

技术生态位（Technological Niche）是生态位概念在经济管理领域的应用，国外 SNM 相关研究学者的定义更多地强调它"是一种保护空间，起着'实验台、孵化器'等类似系统的作用"，国内学者则强调它是"在一定时间和空间内各种可利用技术相关资源的集合"。

综合国内外学者相关研究以及本书的研究边界，我们将其定义为：嵌入在特定的宏观社会经济框架内局部受保护促使产业创新演化的空间，反映产业新技术在产业萌芽阶段对创新资源利用和创新生态适应的态势。这种空间及反映的态势，是资源要素和管理能力进行静态结构匹配和动态过程优化而实现的结果，伴随产业的萌芽形成和发展，具有较强的保护性和嵌入性。

三、市场生态位

国外学者对市场生态位（Market Niche）没有完全明确和统一的定义，归纳起来主要有两种观点：一是从技术角度出发强调了局部保护空间的特征，技术发展到这一阶段仍然需要有管理的保护（弱化、撤离）；二是从市场角度出发强调与主流市场的区别，体现为细分市场的特征。后来国内学者的研究大部分围绕第二种观点展开，提出了"市场利基""缝隙市场"等概念。

综合国内外学者相关研究以及本书的研究边界，我们将其定义为：由特定宏观社会经济框架内的技术生态位发展形成促使产业创新演化的空间，反映产业新技术在产业成长阶段对创新资源利用和创新生态适应的态势。这种空间及反映的态势，是资源要素和管理能力进行静态结构匹配和动态过程优化而实现的结果，伴随产业的成长，保护性和嵌入性的特点逐渐弱化和消失。

四、范式生态位

范式生态位（Paradigm Niche）在以往的研究中主要以"技术政体"或"技术范式"的概念出现，但是这两个概念并不完全适合 SNM 理论的核心思想。因为技术政体比较强调技术所面临的规则与环境，而技术范式更多的是强调技术演化的路径、标准和方向。

本书认为：范式生态位作为市场生态位发展高级阶段的产物，是与新社会技术体制相匹配的主流市场及其系列结构体系，反映产业新技术在产业成熟阶段与社会协同演化的态势。这种态势，反映了资源要素和管理能力得到充分的匹配和优化，保护的边界和特性完全消失。

五、SNM

综合相关学者的研究及结论，本书将 SNM 定义为：为新技术成长构建一个保护空间（技术生态位），通过生产者、研究者、用户、政府和其他组织执行者渐进的实验和学习，对新技术进行选择、培育、孵化，发展为成熟技术，并顺利地将它推向市场实现产业化（市场生态位），最终引导至社会技术体制变革（范式生态位）的过程。

六、前孵化器

广义的前孵化器被认为是"风险削减了的环境，创意理念在真正步入商业孵化器之前，可以得到市场可行性测试"。从全过程企业孵化视角，Kirby（2004）认为"前孵化"是创新创造的前一阶段即创意酝酿准备的研究探索时期，与此相对，前孵化器则是为此阶段相关工作的开展提供必要的工作场所。谭文（2012）认为前孵化器主要用于整合高校资源，形成科研梯队；协助他们将处于初级阶段或尚不完备的产品、理念形成完整的技术路线和初步产品，打造科技型企业。

广东省科技厅于2013年发布的《关于大力发展前孵化器促进科技成果转化的指导意见》中明确指出，前孵化器是指依托高等院校、科研机构、民间组织、科技企业孵化器、新型孵化组织等平台，为创业的科技人才提供前期服务指导，引导和帮助潜在创业者通过注册企业将构想、思路和项目进行产业化的孵化模式。

七、实验

即示范项目。不过，使用实验一词是因其包含了高程度的学习，而示范通常是排除了学习，仅仅提醒别人新的解决方案。SNM技术所定义的"实验"指"为学习一项新技术所面临的问题、不足、障碍的独一无二的社会技术实验室"（Hoogma，2000）。它们不是商业项目，并且通常是从用户身上学习，找出那些需要修改的地方，使得技术可行的一种方式。

八、学习

学习是试错的目标，超越了示范项目。试错的目标除了说服别人相信新技术的适用性外，更加注重行动者从错误和成功中学习。试错，总的来说是提倡从制造商到用户、政府和其他组织在所有阶段都保持一种学习态度，包括学习不同的使用环境的各种设计，进行不同层面的学习等。而且，这个过程应该包括一个高层次的反思。反思能力是指不同角色考虑技术设计与社会设计为一体的综合性的过程，一是需要了解每一个设计方案，同时创造了潜在的社会影响，包括可取和不可取的，也需要承认不同角色和这些角色可能如何演变的整个过程（Schot和Rip，1996；Schot，2001）。

九、保护空间

在试错阶段，市场势力将由已有的技术范式来主导而无法支持新的技术。这是创新最终能否取得市场成功所需面临的。SNM 提倡设计和引入适当的生态位保护。太少的保护和学习过程是被阻止的。想使新技术变得更有竞争力，只能通过接触日益更新的经济和政策环境来实现。目标是要成功引进新概念，之后经过一段时间的生态位保护（通常包括财务和组织支持）把它暴露在真实的社会条件下能够生存下来。值得注意的是，一旦受保护的空间已经履行功能，为了使这项新技术通过真实的社会环境测试，SNM 将要求拆除保护因素。

十、死亡之谷

在全面推进创新驱动发展的过程中，最迫切需要解决的一个"短板"是科技和经济"两张皮"的问题。创新生态系统中研究群落和商业群落之间的"中间地带"，对应的就是创新价值链中的"死亡之谷"（Ehlers）。"死亡之谷"是对政府重点资助的基础研究与产业界重点推进的产品开发之间所存在的沟壑的一个形象比喻，而政府有必要在"死亡之谷"上面搭建一座桥梁，以使众多基础研究成果能够快速实现商品化、产业化。目前的前孵化器就大多栖息于研究群落和商业群落之间的"中间地带"，正致力于搭建跨越"死亡之谷"的桥梁。

第四节　研究方法、技术路线与内容框架

一、研究方法

1. 文献研究方法

有关 SNM 与前孵化器的文献资料自 20 世纪 90 年代以来增长很快，在本书写作过程中参阅了大量文献，对它们进行分类、比较、总结与综合，总体上理清了其理论脉络，不仅为本书的选题和分析提供了理论基础，而且在研究方法上也具有重要的启示作用。本书正是在文献研究的基础上，确定了以 SNM 理论与环境的互动关系为切入点，并在原有理论的支撑下尝试新的研究突破。

2. 理论分析方法

运用 SNM 理论阐释前孵化器、生态位等内涵，探索基于 SNM 理论的前孵化器发展路径和全程孵化管理等运行机理，并构建了基于 SNM 理论的前孵化器发展和开放式创新模型。主要使用了归纳、分类、演绎、推导等多重逻辑分析方法提出自己的观点。

3. 系统论方法

以系统论为指导，以系统的眼光观察战略生态位及其与前孵化器的互动影响。社会系统是自然系统的子系统，经济系统是社会系统的子系统，前孵化器系统是经济系统的子系统，各系统的进化是同步的。因此，从系统论角度出发可以给前孵化器的发展研究提供思路指导。

4. 实证研究方法

实证研究是作为本书理论分析的辅助和补充，检验和支持理论研究，诠释和佐证概念化的理论分析。由于 SNM 理论与前孵化器的发展机理相对抽象化，实证需要大量历史数据的积累，而前孵化器也是刚刚出现的新生事物，数据的累积在短时间内有一定难度，因此本书选取了 2016 年广东省前孵化器发展的横

截面数据，以便更清楚地解释理论模型的可行性与操作性。同时在横截面数据分析基础上，对具影响的调节因素投融资合作，进行了微分博弈的分析。此外，在构建前孵化器 SNM 评价指标体系的基础上，也选取了代表性的案例进行应用分析，并对基于前孵化器的学生创新创业教育进行了实证评价。

二、技术路线与研究框架

前孵化器具有如下几个明显的特点。

特点一：前孵化器的在孵团队的创新创业活动，将技术予以创新转化，对相应的产业发展形成了一定支撑，但创新创业活动具有一定的反复性，既有创业不成功的可能性，而且技术不断创新的浪潮，也容易使前孵化器的某一团队的创新创业活动被遗忘。

特点二：前孵化器的发展需要融合市场与政府的作用。前孵化器运行是一个技术的"选择、研发—培育—孵化—市场化、产业化"的动态发展过程，客观上需要一种有效整合创新资源，兼顾企业、消费者和社会发展利益，具有动态变化、审时度势特点的创新管理方法来加以规范。

特点三：前孵化器的技术创新跨越"死亡之谷"，需要政府制定保护性政策措施为前孵化器的技术创新与成果转化提供"保护空间"，以此来强化社会公众对前孵化器创新成效的期望，形成有利于技术创新发展的社会网络，加深前孵化器各参与创新主体对市场的了解，不断改善前孵化器的绩效。

SNM 理论是在技术创新成为推动社会经济发展主旋律的背景下产生的，它既是一种管理理论，又是一种技术创新管理工具。SNM 理论中生态位跃迁的反复性与"特点一"不谋而合，SNM 理论的全过程性、动态性特征与"特点二"不谋而合，SNM 理论中的"保护空间"与"特点三"不谋而合，由此引发出对前孵化器绩效评价的思考。

作为一种管理理论和技术创新管理工具，SNM 理论既可以细化对前孵化器培育的新技术成长过程的分析，打通创新发展及成果转化各个环节间的障碍，成功跨越研发到市场的"死亡之谷"，又可以进一步推动创新孵化理论的发展。前孵化器创新实践的发展，也将为 SNM 理论的运用与检验提供真实的素材，促进 SNM 理论的进一步发展。

因此可以说，SNM 理论就是为前孵化器运行而生的。SNM 理论将为前孵化器运行机制创新提供崭新的管理理念及思路，指导前孵化器的发展和评价。本书基于 SNM 理论设计前孵化器运行的研究框架，分别从前孵化器发展路径、前孵化器全程孵化管理、前孵化器参与主体三个视角对前孵化器运行及实践评价展开研究。本书的总体技术路线如图 1-1 所示、研究架构如图 1-2 所示。

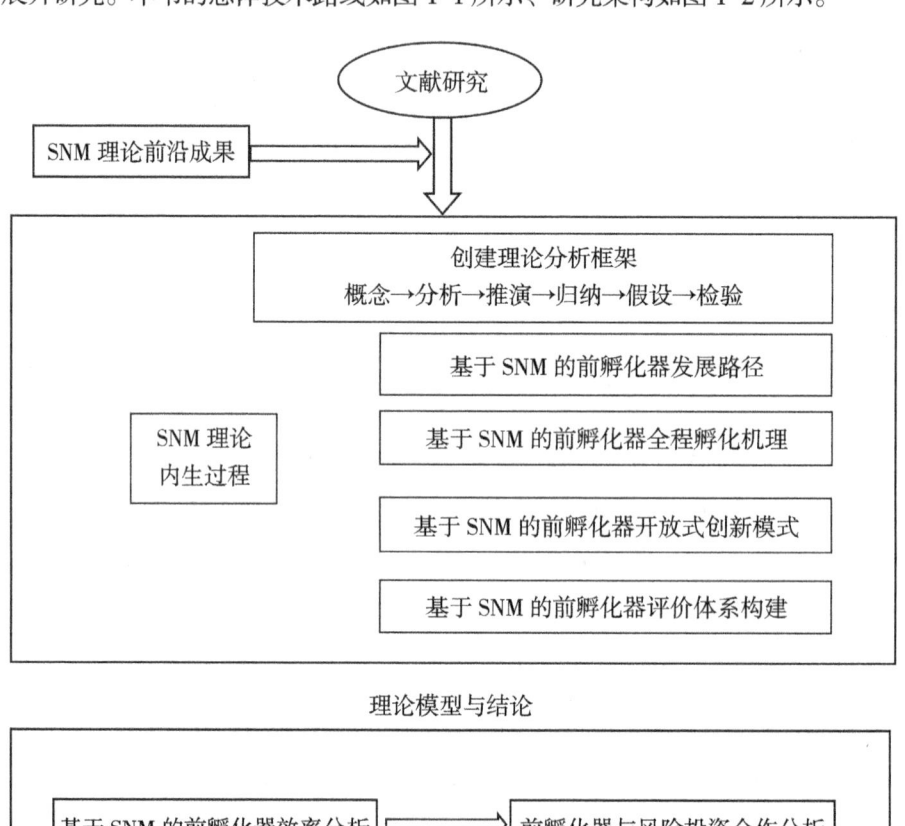

图 1-1　总体技术路线图

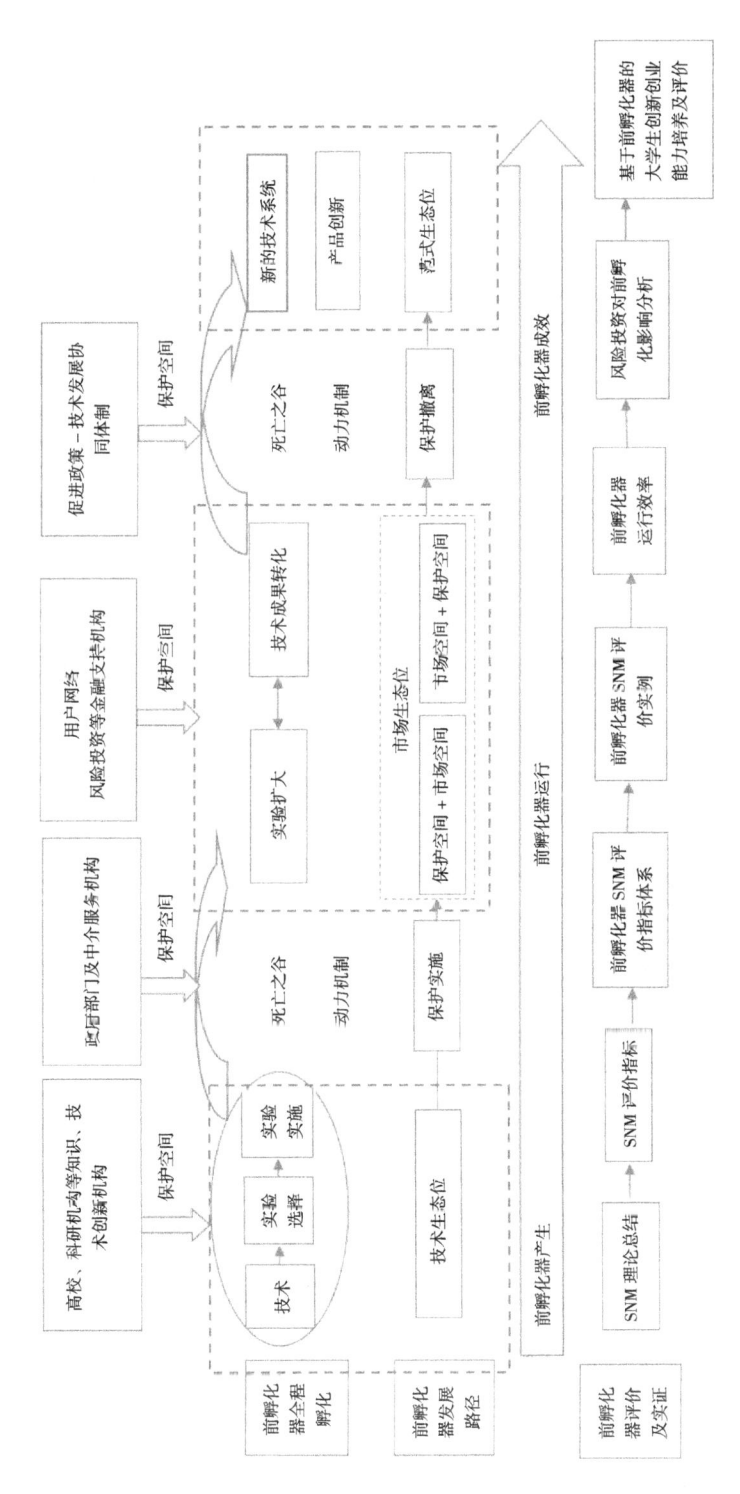

图 1-2 基于 SNM 的前孵化器运行机制研究框架设计

具体来说，包括以下几个部分。

第一章"绪论"，阐释了商业群落和研究群落之间"死亡之谷"的跨越重要性和关键问题，提出了本书的研究边界——前孵化器发展相关问题以及研究目的和意义，并对相关基本概念进行了界定和解析。

第二章"国内外研究现状与评述"，从企业孵化器等视角系统梳理了前孵化器产生与发展的研究现状，评述了本书研究对象现有相关研究的成果以及存在的问题。通过梳理国内外文献，对SNM理论从技术创新成果转化的角度进行了系统的研究，丰富了SNM理论，为本书后面的研究奠定了理论基础。

第三章"SNM理论及其应用研究"，分析了SNM理论的起源、内涵、步骤和应用。

第四章"基于SNM理论的前孵化器发展路径研究"，以SNM理论的视角，从生态位实施、生态位成长和前孵化器培育等方面构建前孵化器发展模型，从宏观、中观和微观三个层面分析前孵化器发展路径。

第五章"基于SNM理论的前孵化器全程孵化管理"。从管理模式契合、促进孵化和重心前移等方面研究基于SNM的全程管理对前孵化的作用，从SNM过程出发，研究前孵化器全程孵化管理设计，提出以SNM理论规划全程孵化管理战略路径的方法。

第六章"基于SNM理论的多主体参与前孵化器开放式创新"，以博弈论的方法，构建基于政府、高校、科研机构、中介及用户的多主体参与的开放式创新模式，分析在不同开放程度下前孵化器各参与创新主体的收益变化情况。

第七章"基于SNM理论的前孵化器评价指标体系构建"，探索SNM评价指标体系的构建，提出SNM评价的程序、指标选择原则及评价指标体系构建思路，并在此基础上构建基于SNM的前孵化器评价指标体系，为SNM效果测量和前孵化器实践提供理论支撑。

第八章"基于SNM理论的前孵化器运行效率实证分析"，运用SFA方法，选取2016年广东省前孵化器发展数据进行实证分析，研究其功能目标，探究孵化行为及形态，了解前孵化器的投入对于前孵化器的收入和技术创新成果转化的作用，分析主要影响因素及作用机理，并对本书的相关理论研究结论进行验证。

第九章"风险投资对前孵化器与初创企业孵化网络的影响分析"，在第八章研究揭示风险投融资调节效应显著的基础上，进一步揭示前孵化器和风险投资合作的机理，研究前孵化器和初创企业如何通过自身努力积极提升前孵化器网络声誉以更好地吸引风险投资的问题，运用随机微分博弈理论，分别考虑两者在合作和非合作博弈情况下的最优努力水平及最大收益。

第十章"基于前孵化器的大学生创新创业能力培养"，包括大学生创新创业实证研究及关键因素分析、大学生创新创业能力培养运行机制研究、平台建设研究、广工大数控装备协同创新研究院的实践探索、评价体系研究、对策建议等内容。

第十一章"结论及展望"，提出本研究的基本结论及相应的政策建议，并表达了对未来深入研究的展望。

第五节　主要创新点

运用定性和定量等多种方法，在生态位理论、技术变革演进理论的基础上，结合科技孵化器、企业孵化器到前孵化器的发展演变过程，引进国际前沿的创新管理工作方法和政策分析工具（SNM 理论），研究前孵化器的内在运行机制，新技术的成长空间，新技术如何跨越"死亡之谷"，搭建研究群落和商业群落的桥梁，并最终实现技术、市场、产业的共生效能的全过程，为把握科技创新和成果转化深度融合的规律以及科学制定孵化器发展政策提供了新的思路和视角。

（1）SNM 理论研究从技术的产生到产业化全过程，是一项规范的政策性工具，同时也是操作性较强的战略规划工具，为借助前孵化器进行新技术的推广、应用和成果转化提供了一种新的分析模型。

（2）基于 SNM 理论的前孵化器管理具有全过程的特征，从生态位和技术扩散战略匹配出发，前孵化器的技术"选择、研发—培育、孵化—市场化、产业化"全程管理需要重心前移，建立知识发现、技术创新和成果转化三位一体的管理体系及平台。

（3）基于 SNM 理论的前孵化器的生态保护空间，是一个多元化的主体参与的空间。通过博弈论的方法，在完全开放的创新模式下，当高校、科研机构、中介服务机构和用户参与到前孵化器的创新孵化中时，参与的创新主体的各自收益及总体收入最高。

（4）针对前孵化器战略生态位管理进行的绩效评估，可以以前孵化为核心，围绕推进战略生态位发展的五个要素，即愿景、网络、学习、市场培育与保护，构建基于 SNM 理论的管理评价指标体系。

（5）根据实证研究结果，基础服务能力和投融资能力是提升前孵化器产出效率的核心能力，前孵化器的创新效率仍需加大力气提升，而创业导师的作用非常明显，能有效促进前孵化器创业效率的提升。

第二章 国内外研究现状与评述

前孵化器出现于20世纪90年代中后期,国外学者对此也进行了一定的理论探讨,目前有关前孵化器的理论与实践研究正在不断增多,对其进行梳理可为今后的研究奠定基础。SNM理论是国外近20年才兴起的管理理论,主要解释新技术成长的一般模式,目前的研究主要围绕"基本要素的内涵与功能""运作过程与机理"这两条主线展开。其中,SNM过程和应用是受到关注的一个重要领域。因此,本章将从前孵化器和SNM理论两方面展开研究现状的总结。

第一节 企业孵化器的相关研究

从企业孵化的全过程来看,前孵化是企业孵化的一部分。Kirby(2004)认为,前孵化和科学园都包含在企业孵化过程或广义的孵化器中,而传统上的狭义孵化器同这两个部分组合在一起可以形成完整的"企业教育实验室",这对于提升创业成功率,特别是新创企业的成活率具有重要作用。由此可见,前孵化器是企业孵化器不断演化发展的结果,两者有着密不可分的联系,因此,我们将首先对企业孵化器的相关研究进行回顾。

全球首个企业孵化器是Batavia Industrial Center,是由约瑟夫·曼库索(Joseph Mancuso)于1956年在美国纽约创建的,距今已有60多年的历史。

在我国，首个企业孵化器成立于 1987 年，随后得到迅速的发展，为提高初创企业的成活率、促进区域经济发展做出了重要贡献。正因如此，国内外学者对其进行了大量的研究，积累了大量的研究成果。大多数的学者都将孵化器当成是一个类似于企业的组织加以研究，利用经济学或管理学的理论对其行为和绩效效应进行解释（陈粟，2006；郝利，2007）。从具体的研究内容来看，对企业孵化器的研究主要集中在几个方面：概念内涵、分类、功能定位、运行机制（包括运作主体、入孵与毕业机制、绩效评价机制等）、政策体系研究等（殷群，2008；谢艺伟、陈亮，2010）。

2007 年，在我国科技企业孵化器 20 年发展总结大会上，科技部高新区咨询委员会主任孔德涌强调："中国特色孵化器是在引进西方经验的基础上解放思想所取得的硕果，孵化器的概念要有所拓展，具体从孵化链的两端加长。在其前端增加一个'前孵化器'，只要有好的想法都可进入，促进创意产业的发展；在其后端增加一个'孵化器后'，把孵化功能向高级阶段延伸。"应当讲，这段话对推进企业孵化器的工作做了非常精彩的阐释，特别是为企业孵化器向前孵化器延伸指明了方向。

第二节　前孵化器的相关研究

前孵化器的产生有效增强了大学的社会服务功能，也极大地推动了高校科研成果的商业化转化，同时也使师生在企业创立的过程中接受到了创业教育（李宇，2012）。这一模式的典型代表就是 1995 年在德国比勒费尔德大学（Bielefeld University）创建的"创新转移学院有限责任公司"（liT Ltd.），为了培养训练学术型创业者和提升自主创业精神，高校前孵化器开始出现。作为建立在学术机构高校内部的前孵化器，它具有一个明显的特点即非营利性，以支持区域经济和社会持续发展为主要目的。此外，另一个高校前孵化器的典型——瑞典雪平大学雪平国际商业学院的商业实验室，该实验室为学校学生提供创新创业团队学习自主创业知识相关课程，同时由学校的一个非营利机构——创意中心，全程指导学生创建公司。商业实验室设置有会议室和办公室等创业活动空间，教学和创业培训设施齐全。更难能可贵的是，该实验室楼上即是为初创公司提供服务的商业孵化器，两者的物理距离很近，具有非常紧密的联系。通过 USINE 项目（University Start-up of International Entrepreneurs，即国际高校自主创业者项目），欧盟各高校的前孵化器项目和活动的影响日益扩大，不断走向世界。其在西班牙瓦伦西亚科技大学以及法国巴黎综合理工学院设立了地方性的高校前孵化器，创新性地建立了"高校—孵化器—科学公园"的联系，推动了高校科研成果转化的全链条式发展。USINE 项目是其第五次研究与技术发展计划框架中的创新项目，受到欧盟委员会的资助，在上述两校设点的同时，也由德国波恩大学负责协调，并获得波兰华沙大学、英国斯特拉斯克莱德大学，以及西班牙 CEIN 公司和以色列 Dimotech 公司等企业的支持，在欧洲不同区域中进行了试验和验证，推动了前孵化器概念的传播。

前孵化器模式获得了极大发展，并逐步发展成为高科技中小微企业的"催生器"。例如，芬兰的技术孵化器是最为典型的具有预孵化和催化过程的创业者摇篮，从预孵化阶段开始就为创业者提供良好的学习环境和生存技能，从而帮助他们渡过创业过程中的种种难关，使得有潜力的创意成熟和发展壮大。接下来，该平台还会进一步选择比以前更有创造性和成长性的公司进入催化阶段，通过全程跟踪和精心挑选，企业获得最终孵化成功的概率相比以往得到了极大的提升。而英国萨里大学的前孵化器——SETsquared 中心，则是嵌入在一个区域创新系统当中，可以为企业的前孵化和后续发展提供更加广泛和多元化的支持，包括政府、大学、风险投资或天使基金等。

前孵化器在国内的实践尚处在萌芽阶段，现在主要着眼于完善人才引进和人才培养到科技企业形成的培育全链条，以解决高层次人才走向高科技企业的"一厘米"障碍。2010 年，第一个具有前孵化功能的孵化器——上海交通大学的"创业学院"成立。而前孵化器的发展引起社会各界重视的则是 2012 年 9 月华南理工大学创办的创新医药前孵化器，核心建设内容是通过聘用科研能力强、有创业需求的高端人才，结合学科发展，在参与学科建设的同时，为他们尚处于研究早期的医药类技术产品系统提供企业成型所需的技术、设备和研究生名额等支持，协助其获得风险投资，以促使完整的技术路线和初步产品的形成，最终达到进入企业孵化器的要求，形成科技型企业。2012年底，经中山大学等高校和中科院广州分院等科研机构共计13家单位联合发起，广东前孵化器战略联盟正式成立，开启了科研机构和高校联合扶持高新科技成果转化的孕育之路。

可以说，从模仿到创新，中国的前孵化器建设正逐渐走向世界前列，对其建设经验进行总结、提炼与归纳，并探索新的模式就显得尤为必要。

一、前孵化器的概念、特征与功能定位

1. 概念

从企业的孵化过程来看，Kirby（2004）认为前孵化是一个创意概念的调查和市场准备的阶段，而前孵化器则是为这一阶段工作的开展提供必要支持的工作站。谭文（2012）则认为前孵化器的核心内容是通过聘请有创业需求的"千人计划"专家和海外高端人才参与学科建设，整合高校资源，结合学科发展，并为他们尚处于研究早期甚至构想阶段的技术和产品提供设备、技术配套和研究生名额等系统支持，以助其技术路线和初步产品以至科技型企业的形成与完善。

2. 特征

在特征上，同一般商业孵化器相比较，前孵化有两个明显的特点：一是进驻前孵化器的培育对象会接受相对应的训练，其中包括如何才能具备作为未来的企业家必需的素质，如何掌握企业家所需的技能，以及如何认识企业家的社会角色和承担企业家的社会责任等（Timmons和Spinelli，2004）；二是前孵化是指注册成立公司的前端，只是一个检验项目成果转化为商业创意的过程，其孵化对象通过获得创新创业项目，并对该项目能否为未来成功注册公司带来核心竞争力，赢得利润存活下去进行检验，同时在前孵化器学习

相关的商业经验。谭文（2012）也指出，区别于传统孵化器服务企业的是，前孵化器的服务对象主要是高端创新和高新技术人才。从这个意义上来说，高校前孵化的对象主要包括两大类：高校有创业意向的具有较强创新能力的专家教授，以及愿意参与到创新研究和创业实践中去的在校大学生和毕业生（USINE，2002）。

3. 功能定位

从宏观层面来看，前孵化器的功能是通过提高创新企业成活率、增加就业机会、加速科技成果转化等方式来实现，与传统孵化器是一致的；但在微观层面上，前孵化器则与传统孵化器有所区别，传统孵化企业为在孵企业提供的服务只包括共享的打包服务、专业的商业和咨询服务、共享的办公空间、网络联接服务、公共形象（谢艺伟、陈亮，2010），前孵化器的服务对象为创业者，其职能在于创业教育（Pittaway等，2009；Mwasalwiba，2010）和催生企业（Wirsing等，2002；Kirby，2004；谭文，2012），而以高校为依托的高校前孵化器还肩负着大学人才培养和学科建设的功能（谭文，2012），这也具有很明显的中国特色。

二、前孵化器发展的影响因素

Markman（2005）等人认为，新技术能否顺利地实现从实验室向新企业的转移决定了高校企业孵化器的成功与否。Akcomak（2009）总结众多学者对孵化器孵化机制的研究结论，发现孵化器硬件设施、融资服务、孵化器形象以及与本地产业集群的互动等因素显著地影响其运行绩效。此外，孵化器支持服务网络密度、孵化器网络建设状况、孵化器发展水平以及程序标准化和政策制度化、孵化器社会资本的分布、管理人员与在孵企业的关系等因素都对孵化能力产生影响（Sherman和Chappell，1998；Paul，2003）。通过对114家在孵企业的实证研究，Pena（2004）认为影响在孵企业成功的决定因素是企业管理者的人力资本和孵化器提供的管理培训与支持服务。张帏（2007）对40多家中关村大学科技园留学人员创业企业的问卷调查显示，缺乏有效的融资途径和投融资信息沟通渠道以及市场拓展困难等成为创业企业发展中所面临的主要瓶颈，这在很大程度上与园区提供的增值服务能力较弱密切相关。

但是，对于前孵化器发展的影响因素，尚未有学者涉及这方面的研究，并且由于两者之间的服务对象和功能定位、目标都有较大的差异，因而在研究过程中应特别注意，不能完全照搬照套企业孵化器的研究成果。

三、前孵化器的运行模式研究

纵观已有研究，我们发现，目前对前孵化器模式的研究基本都是案例研究，还缺乏总结归纳性的研究对其组织模式、运行机制和政策措施等内容提出具有普适性意义的研究结果。从已有学者的个案研究中我们可以发现，其运行模式主要有以下几种。

1. 创业学院模式

该模式起始于德国比勒费尔德大学创建的"创新转移学院有限责任公司"，并在我国获得了较为广泛的应用。其中具有代表性的就是上海交通大学的创业学院，这是一个无形学院，不涉及学籍和院系调整。除了面向全体学生传播终身受用的创新精神和创业理念外，学院每年在全日制在校学生中招收50～60名具有强烈创业意愿的学生，通过开设有针对性的创业培训和实践体系，同时在参与企业创建的创业见习和后期创业导师的指导下，来帮助学生向企业学习创业，在创业中学习创业。创业学院还提供了"预孵化资金"，保证学员在校期间有条件开展实践和初步市场调研，并能够检验构想中的创业产品和想法的商业价值。对于前景看好的商业项目，还可以在毕业前后进一步申请天使基金进驻紫竹科技园区、上海交通大学科技园等创业园区，对项目或公司进行进一步的孵化。

2. 创业苗圃模式

这一企业孵化途径是以芬兰2003年开始的技术孵化器发展计划（原为企业孵化器发展计划，Yrke）为来源，这一发展计划对全国范围的预孵化和催化过程起着重要的推动作用。在我国,杨浦创业苗圃在国内创业项目孵化体系有着十余年孵化经验积累,提出了由"预孵化—创业孵化—加速孵化"组成的完整三级孵化体系,能够为入驻的大学生创业者提供功能细分的专业服务,是目前国内的典型代表。杨浦创业苗圃首先为那些有创业项目但尚未具备成立公司能力的创业者和创业团队提供为期3~6个月的预孵化,预孵化的内容包括创业环境的模拟训练、创业课程培训及见习等,帮助入驻创业者做好对创业项目从构思、设想或试验室阶段进入市场试销的准备。为了使预孵化阶段的创业者顺利完成项目公司化的进程,其可享受租金减免、免费办公场地与办公设施的配套服务。之后,成立公司的创业者可进入创业孵化阶段,同时享受优惠的扶持政策和系统的孵化服务,以巩固和扩大创业企业成果,提高创业稳定率。此外,那些创新能力强、发展前景特别好的在孵企业,将获得加速孵化的机会。对于企业的资本对接、市场拓展、产品研发、人力资源解决方案和企业管理经验不足等严重影响企业高速发展的问题,杨浦创业苗圃的管理团队能够为其提供解决问题的高端服务,弥补企业短板,助推优秀创业企业高速成长。

3. 中国特色的高校前孵化器模式

这一模式为我国首创,其典型代表即为华南理工大学创新医药前孵化器。其运行模式是:在人才引进方面,前孵化器引进了有突出学术成就、技术创新意识和企业经验的复合型高端人才作为教授,通过他们的相关企业,引入适应经济转型和市场需求的高端技术项目;在人才培养方面,学生通过"创新班"的形式与前孵化器的导师们对接,在本科2.5或3年后全时进入前孵化器内导师的项目,在校内或导师的企业内继续完成学业,其中部分学生以推免的方式直接进入硕士学习,在前孵化器和相关企业的平台上继续进行相关课题的研究;在资金支持方面,华南理工前孵化器通过与地方政府或天使基金的合作,为进入前孵化器高端人才的相关企业提供初始的小额研究经费,作为其创业或开发技术课题的运行费用。

四、前孵化器建设的政策体系研究

前孵化器具有很明显的外部性特征，而且在我国无论是何种模式的前孵化器基本上都是由政府投资设立的，这也决定了政府在其建设过程中必然要发挥重要的作用。各地政府为此出台了一系列的相关扶持政策，例如，上海制定了《上海科技创业苗圃试点暂行管理办法》对创业苗圃进行专门扶持，为创业者提供场地、办公设施等配套服务；广东省也出台了《广东省前孵化器实施方案（2013—2015年）》，并且成立了由13家单位组成的前孵化器战略联盟，以进一步探索前孵化器的有效模式。但这些政策远未形成一个系统的政策体系，还有很多有待完善之处，并且由于前孵化器是一个新生事物，学术界对其支撑政策的研究也非常少见。

当然，从企业孵化的过程来看，前孵化器是一般企业孵化器的前端，因而针对前孵化器的政策在很大程度上可以借鉴孵化器建设的相关政策，从当前已经实施的前孵化器扶持政策来看，这些政策就与企业孵化器政策有诸多的相似之处。但是，我们也可以看到，目前我国关于企业孵化器的政策措施方面也存在着一些不足，政府部门在孵化器建设和发展中的越位、错位和缺位现象还比较严重，政府部门在提供资金、信息、技术，制定合理的产业政策，维护良好的市场环境等方面还有待进一步加强（黄涛，2011）。此外，前孵化器与企业孵化器存在着诸多不同之处，并且以华南理工大学创新医药前孵化器为代表的中国特色高校前孵化器与一般的前孵化器也有着本质的不同，这些不同之处都是政府在制定相关政策时要考虑的关键因素。因此，建立具有针对性的系统的高校前孵化器建设政策支撑体系对于推动我国科技产业创业创新具有重要意义，也是摆在政府、高校和研究者面前的亟待解决的问题。

第三节 国外案例

一、密歇根大学的 TechArb 项目

密歇根大学大力支持学生们的创业计划，为学生们的创业行为提供支持。密歇根大学已经建成一系列支持学生创业行为的项目，包括100多种不同专业的创业课程、创业孵化器、商业策划书大赛等，在校园中营造良好的鼓励创业、不怕失败的创业创新氛围。密歇根大学不仅在商学院和工程学院创建创业教育管理中心，还在全校范围带领学生组织 Mpowerd，目的在于宣传创业精神。所以，密歇根大学既为商学院、工程学院的学生提供专门的创业教育，也鼓励其他学院的学生参与到创业教育的课堂中来。此外，密歇根大学还为学生专门创建了企业加速器 TechArb，目的在于帮助学生们在创业初期取得进展，为创业初期的企业提供支持，让初期创业者迅速成长起来。团队合作是创新必不可少的因素，在新世纪，个人主义显然已不受用，就拿科学家做实验来说，只有团队合作才能研究出新的东西，各个领域的进步包括创业也同样如此，密歇根大学和本州的另外两所大学——密歇根州立大学及韦恩州立大学结成了长期的伙伴关系，并将它们之间的合作命名为"大学研究走廊"。这个组织的目标在于推动密歇根州经济的领航、进步、多样性和长期发展，为学校学生的创业行为提供更多的机会，这也是推动当地经济增长的重要途径。密歇根大学还建立了专门的科研综合楼，使其成为学生创业行为的孵化器，努力与校外的优秀企业达成长期伙伴关系，为学生的创业教育提供更多的实践机会。

二、伊利诺伊大学的 EnterpriseWorks Chicago（EWC）

伊利诺伊大学 – 香槟分校技术转移办公室通过与该校技术创业中心、创业工作坊（EnterpriseWorks）、伊利诺斯孵化器（IllinoisVentures）、美国国家科学基金会的 I-Corps 项目合作，在 2013—2017 年期间支持师生成立了 100 多个创业公司。伊利诺伊大学 – 香槟分校目前有 60 多家基于伊利诺伊大学厄巴纳 – 香槟分校 IP 发起的创业公司。

三、加州大学伯克利分校的 Skydeck 学生创业孵化器

加州大学伯克利分校则是建立了 Skydeck 学生创业孵化器，其为创业团队提供的服务包括：提供创业导师、提供商学院教师和校友的指导、获得向创业投资人推介自身的机会，但其主要目的是为教学，而非盈利。此外，瑞典、英国、法国等都建立了依托于大学的前孵化器，并且欧盟也在大力推动高校在创业方面发挥更为积极的作用。一个著名的项目就是欧盟的 USINE 项目（即国际高校自主创业者项目），在该项目的推动下，建立了两个前孵化器，分别坐落在瓦伦西亚科技大学和法国巴黎综合理工学院，这个项目也得到了英国、以色列、波兰等多个国家的高校的支持。

第四节　理论视角

目前，针对前孵化器的研究多为案例研究或是发展模式探讨，鲜有学者利用经济学或管理学中的基础理论对其行为和绩效效应进行解释。但是，有关企业孵化器的相关方面研究则有较多的研究成果，在西方学者的相关研究中，行为理论、动态能力理论、代理人理论、制度理论、结构理论、鹰架理

论、期权理论、资源和知识基础观、专业化与分工理论、交易费用理论、创业理论、产业聚集理论和企业生命周期理论常被用于解释企业孵化器的行为和效应（陈粟，2006；郝利，2007）。

在国内，钱平凡等（2000）则最早提出孵化器研究的理论基础应包含企业能力理论、社会网络理论以及规模与分工优势理论。赵佳宝等（2003）介绍了西方孵化器理论，包括公司空间扩张理论、区位优势理论、核心资源理论以及空间生产生命周期理论等。张炜等（2004）在联合生产理论、资源理论和网络理论等基础上，通过对孵化器在促进创业公司生成与成长过程中的有效运作模式的分析，提出了孵化器的联合生产模型、网络效用模型和资源能力模型。

一、企业生命周期理论

企业的成长过程和自然界的生物一样有相同的规律，企业也有产生、成长、成熟和死亡的过程。具体而言，企业的成长过程可以划分为10个阶段：孕育期、婴儿期、学步期、青春期、壮年期、稳定期、贵族期、官僚化早期、官僚期、死亡（爱迪思，2003）。美国著名孵化器专家Lalkaka认为，企业孵化器是"为培养新创企业而设计出来的受控制的工作环境。在这个环境中，人们试图创造一些条件来训练、支持和发展一些成功的企业家和盈利的企业"。精心挑选出具有潜力的新建或处于初始阶段的企业，用企业孵化器为其提供健康成长所需的"养分"，使其健康成长和发展，大大提高了小微企业的成活率。

二、苗床理论与区位优势理论

利用企业生命周期理论可以对创业生命周期进行探讨，实质上就是将传统企业生命周期涉及的阶段进行扩展。张钢和牛志江（2009）在国内外有关创业生命周期的研究基础之上，将创业（企业）生命周期划分为5个阶段：

种子期、成立期、生存期、发展期、成熟收获期。其中种子期是创业者对机会进行识别和评估，并做出创业决策，属于创业的萌芽期；而成立期则是创业者获取必要的资源以创立企业，是处于萌芽状态的创意或项目的"破土期"，这也是创业过程中需要跨越的第一道障碍；在生存期，创业者所关注的主要是企业如何将创意和技术转化为市场能够接受的产品，并在激烈的市场竞争中存活下来；进入发展期之后，企业在市场中的地位逐渐稳固，企业需要面临的则是如何优化内部管理以及进一步开拓市场的问题；成熟收获期关注的自然就是创业者的创业成果收获和利益分配问题。前孵化器试图介入的阶段主要是种子期和成立期，其中种子期主要是后半段，即对创业想法和创意的提炼和优化阶段，而成立期则包含全程。

美国著名的孵化器专家 Lalkaka 认为，企业孵化器的功能和服务应包括：精心挑选有潜力的新建或处于初始阶段的企业；为每个租户提供诸如通信与办公等方面的公共设施；提供接受诸如法律、金融方向专业服务的渠道；负责训练、开发与协助新生企业的小规模管理队伍；可接受的服务收费和房租等。也有的学者认为，企业孵化器将提供办公设备、会议空间洽谈室以及秘书人员等公用资源，大学和企业的硬件设施和当地人才网络渠道，通过调研研究成果在工业和商业上进行应用的可行性，为新企业在处理税收、办理执照和商业发展等方面的问题提供有效的服务和建议。因此，在企业孵化选址方面，是否有金融机构、咨询及信息服务机构等必要的服务机构以及高素质的人力资源，是否密集地分布着已有相关企业，是否具有既能提供技术资源又能提供企业家资源的研究机构等应作为考虑的因素。也就是说，从孵化器功能发挥最大化的角度来看，选择具有优越地理位置和配套设施的区域是建立孵化器过程中必然要考虑的因素，同时也是创业者或初创企业选择进入孵化器需要考虑的重要影响因素。

三、系统理论

系统理论认为，系统是由相互作用的诸要素构成的，并且是一个有机的整体，并非是各个部分的机械组合和简单相加，系统所拥有的功能是各个部分在孤立状态下所没有的，存在着"1+1>2"的效应。将前孵化器作为一个系统加以研究，有助于从总体上认识这一新生事物，同时也能够更好地指导前孵化器的建设，真正实现"整体大于部分之和"的系统目标。从不同的角度，前孵化器这个系统可以拆分为不同的子系统。从功能模块来看，可以包括组织结构、功能定位、运行机制、外部环境要素等部分；而从层次上来看，则包含核心层（孵化平台本身）、中间层（依托高校）以及外围层（政府部门、传统商业孵化器、风投机构等外部利益相关者）。

四、大学职能理论

20世纪前后，"教学、科研、服务社会"三位一体成为大学的功能。在当前的社会中，又有许多学者提出了大学的"第四职能说"，主要的观点有国际交往说、改造社会说、创造新职业说、文化交流（交往）说、技术创新说等，但并未形成定论（焦磊、韩映雄，2008）。从大学的职能来看，前孵化器作为依托高校衍生出来的一种公益性服务机构，必然也需要承担大学所必须承担的基本功能，只不过其侧重点和实现的方式手段不同而已。

第五节 前孵化器国内外研究现状述评

第一，目前无论是实践还是理论研究，前孵化器都还处于探索阶段，尽管企业孵化器的丰富研究成果可以为前孵化器的深入研究提供可借鉴的素材，但两者之间的不同也是我们必须要正视的问题。因此，通过对前人相关研究和当前实践经验的提炼、总结，建立前孵化器的理论体系，对指导未来研究和实践工作都具有重要意义，因而是当前亟须解决的主要问题。

第二，尽管已有学者对一些典型的前孵化器模式进行了深入的案例研究，从中我们可以总结出诸多可供借鉴的成功经验，但同时我们也可以看到，现行的前孵化器运行机制并不完善，缺乏研究，因而当前需要解决的一个重要问题就是对前孵化器运行机制的设计和完善，特别是针对中国特色的高校前孵化器模式。

  第三，一直以来，政府都在我国的科技创新发展中扮演着重要的角色，当前我国已开展的前孵化器实践的成功就与政府支持有着密切联系，可以说，在未来的发展中，政府政策必将是决定其成功与否的关键因素，但现有的关于前孵化器政策措施的研究明显不足，建立科学合理的政策体系也是当前需要解决的问题。

第三章　SNM理论及其应用研究

SNM理论是生态位理论、技术变革的演进理论和建构性技术评价理论的综合体,目前的研究主要围绕"基本要素的内涵与功能""运作过程与机理"这两条主线展开。其中,SNM过程是受到关注的一个重要领域,它主要解释新技术成长的一般模式,因此许多研究者从不同侧面对其做了研究和探讨。

第一节　SNM理论的起源

从20世纪90年代中期以来,技术创新的理论研究不断发展趋向成熟,生态位研究相应出现了在技术能力上演变理论的研究视野。在选择技术范式的严格机制下,技术创新通常只能沿着一定的方向发展,而生态位是说明技术范式变迁的有效工具,故容易产生代表新范式的新技术。如何通过建设技术网络来建立一个新的生态位,且实现技术创新,是技术变迁研究发展面临的一大挑战。

战略生态位脱胎于生态学中的生态位概念。生态位在经历漫长的理论发展后,已成为现代生态学最为重要的基础理论研究之一,且逐渐渗入社会层面上的广泛研究领域,形成与其他学科(特别是经济学领域)交杂繁衍的新概念之一——"根基概念",如技术生态位、产业生态位、企业生态位、市场生态位等,如表3-1所示。

表 3-1　SNM 理论起源及内涵小结

要素	战略生态位管理
起源	出现于 20 世纪 90 年代末，源自演化经济学、建构性技术评价范式（CTA），以及社会学中的技术变革史
目标	向社会技术体制转化，更加可持续地满足人类需要
对技术的理解	技术不再仅仅是硬件上的器械，技术从此与社会捆绑在一起形成共同演化机制
变革模型	创造社会技术生态位，从而产生对如下两方面有用的经验 1. 技术及其应用 2. 支持有前途的生态位成长的政策
变革推动者	战略生态位管理者
类型	管理性
关键点	边做边学：革新促进社会技术的传播
影响	或许主张创造的生态位比实际创造的更多 为将技术轨道导向更加可持续发展的方向做出了贡献

资料来源：Alternative Technology niches and sustainable development。

生态位的概念，由生态学家 Grinnel 于 1917 年首次提出，并将其定义为生物在群落中所处的位置及发挥的功能和作用。相继有许多领域的专家对生态位的概念和内涵进行研究（Elton，1927；Odum，1952；Hutchinson，1957）。其中，Hutchinson 是在生态位研究中最具影响力的学者，他分别从空间和资源利用等方面考虑，提出了较为现代的生态位概念，首次赋予生态位以数学的抽象，对于一个物种是如何定位其生态位就变得清晰了，之后的研究也主要是沿用该思路。20 世纪 70 年代末，企业生态位的研究逐步出现在企业管理研究领域，主要是研究企业及其环境的所有关系总和。有关企业生态位的含义主要有以下两种观点，即对其从企业单体和企业种群的角度开展研究。Freeman 和 Hannan（1983，1989）在《组织生态学》中提出了种群生态位的概念，指出生态位是企业在战略环境之中占据的多维的资源空间，并在此基础上衍生出了两种理论观点（Hannan 等，2003）：生态位宽度观（Hannan 和 Freeman，1977；Freeman 和 Hannan，1983；Peli，1997）和生态位的资源分割观（Carroll，1985）。20 世纪 90 年代中期之后，关于生态位的研究被引用到技术能力及技术创新研究中。一大批学者在研究 Nelson 和 Winter（1982）提出的技术范式模型时，认为该模型在诠释技术范式本身的变迁时存在许多矛盾，其失败在于：在对达尔文主义生物进化的思想机械类比的同时，技术动态发展本身的特点被忽略了。他们将生态位的概念引进到技术范式的研究中，以生态位思想作为基础重新诠释技术演化，提出了技术生态位这一新的概念（Weber 和 Hoogma，1999）。

技术生态位的概念源自生态位，是以生态位为基础，通过对技术能力演化进行全新的阐述和解释，构建了技术生态位这一概念。Weber 和 Hoogma（1999）认为技术生态位是"一个得到暂时的保护而免于市场及其他制度的压力的特定领域，这个领域是新技术的应用的试验台，能够让使用者、生产者，甚至政府帮助发展新技术直至该技术成熟化。"Geels 认为技术的形成是在一个受保护的空间内，在这个空间即技术生态位之内的所有技术发明只要不进入主流市场，都能进行大胆的尝试且得到发展。技术生态位是创新技术"最原始的市场"，因为对创新技术开放的市场根本不存在，特别是在一个完全不明朗的市场环境下。而此时技术生态位则为创新技术扮演着"最原始的市场"的角色，直到市场环境对创新技术的供求关系明朗为止。技术生态位能否存在关键在于对其中技术认同的程度，在于对孕育的技术将是未来占领市场的核心技术的信任度，孕育的重大发明会使得市场产生剧烈的变动甚至导致传统市场的颠覆，进而推进社会进步（Geels 和 Schot，2008）。

在生态位概念延伸与扩展这一趋势下，生态位的两个重要的概念逐渐被发展出来，即技术生态位与市场生态位。国内外学者对市场生态位给出了一致的定义：在原始的市场环境下，新技术即使没有人为的保护行为，也同样可以不断地良好发展。市场生态位的这一概念与技术生态位两者既互相联系又相互区别。在传统研究领域，Agnolucci 等人认为市场生态位更看重"当前情况"，而技术生态位更注重"未来获利"，在时间点的选择上二者有着本质的区别。而 SNM 理论是将市场生态位与技术生态位紧密地结合在一起，Ieromonachou 等人认为在特定的设备设施条件下，SNM 的管理过程应是一份逐步仿真扩散的实验过程，假如试验过程中新技术选择成功并在市场上能够生存，就可以认定技术生态位向市场生态位做出了成功的转换。在研发过程中，实验室里会出现不断持续创新的新技术从技术生态位到市场生态位的过渡难题，而 SNM 能够很好地解决这一难题。故学者们普遍认为，SNM 的实施路径在新技术从技术生态位发展转换到市场生态位方面起到了十分重要的作用。

第二节　SNM理论的内涵分析

SNM 理论较为一致的定义是"为新技术成长构建出良好的保护空间——战略生态位空间，通过研究者、生产者、政府、用户和其他组织执行者渐进的实验和学习，对新技术进行选择、培育、孵化，发展为成熟技术，并顺利地将其市场化，实现产业化管理"。SNM 理论的核心是假定凭借不断进行技术转换路径的创新，能够协助调整技术生态位，例如，Heiskanen 等（2015）对通过赋权的受保护空间开展技术培育，通过可持续的技术学习，对实验融合技术的进化进行协调、对使用者和结构及技术创新网络进行不断调整等。SNM 理论假定，各利益相关者协作和交流信息及知识和经验的社会技术实验这两方面能够成功地激发创新，且其发生在受保护的空间内。目前在国外SNM 理论被广泛应用到新兴生物燃料、交通、能源等新兴产业的研究中，许多重大的技术创新问题得以解决。Smith 等的研究对象是英国 40 年的太阳能光伏发电历史案例，揭示生态位空间的构成、发展对持续创新的作用，总结生态位空间的可持续创新战略管理的规律。Bakker 等则研究揭示了生态位聚合的过程，通过电动汽车充电插头的标准化作为案例，结果发现地方政府的有关制度造成了锁定，对生态位的聚合是反作用力，对其全球标准化的发展起到了消极的阻碍。

综合相关学者的研究及结论，本书将 SNM 定义为：为新技术成长构建一个保护空间（技术生态位），通过生产者、研究者、用户、政府和其他组织执行者渐进的实验和学习，对新技术进行选择、培育、孵化，发展为成熟技术，并顺利地将它推向市场实现产业化（市场生态位），最终引导社会技术体制变革（范式生态位）的过程。

作为新技术推广和应用的分析模型，SNM 理论对技术创新发展的管理可以分为技术生态位、市场生态位与范式生态位三个阶段（见图 3-1）。一是通过对新技术构建技术生态位这一受保护的空间，形成针对新技术研究、孵化的独一无二的实验室，用以考察新技术产生过程中涉及的社会经济等方面的不足、问题、困难和使用者需求等。二是通过不断的实验与学习，促使信息、技术、知识的流动和技术的扩散，促使新技术由技术生态位阶段向市场生态位的顺利跃迁，对顾客需求能够基本满足。技术生态位发展成为市场生态位并非是一一对应的，一个技术生态位可以发展成一个或者若干个市场生态位，但是其范围与规模会受到约束，且在主流的技术市场上暂时无法看到它们的存在，对市场上的主流技术范式也没有影响。三是通过市场生态位这一衔接实验室和市场的特殊空间，使新技术在市场上得到了一定的认可，随后就需要加强新技术在市场中的自身适应能力，逐步占据主流市场，进入范式生态位阶段。

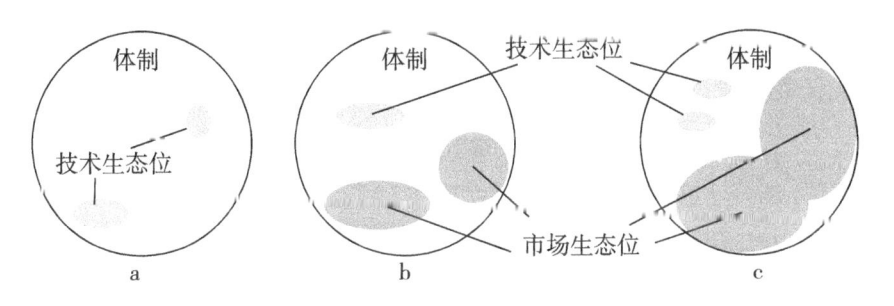

图 3-1 基于 SNM 理论的新技术管理过程

SNM 过程主要围绕新技术的出现、孵化、推广和商业化这一从技术的产生到成功推向市场的全链条过程展开研究。Weber 和 Hoogma（1999）认为 SNM 理论是创造"一个独特的社会经济实验室，用以学习新技术将产生的问题、缺陷、遇到的障碍及用户需求等"。SNM 过程有三个较为重要的概念：一是技术。所有的科学理论知识和工程实践，生产的技术、产品的特性，程序、体制和基础设施等的总和构成了技术，因此，对技术的理解不仅仅有物理的硬件技术，也拓展到了外延的技术体制。技术与社会发展结合在一起，共同演化，形成技术机制。二是实验。在实践过程中，问题的结果不再是唯一的，还应当关注论证和学习的环节。新技术培育成熟之前，通过包括资金支持、财税补贴、政策保护等在内的特定空间，对实验提供保护。三是学习。在实验中学习新技术的优劣势，提倡从用户到生产商再到有关机构和政府，一起进行全方位的学习。

第三节　SNM过程的步骤概述

围绕 SNM 过程的研究主要从两个方面进行，一是从理论层面对 SNM 过程进行分步骤的阐述分析，二是通过总结 SNM 的实践案例，研究 SNM 过程的影响因素。

一、SNM 过程步骤总结

国外部分学者对 SNM 过程的步骤进行了分析阐述，主要有两种观点：一种是以 Weber 和 Hoogma（1999）、Kemp 等（2001）、Hegger（2007）为代表的五步骤论，另一种是以 Schot 和 Geels（2008）、Van Der Laak（2007）、Verbong（2010）为代表的三步骤论。

1.SNM 过程五步骤论

Weber、Hoogma 和 Weber 等提出 SNM 过程分为五个方面：技术的选择、实验的选择、实验的建立、实验的扩大、政策保护的手段。在此基础上，Hommels 等（2007）进一步完善了这个过程：①技术的选择——选取有发展潜力的创新技术；②实验的选择——在实验的设计和建立过程引入相关人员和保护措施；③实验的执行——发现新技术发展过程中的经济、社会等相关问题并尽早解决；④将新技术从技术生态位推向市场生态位；⑤保护评估生态位并逐步将保护手段及措施撤离。

Hegger 等则认为 SNM 过程可以分为以下五个步骤：①定义一个可持续发展的社会技术系统改造的概念。项目起点，首先由政府机构、科研机构、非政府组织或民间团体充当的一名行动者提出可持续发展的概念，其次再将概念转化为一个可持续发展的社会技术系统。②探索社会嵌入概念。与其他理论不同的是，第二步不是技术示范或实证，而是探索这个概念如何在社会上嵌入。主要调查哪些潜在的行动者对这一概念感兴趣，他们参与的程度如何，不参与的具体原因是什么。③开始试探性的会谈。主要是通过开班、专家会议和共识会议等，把行动者聚集起来。这一阶段的目标主要是将参与的行动者从最初的出发点形成的概念，成为符合一定时空范围内的社会现实。在行动者对目的达成共识后，要进行过渡管理，主要选择过渡管理领域的范围和行动参与者的范围。过渡管理的政策往往要与现有的政策领域相呼应，例如农业、能源等。过渡时期主要是寻求综合的解决方案，如果利用概念作为出发点能更加容易，该方案的目标是在各个政策领域过渡期间，架起桥梁以服务消除两者之间的矛盾。④设置实验。当概念在社会嵌入之后，要进行生态位中的社会技术实验。实验的一个主要方面是技术实验与各种形式的社会组织的实验相结合，比如提供服务的计费结构、所涉及的行为者之间的职责分工等。⑤评价和学习。在项目实施的过程中，进行评价和总结学习经验可以作为一个新的项目的起点。

2. SNM 过程三步骤论

大部分将 SNM 过程分为三个步骤的学者们，其观点大致相同，认为三个步骤主要是建立期望、建立社会网络及学习过程。

Schot 和 Geels 认为 SNM 过程的三个主要因素是：①期望和愿景的结合。期望是生态位发展中至关重要的问题，它为学习过程、吸引注意力及持续的保护和培育指明了方向。制定了目标期望，有利于促进生态位构建的成功，一方面能被更多实践者所分享，另一方面能为预期予以更加专业的指导，另外，因为预期的内容是根据正在进行的项目来建立的，因此有更好的质量。②建立社会网络。该过程主要是要获得一批对新技术的支持者，并促进相关利益者之间的相互作用，提供诸如专业知识、人员和资金等必要的资源等。社会网络要对生态位的发展有更好的贡献，需满足两点，一是构建的网络要够宽广，加入多方的利益相关者，并促进多方观点意见的融合，一些相关外界人士的参与对拓宽认知领域和促进二阶学习可能有重要作用；二是网络要深入，即代表机构的人员应当能够调动组织内部的积极性和资源。③多维度的学习过程。具体内容包括技术因素、设计规范、市场和顾客偏好、文化和象征意义、基础设施和维护网络、产业和产品网络、法规和政府政策及社会与环境的影响，等等。

Van der Laak 认为生态位内部塑造过程分为以下三个方面：①建立期望。制定明确的目标并明确活动的期望，同时也可以促进其他行动者制定一个相关的或合作性的目标和期望，并能起到模范带头作用。在确定期望的过程中，不同的行动者之间可能会存在不同的想法并产生冲突。可以通过定义等多个实验来明确差异，并有效利用。但值得注意的是，期望必须是有形的，要努力寻找有证据支持的期望；另外，在制定期望的过程中，必须保持选择的开放性，尽可能多地收集有关信息和经验，而不是事先做出选择；最后，可以通过学习与借鉴其他国家或地区的经验来制定和定位自己的目标。②网络建设。该阶段的目的是制定一个广泛的包括所有有关行动者（行业角色、用户、科学家、社会组织（NGO）和有关政策制定者）在内的网络系统，确保在自己的机构所涉及的个人没有外人，并可以带来相关资源或扩大自己的网络的经验。同时，强调重视用户在技术引进中的创新源泉的作用，这些网络中的成员都有自己的知识、经验、权利和职责。另外，网络中的行动者必须通过定期会议或者讨论等各种方式来达到沟通的目的。③学习过程。第一，创建和刺激实验的多样性可以学习到不同的使用环境的各种设计，不管是在生态位的早期阶段还是在后期阶段，多样性均具有重要的作用；第二，要进行不同层面的学习，例如对技术、基础设施、法规、用户喜好、社会文化的接受学习等，目的在于创造跨层面的合作并创建出一个技术和社会实验之间更好的"匹配"；第三，要注重反思学习，即质疑潜在的假设，如果技术与这些假设不匹配应当自发地改变方向；第四，尽可能实现实验之间的共享，例如通过平台、定期会议和座谈会的形式，通常来说，发展成功生态位的一个重要条件是一项共享课程的设施；第五，利用经验教训作为重要参考。

类似的，Verbong认为生态位的动态分析包括：①社会网络的组成。主要包括研究机构、政府机构、生产商、最终用户和金融机构等。其中研究机构主要是提供技术；政府机构在早期扮演一个重要的金融角色；生产商则要借鉴好的经验，并成为该领域的领导者；最终用户的参与非常重要，一般来说，用户和供应商之间的关系对训练和技术援助一直很重要，但是很难维持。②塑造期望，为所要实施的项目建立合适的期望。③学习过程。学习过程的重点是极大地关注技术和经济效率，并找到适当的应用领域。比较重要的其他因素是操作、维护、学习当地文化和权力结构。最后要尝试设计一个有效的监测和评估方案。

二、SNM过程的影响因素综述

许多研究SNM的学者并没有指出SNM过程的具体步骤，但相关的研究通常都涉及以下一些影响因素。

1. 技术特征

技术特征在SNM过程中起到了关键的区分作用。通常来说，技术的选择和技术能力发展进步的形式较为多样，但影响技术选择的主要是技术特征。由于技术创新的外部环境及市场、组织、制度、文化等要素的影响和作用，技术能力发展进步到下一代技术的创新阶段。如果该技术的特征适应了社会和市场的需求，能满足市场或社会对技术进步的要求，则该技术会被选择；如果该技术的特征未能适应市场或社会对技术发展进步的要求，则该技术的创新不会被选择，也就是失败的。技术特征是始终在变化的，在SNM过程初期符合要求的新技术，当进入SNM空间之后的实验阶段，有可能会因为市场或竞争技术进步程度的变化而呈现继续创新或终止创新的转变。

比如，魏江（2002）提出了中国企业技术能力提高过程的主导模式是"技术引进—消化吸收—自主创新"，并且在这个过程中技术能力经历了从"技术监测能力"到"技术吸收能力"，最终到"技术变革能力"的提升；石惠（2006）在高技术企业技术能力演化规律研究及实证分析中认为：①高技术企业技术能力发展具有连续性和跳跃性；②高技术企业技术能力的发展，必须寻求与本产业技术轨道发展变化方向的一致性；③高技术企业竞争优势的大小取决于有效技术能力的高低。刘军（2007）认为技术选择包含两层含义：一是指技术生态位的选择，二是指技术进步方式的选择。前者源于技术的相依性、层次性和多样性以及生态系统多种有机体的共存；技术进步可以通过自主创新、购买、引进模仿等方式进行。安同良（2009）将技术后进国家的技术能力发展路径归纳为技术选择、技术获取、消化吸收和技术改进，在这个过程中企业技术能力获得了提高。

2. 网络管理

网络管理在SNM的实验建立及扩大阶段担任了重要角色。网络管理通常指的是新技术项目中所涉及的利益群体之间实现互动并有效发挥各自的作用。通常来说，项目中的关键成员之间如果互动关系良好且能各尽其职，新技术成功转变为成熟技术的可能性会更大。例如Caniëls（2008）在关于非洲生物燃料研究中提出第一个具体的有关生物燃料的政府倡议，同时成立了国家生物燃料工作队，工作队汇集了几个政府部委和主要利益相关者，如非政府组织和私人投资者。这个工作队被责令制定发展方针和规管生物燃料的活动。而 Smith（2003）在丹麦风能行业技术的研究中获得了一批 SNM 产物的支持者——企业、研究者、政府当局——他们的协调行动对进行互相连接的技术和实践的实质性转换工作具有重要作用。而考文垂电动车项目（The Coventry Electric Vehicle Project）实验中计划共有 6 个组织参与实施，分别是能源节约组织、标致机电公司、考文垂市市委会、East Midlands 电力公司、英格兰中部皇家邮政，以及 PowerGen 公司。这 6 个组织彼此建立了一个网络联系，并希望各自用三部汽车来替代他们日常传统的汽车需求量。

Ieromonachou（2004）在达勒姆市道路收费方案设计中，其关键成员有达拉谟郡议会，能够减少由越来越多车辆引起的交通堵塞和造成的污染；交通部门提供了资金，用于实施当地交通规划方案的政策；规划部门，能够为执行收费提供技术，建议系统设计规格等。

3. 政策框架

政策作为 SNM 实验过程中重要的外部支持，对 SNM 过程的学习和实验有一定的影响。Sushandoyo 和 Magnusson 指出，投资新技术要考虑在过渡阶段通过补贴促进市场的形成。政府机构的协调作用对相互连接的技术和实践的转换是非常必要的，但与此同时，政策本身可能是个障碍。因为政府通常是出于环境保护和其他社会目标的需要而支持技术研发，而不是出于对特定的新技术的真正需要。在某种程度上这种信号是矛盾的。

4. 文化心理

新技术的引进和成熟与社会及团体对其的接纳密切相关，这就涉及文化心理层面。社会层面对新技术越广泛认可，就越能促进 SNM 过程对新技术的培育和成熟。例如汽车方面，由于汽车的高速及其可靠性，使用的人群越来越多，驾驶汽车出行变成了现代化生活方式的一个重要方面。对于很多汽车使用者而言，汽车是他们身份地位的象征。因此汽车越能被大众接受，就越能促进技术的革新。

5. 用户需求

预期的用户爱好、厌恶风险和意愿与 SNM 过程密切有关，对新技术潜在用户的需求、偏好和支付意愿等深层因素，过渡到技术创新的经济价值，是一个很重要的因素。新技术的价值不一定会被消费者认可，消费者对新技术的期盼或需求也不是非常确定，因为新技术的意义和含义尚未通过他们的实践应用来证明。新技术也有可能不能满足特定消费者的需求，这就意味着这些人的需求和爱好需要改变才能引进新技术。

第四节　SNM的应用

在市场生态位阶段，少部分用户可以较容易地识别新技术或产品，利用社会技术体制保护程度的不同和制度稳定性的高低，给两种不同的市场生态位做了界定：一是内在机制的市场生态位，特点是稳定性比较高，同时对社会技术体制的保护作用比较弱；二是外部体制的市场生态位，特点是立足于与社会技术体制相隔离的基础上，有较为稳定的规则和制度（Schot，2008）。而从技术生态位向市场生态位跃迁，就要跨越"死亡之谷"，突破"路径依赖与锁定"。从对芬兰的实证研究中可以知道，创新的中介组织，特别是政府附属的可持续的系统性中介，对生态位的转型起到关键作用。

市场生态位的最终形成，指的是新的技术在市场所处的位置和所利用的市场资源，新技术逐渐脱离人为设定空间的保护，逐渐具有在初始市场发展壮大的趋势。在市场生态位的状态下，新技术已经进入主流市场，并且为用户所熟知，逐渐建立起在主流市场竞争的能力。市场生态位作为SNM过程中的一个载体，是解决原始创新从单一实验转向大规模相关研究过程中遇到的问题的具体方法，是确保新技术顺利进行发展应用的重点所在。

因此，基于市场生态位理论，我们从宏观的层面出发，试图寻找围绕技术创新、技术体制的发展与变革，社会的愿景等更广阔视野下的技术创新理论；我们从中观层面出发，试图寻找基于企业与外部社会的网络构建的组织创新，把技术创新的纵向发展转向横向的更广泛的社会网络，比如用户、科研机构、金融中介机构等。

从企业种群的角度，应用市场生态位对新技术扩散进行管理，主要可以从以下几方面展开其在我国的应用：一是从宏观的社会层面，可以应用于技术创新体制、创新管理的方法应用；二是从中观的产业层面，可以应用于高新技术产业和产学研联盟、社会网络构建方面；三是从微观的企业层面，可以应用于企业发展、品牌管理等方面。

一、市场生态位在技术创新体制中的应用

这里说的技术创新体制主要指的是企业战略管理、技术的新产品的市场推广等方面。首先，市场生态位的研究可以为企业个体的战略管理与企业群体或种群的联系、沟通与相互影响建立互动机制，因为从企业个体角度，市场生态位体现的是企业的生产能力和资源需求能力，而企业群体或种群是同类企业的集聚，战略管理就是对企业与环境互动匹配后单个企业所处的状态的把握，市场生态位显而易见地可以为此提供方法启示（Baum 等，1994）。其次，技术生态位着眼于对有前景的技术的选择、培育的核心技术能否占领主流市场、是否形成淘汰更新现有市场的颠覆性技术，更多的是关注"将来"技术的应用前景和获利；市场生态位则与之相反，它更多地关注"现在"，具有时间节点上的区别（Agnolucci 和 Mcdowall，2007）。再次，在技术生态位过渡到市场生态位方面，可以体现在新技术的市场拓展和突破社会技术体制上，市场生态位注重技术应对市场所发挥的最大作用，包括产品多样化和市场推广化；技术生态位突破障碍便能实现市场生态位，以运输系统为例，障碍主要是资金、政策、公共设施、社会态度等。

二、市场生态位对高新技术产业及产学合作的应用

从市场生态位的角度，在市场空间资源的争夺上，高技术产业采取类似"田忌赛马"的策略，依据自身的特点和实力，避开市场中的强势竞争对手，不与之进行正面的冲突，避免遭受强敌的攻击，主要从竞争对手力量较为不

足或者较少盈利的市场生态位展开，先创造全力满足所选市场实际需求的各种条件，逐步牢牢占据所选市场，强调的是主体对技术扩散的能动性，并突出对顾客需求的满足。

从社会网络（SNA）的角度分析，新技术的生态位有愿景、力量和知识三个机制。市场生态位处于愿景机制、知识机制完备而力量机制缺失阶段，在该阶段技术创新的主体要注重研发组织和品牌建设的重要性，这对于在我国区域新兴技术产业实践中的运用也是十分有益的。从市场生态位的角度，产学研联盟生态位及其治理机制要重点把握的是建立健全风险防控和市场保护机制。另一方面，企业的社会网络对市场生态位有显著的正向影响，社会网络对开发新技术市场、提高其市场接受程度有积极作用，而企业特征影响市场生态位的，则是资产负债率产权性质及销售额等，会对社会网络和市场生态位的关系产生影响。此外，市场生态位与科技新兴产业企业内部学习之间也是相互促进的，研究显示企业内部学习对市场生态位具有正向的影响。

三、市场生态位在企业发展中的应用

从新技术管理的角度，技术生态位的核心和重点在于突破性的特定新技术，而市场生态位的重点则是围绕顾客的功能性需求和技术所能提供的功能。相对于技术生态位是对"具有市场价值或潜力"的新技术进行一些保护，市场生态位则是通过市场的一些具体的要求或问题进行的保护，更多的是围绕消费者所要求的新技术的功能属性，而不是简单地指向某一特定的技术。此外，当生态位发展到市场生态位时，技术生态位补贴、激励及优惠等短期的技术创新保护机制便趋向稳定的制度化，而不是这些显性的暂时机制。

市场生态位在企业中的表现可以分为基础生态位和现实生态位两种层次。这些层次的划分来自在产业环境、企业战略环境中占用的立体多维资源空间（Hannan 和 Freeman，1977），体现的是企业与周围资源环境的客观互动关系，市场生态位是企业与环境互动所处的客观状态。基础生态位指的是

占据某种特定资源空间的企业群集，进而形成的企业种群所占的这些空间。而现实生态位则是指每一个个体的企业在基础生态位中事实占用的资源空间。同一基础生态位内，会存在占据资源空间范围的争夺，外在体现就是企业的资源竞争。生态位宽度就是一个衡量指标，用来评价现实中企业生态位的大小，生态位宽度是企业种群内的个体企业掌控多维资源空间内的各种现有资源的能力。生态位宽度的分析和测查，通常把时间和位置参数恒定为常量，因为生态位的空间争夺主要是发生在同类或相同企业种群之间或种群内部企业之间，利用生态位宽度，可以对企业对于所处空间的环境的适应、对所处空间内各种资源的整合利用与竞争争夺能力等进行判断（Smith，1982；Putman 和 Wratten，1984）。

四、市场生态位在企业品牌管理中的应用

将市场生态位的观念引入品牌对顾客的影响当中，我们可以认为品牌的市场生态位主要表征品牌在市场中与消费者关系亲疏、紧密的情况，及处于不同关系状态的消费者人群的数量。一方面说明了生态位对品牌发展的影响，决定了它们的命运，是盈利品牌与亏损品牌的差别所在；另一方面从生态位角度说明了如何建立顾客对品牌的依赖，扩大品牌的影响力。从生态位测度出发研究产业和品牌的市场生态位差异，我们认为产业的市场生态位是产业的个体单元与环境相互作用过程中形成的、抓住市场机会以及占领市场的能力，比如葛志远、杜惠娟结合北京市制造业的市场生态位研究，表明产业的市场生态位对产业发展的作用、对支柱产业转型的影响，等等。

第四章　基于SNM理论的前孵化器发展路径研究

前孵化器的发展是孵化链条的扩展，发展过程中涉及政府、科研、社会、产业等若干领域，包括了产业、企业、政府机构、高等学校、科研机构、中介服务机构等多个层面的参与主体，涉及知识和技术的信息转移、人才和资金的投入，政策和制度的保障等。本章将以 SNM 理论为视角，以前孵化器技术创新的选择、孵化、转化到产业变革的路径为轴线，围绕前孵化器的形成机理展开研究。力图把握和鉴别生态位发展过程的关键阶段和影响因素，厘清生态位的构建与继承、生态优化与网络构建、知识管理与孵化培育等机理，从生态位的多层共生发展，进一步分析阐述其战略发展步骤，为我国前孵化器的实践提供参考和借鉴。

第一节　SNM理论在前孵化器建设中的应用

SNM 理论主要研究的是如何对新技术进行选择并将其培育、孵化为稳定的技术，顺利地推向市场，使其成为成熟技术的一个管理过程，特别有助于那些突破性创新技术的培育与孵化。Hoogma 等（2002）从逻辑的角度出发，认为 SNM 的运作过程是一个内生过程（Internal Process），具体包含期望或愿景的一致性、网络构建及学习过程这三个方面。

随着科学技术的空前革新、高新产业规模的扩展以及孵化器的不断实践发展，孵化器的概念有了一定的拓展，孵化链条的两端不断延伸。国外学者认为"前孵化器提供学习和发展商业策划的环境，培养创业精神，为其完成策划、创意提供支持与帮助""前孵化器是为创意萌芽及实践验证创意可行性提供服务与支持的试验场所"。广东省科技厅在2013年颁布的《关于大力发展前孵化器促进科技成果转化的指导意见》中直接指出，前孵化器是依托高等院校、科研机构、科技企业孵化器、民间组织、新型孵化组织等平台，为科技人才创业提供前期服务指导，引导和帮助潜在的创业者将构想、思路和项目通过注册企业进行产业化的孵化模式。

促进科技成果转化的传统孵化器，为降低创业者的创业风险和创业成本、提高初创企业的成活率，起到了非常重要的作用。前孵化器则更进一步，可为科技成果到科技型企业的转化提供相应的高新技术支持和高端人才引进及培养；SNM理论应用于前孵化器中，关注的是"知识发现—技术创新—产品创新—市场应用"的科技成果转化全过程，为研究前孵化器如何解决最后"一厘米障碍"提供了一个分析工具和管理方法层面的视角和理论系统支持。同时，以SNM理论为指导，前孵化器以技术创新的选择、孵化、转化到产业变革的路径为轴线，以"官产学研"协同创新网络为载体，围绕处在研究初期甚至构想阶段的技术和产品，提供研究硬件、技术指导、研究人才等系统支持，协助研究人员形成系统完整的技术路线和初步产品，从而使得相关项目和产品能够跨越孵化器的条件门槛得以进驻。构建基于SNM理论的前孵化器发展路径，研究基于创新链的科技成果转化问题，具有较强的理论价值和实践意义。

第二节　基于SNM的前孵化器建设思路及意义：跨越"死亡之谷"

Ehlers（1998）将美国联邦政府重点资助的基础研究项目与产业界重点

推进的产品开发项目之间存在的一条沟壑，形象地比喻为"死亡之谷"。他认为政府必须在"死亡之谷"上面搭建桥梁以促使更多的基础性研究成果能够跨越"死亡之谷"，从而实现商品化和产业化。技术创新作为产业创新演化的前提和基础，表明了产业创新演化的前期阶段必然会遭遇"死亡之谷"这一瓶颈。"死亡之谷"现象表明了科技成果转化的难度和风险，在每个国家都存在，而发展中国家的比重会更高。据世界银行估算，我国的科技成果转化率平均只有 15%，专利转化率只有 25%，专利推广率则在 10% ~ 15%。

死亡之谷的提出旨在解决科技创新和商品经济"两张皮"的问题，与前孵化器的定位和功能不谋而合。基于创新价值链视角，创新可划分为两个群落——研究区域和商业区域，两个群落之间的"中间区"对应的就是创新价值链中的"死亡之谷"，造成了研发与市场的脱节。前孵化器往往存在于"死亡之谷"，它结合了创新价值链的特征，兼具技术推动和市场拉动作用，可以通过产品营销和技术研发的连接，搭建研究群落与商业群落的桥梁，帮助初创企业成功跨越"死亡之谷"，如图 4-1 所示。

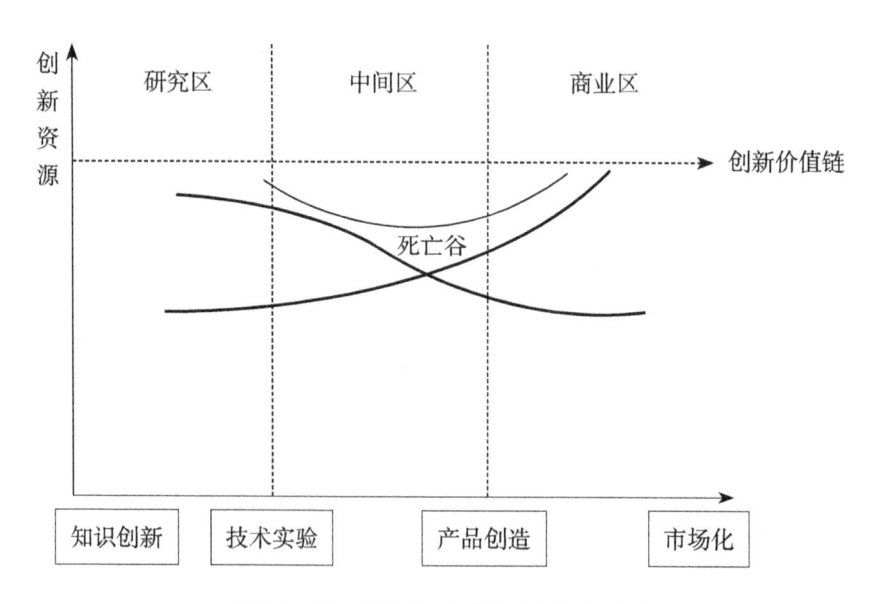

图 4-1 基于创新价值链的前孵化器成长

基于 SNM 理论进行前孵化器发展路径的规划，是较为适宜的。前孵化器所涉及的众多创新主体，在参与前孵化器建设过程中有不同的利益诉求和自身特点，借助 SNM 理论，可以在知识创新、新技术选择、实验到产品创造和市场化的过程中，通过技术生态位、市场生态位和范式生态位的构建，进行网络构建、二阶学习、愿景实现等生态位管理，进一步整合集聚创新资源，协助新技术跨越"死亡之谷"，达到技术孵化的目的。

与仅仅着眼于技术成熟之后的传统的技术孵化管理不同的是，基于 SNM 理论的前孵化器建设关注的是从知识发现到技术发展的全过程，运用 SNM 理论促进了技术创新成果转化的管理重心前移。运用 SNM 理论，可以实现技术孵化管理重心前移至知识发现、技术选择的研发阶段，从而有利于形成知识发现—技术创新—产品创造—市场化这一完整链条，跨越"死亡之谷"，实现技术创新到产品产销的成果转化。

第三节　基于SNM理论的前孵化器发展模型构建

前孵化器建设与孵化器一脉相承，体现了知识发现—技术创新—产品创造—市场推广的全过程，与 Weber 等 (1999)、Kemp 等（2001）提出的 SNM 理论的技术选择、实验选择与建立、实验扩大、政策保护与退出的管理过程相互呼应。生态位实施是指通过选择适合进行产业孵化的先进知识、技术创新的各组成要素，根据 SNM 内生管理过程的几大步骤，通过创新选择和实验建立、实验扩大和政策保护，逐步建立促进前孵化器培育的生态位。生态位成长是指适合前孵化器培育的生态位建立之后，通过对生态位系统进行期望一致—网络构建—学习交流—用户参与的内部优化，促进生态位系统的良好运行和发展。前孵化器培育是在生态位实施、成长发展的基础上，积极进行知识发现—技术创新—产品创新—市场推广的全链条全过程培育，不断深化基于生态位发展的前孵化器培育体系。

在前孵化器培育过程中，创新选择、实验建立、实验扩大、政策保护是生态位实施中最为重要的几个步骤，通过积极进行期望一致—网络构建—相互学习—用户参与的四层次塑造，促进生态位成长发展。期望一致性的建立对于 SNM 的实施和发展是非常重要的，它为参与前孵化器培育的各创新主体之间的网络构建、相互学习过程，以及吸引用户参与等明确了目标。新知识、新技术的出现，需要有政府、高校和产业企业的支持，在构建创新协同网络的基础上，可以通过各创新主体的相互作用和各自的资源共享集成，促进战略生态位的成长。相互学习和用户参与也是其中重要的影响因素，通过创新主体之间的一阶、二阶学习等多维度的相互学习，对知识创造和技术创新的规范、社会文化的融入，有助于技术创新产业孵化的政策体系构建；生态位成长过程中的用户参与有助于更好地了解预期顾客的偏好，更好地进行市场推广，从而更好地推动前孵化器的培育和发展。此外，前孵化器培育中的市场推广、用户需求在生态位成长成熟后，也会反过来引导知识创造和技术创新的方向，从而形成新的产品，实现良性的生态循环。在生态位实施、生态位成长和前孵化器培育的过程中，也需要社会支持和资本支持的相互作用，以保证前孵化器的孵化绩效。

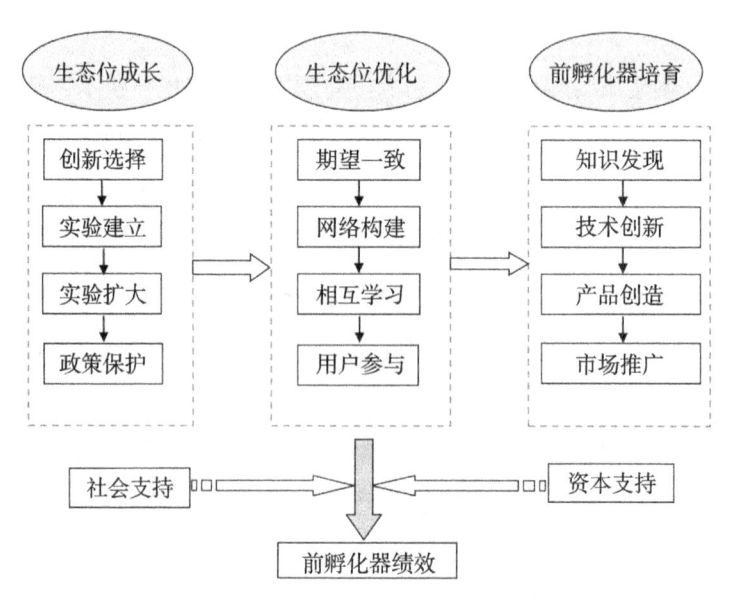

图 4-2 "三步骤四层次"的 SNM 前孵化器建设模型

一、生态位成长与生态继承机理

前孵化器主要的工作内容是进行创意概念的调查，对创新进行市场准备等待，创新能力、创意想法是前孵化器存在的生命力和发展的原动力。从SNM理论出发建设前孵化器模型，首先要明确创新方向选择，对进入前孵化器的技术创新和创意进行选择，选取其中具有发展潜力的新技术以实现技术的持续创新。创新选择主要在于调查新进知识、技术创新和创意概念是否具有市场前景，能否将创意转化为可创造经济价值的产品，如果具有市场前景和社会革新性，它能发展到什么程度。创新选择的目的在于，将有愿景的行动者在最初的出发点形成的概念，在前孵化器中直接发展为符合孵化器发展和孵化标准的现实型企业。在SNM理论的实验建立阶段，将进入前孵化器的高新技术、创意概念，利用前孵化器中创建的保护技术发展的网络，通过检验技术、试验创意前景等方法，逐步凝练出能够支撑技术创造企业的关键点，从而进入生态位的实验扩大阶段进行考察。在实验扩大阶段，经过考察，如果高新技术、创意概念和技术产品能够适应并满足社会和市场的需求，则可以扩大推广。如果经过实验证明不能适应社会和市场对高新技术发展进步的要求，则暂时不宜扩大推广，可以重新调整技术革新方向，再投入实验。在学习实验阶段，SNM理论提倡设计和引入适当的生态位保护。新技术要变得更有竞争力，只能通过接触日益更新的经济和政策环境来实现。其主要目的在于，经过一段时间包括组织支持和财务等因素在内的生态位保护，让新技术暴露在真实的社会条件下能够生存下来。如果保护空间已经发挥作用，SNM就会要求及时拆除保护因素，用最真实的社会环境测试新技术。在生态位成长的过程中，有完善的政策对新技术进行保护，无论新技术在创新选择、实验建立和实验扩大阶段的结果如何，都不会因为生态位的实施而致使该技术已有价值有所减损，而是在相对稳定的系统里，将技术孵化管理重心前移至知识发现、技术选择阶段，从而提高技术创新到成果转化的成功率。即使新技术经过网络构建、实验、培育后，仍然不能适应真实的市场环境，也只是停止对该新技术的实验，重新进行创新选择。在技术发展的过程中，还可以不断地进行评价和总结学习经验，作为新的技术选择的起点。通过以上的创新选择、实验建立、实验扩大、政策保护等几大步骤，完善生态位实施过程，逐步建立促进前孵化器培育的生态位。

借鉴生态位构建及其生态继承机理，通过前孵化器技术生态位的构建和市场生态位的优化，完善技术从选择、培育、孵化到产业化的成长环境，有针对性地提供保护措施和机制，使得前孵化器在发展过程中不仅具有遵循自身创新规律演化而获得的"基因遗传"，同时还有通过生态位成长过程获得的"生态继承"，从而顺利完成生态位的跃迁，有效实现创新成果的孵化，避免因技术发育不良而夭折或者因扩散程度不高难以形成产品创新，无法实现市场产业化。具体机理如图 4-3 所示。

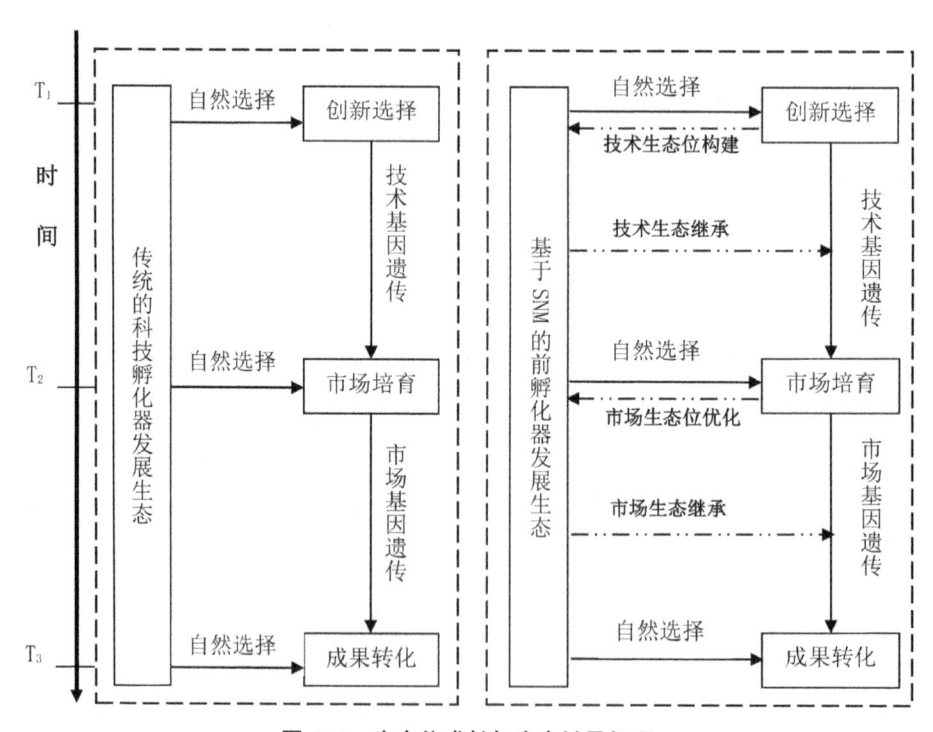

图 4-3　生态位成长与生态继承机理

一是技术生态位的构建与技术基因遗传和技术生态继承。在前孵化器的在孵企业或团队初建阶段，针对新技术的构想、特性、资源等方面的需求以及现有的障碍，通过构建技术生态位，建立一个局部的保护空间和范围，提供新技术研发阶段所需要的各种资源、政策和措施，如科技人员、研发平台、资金保障、社会实验，通过资源整合、协同创新、知识学习、用户检验等机制，改变和完善产业萌芽阶段的前孵化器发展生态，使得新知识、新技术市场化过程中具备传统孵化器下的"技术基因遗传"（即通过技术创新自身规律和机制获得的技术特征和性能）和技术生态位构建下的"技术生态继承"（即通过前孵化器生态的改变和完善弥补技术创新自身演化的先天不足，从而使得新技术/产品所具有的特征和性能，如"新技术作为不受欢迎的'怪兽'"这一现象，只能通过用户的参与、体验以及学习等来快速改变）。

二是市场生态位的优化与市场基因遗传和市场生态继承。当选择的新技术完成了技术研发成果的市场化，前孵化器的发展也从技术生态位成功跃迁到市场生态位，标志着产业从萌芽阶段发展到成长阶段。在这一阶段的初期，尽管新技术的优越性得到了认可，并开始渗透到主流市场，但是还不能与现有社会技术体制下的产业展开竞争，还需要通过用户需求培育、政府政策引导、资金投向转变等保护措施有计划和有针对地强化或弱化来优化市场生态位，改变和完善产业成长初期的前孵化器生态，使得新技术孵化过程中具备传统孵化器的"市场基因遗传"（即通过市场化运作自身规律和机制获得的产品特征和性能）和市场生态位优化下的"市场生态继承"（即通过前孵化器生态的改变和完善弥补市场自身演化的先天不足，从而使得产品所具有的特征和性能，如消费文化、顾客认知等）。

二、生态位优化与网络构建机理

适合前孵化器培育的生态位建立后，就可以通过"愿景或期望一致—网络构建—互相学习—用户参与"四层次的生态位优化发展（见图4-4），促进生态位系统的良好运行和发展。

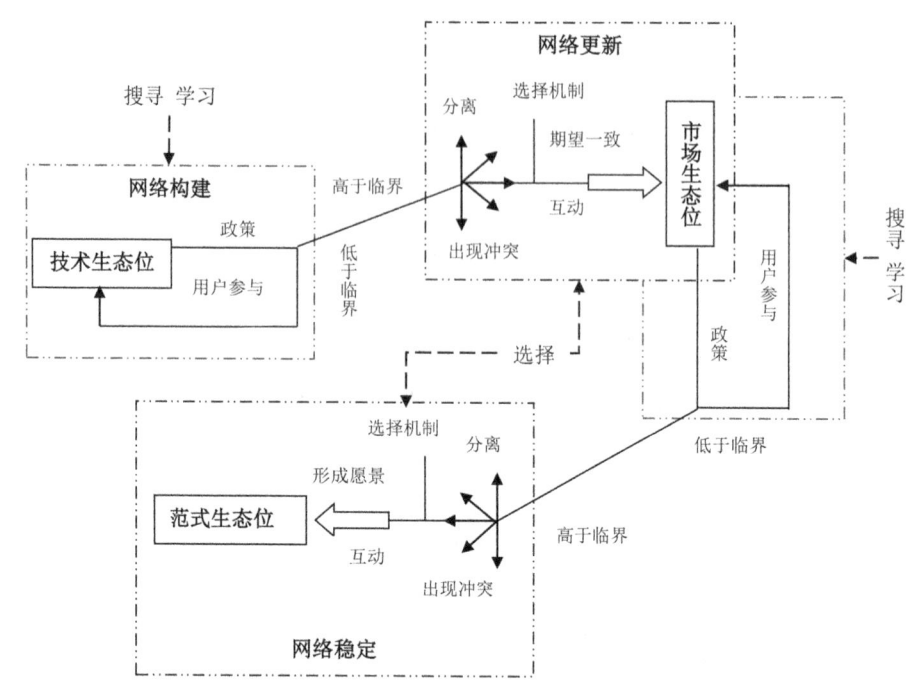

图 4-4　基于 SNM 理论的前孵化器网络构建机理

　　首先，生态位内部塑造过程中，需要建立明确的搜寻学习目标，并明确相关活动的期望，由此促进其他行动者制定相关的或者具有合作性且明确的目标和期望。技术愿景在一项技术发展的初期扮演着很重要的角色，制定一个明确的目标或愿景，有利于生态位建设的成功，一方面，愿景为前孵化器培育系统中各合作成员的合作奠定了基础，明确了前孵化器建设的范围和目标；另一方面，一致的愿景和期望为前孵化器培育的生态位树立了系统目标，系统合作网络的构建、二阶学习和用户参与均有了必须遵循的原则，有利于促进前孵化器培育生态系统的良好运行和发展；另外，前孵化器培育的不同主体之间难免可能因想法的差异而产生冲突与摩擦，在确定一致的愿景和期望的过程中，能够提前暴露这些差异和矛盾点，并寻求有效利用的共同点，解决系统之间的冲突。前孵化器培育生态位中的愿景和期待越是明确和健全，就越能将系统矛盾减到最少，并越能被更多实践一致愿景的主体所分享。当愿景越稳健、质量越高时，成功发展生态位的机会也在增加。

其次，通过网络构建，建设技术生态位。SNM理论中的网络管理，通常指的是新技术项目中所涉及的利益群体之间的互动关系。通常来说，项目中的关键成员之间如果互动关系良好且能各尽其职，新技术成功转化为成熟技术的可能性会更大。网络构建阶段制定的广泛网络包括前孵化器培育生态位中的所有有关行动者，包括新技术的发明者、行业角色、用户、社会组织和有关政策制定者，等等。网络中的所有成员均有自己的知识、经验、权力和职责，通过生态位中的网络管理，促进系统中的利益相关者进行良性互动，实现资源共享。同时，网络中的行动者也必须通过定期的专题会议和讨论等各种形式与其他成员进行沟通，从而达到沟通和加强对系统内部认知的目的。一般来说，生态位系统的网络范围越大，参与的成员越多，就越容易通过学习产生积极的影响；前孵化器培育生态位系统中的网络管理越深入，就越能调动创新主体的积极性和组织内部资源。

再次，在前孵化器培育生态位优化的网络建成后，相关人员需要学习多方面的知识以增进了解。根据SNM理论，学习分为一阶学习和二阶学习。相比于在既定的规则制度环境中实现或修正已定目标的一阶学习，二阶学习则是在了解现行规则和预期学习的基础上，提出值得质疑的地方加以改进，更具有社会性，因此也被称为社会学习。学习的目的在于达成网络的成员能够进行有效合作，从而使创新发展技术和社会市场更加契合；也可以利用经验教训，重新调整愿景和期望。学习的主要内容包括创新技术发展因素、技术成果如何转化为产品、产品市场化过程中如何获得用户的喜爱、社会需求环境和有关扶持政策等。通过学习，可以将创新技术的规范、社会意义融入技术创新产业孵化过程中，有利于政策体系的构建。

最后，用户参与也是前孵化器生态位系统发展的重要影响因素。前孵化器的生态位成长过程中，用户参与能够帮助高新技术在转化为成果、孵化成功前，就了解预期顾客和市场的偏好，更加匹配市场需求，为前孵化器的成功培育添加了新动力。

三、知识管理与前孵化器培育机理

SNM 理论主要研究的就是如何对新技术进行选择并将其培育、孵化为稳定技术，顺利地推向市场。从知识发现、技术创新、产品创造、市场推广等角度来认识前孵化器的培育体系，与 SNM 理论的生态位构建与管理是一脉相承的，如图 4-5 所示。

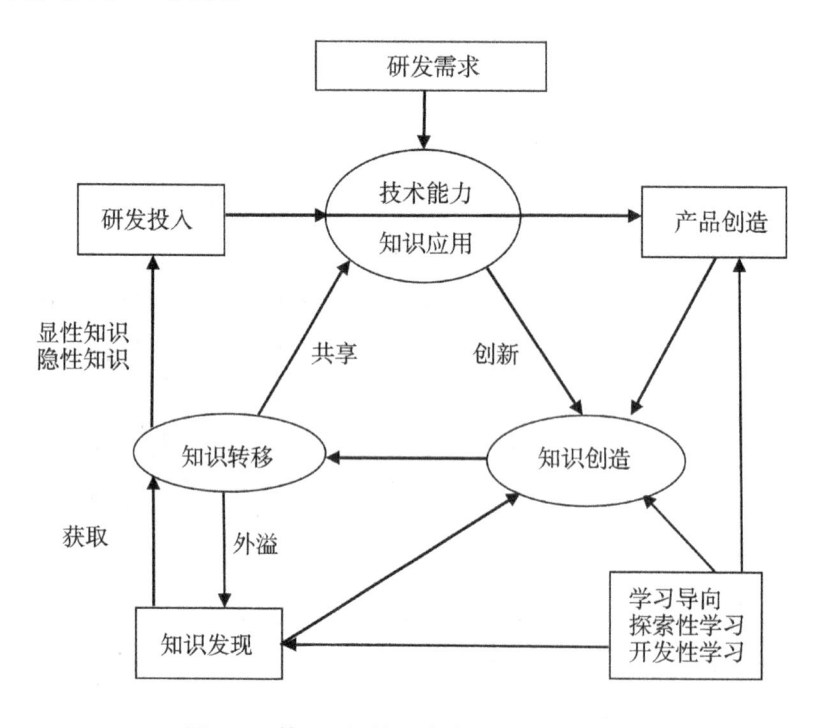

图 4-5　基于知识管理的前孵化器培育机理

从心理学和认知学的视角来看，创新和学习是技术研发的两个方面，通过研发需求的指引，才能更有效地发现外部知识、吸收外部知识（Cohen 和 Levinthal）。知识创造是基于知识发现，创造、提升产品和工艺性能的技术能力。前孵化器培育体系的深化发展是前孵化器建设模型的重点，涉及前孵化器培育的结构和过程。前孵化器的研发活动，本质上是知识资本的价值兑现过程，也就是说，通过指导和帮助在孵企业或团队、建立与前孵化器外部组织的互动沟通，以及知识的识别机制和监控机制，在多样的相应知识信息中，发现及时、先进和准确的信息，吸收到团队或在孵企业研发部门之后，再对相关知识进行提升、凝练、讨论，从而产生新知识。有效的知识管理会促进前孵化器内外的知识转移、应用、转化和创新，显著提升前孵化器在孵企业或团队的研发能力，从而使知识管理的目的得以实现。

Kirby将前孵化总结为创新创造的前一阶段即创意酝酿准备的研究探索时期，与此相对，前孵化器则是为此阶段相关工作的开展提供必要的工作场所。通过前孵化器，可以引入创新知识、技术和人才，提供相应的设施、人才和技术支撑，将处于早期的技术思路和技术产品经过前孵化器的研发，逐步成长为初步成熟的技术产品，形成技术团队。技术发展过程中面临着研发到市场的"死亡之谷"，解决该问题必须在"死亡之谷"之上搭建连接技术和市场的桥梁和纽带，前孵化器恰恰可以承担该功能。在前孵化器内部进行的知识共享和转化过程中，建立积极的知识共享和转换的激励机制，也可使得知识的"社会化"转化成功进行。这里说的社会化主要是指技术研发人员个体的隐性知识，转化成组织的显性知识，因此要有相应的鼓励转化和激励共享的体制机制。

前孵化器体系的建设首先需要知识发现，即要对具有创新前景的技术有所选择。在创新选择时，要结合前孵化器的功能定位，选择值得信任和愿景一致的合作对象。随着技术复杂性、跨界性和多样性的提高，在孵企业或团队要想通过研发过程提高技术创新效率，就需要在技术创新过程中密切关注外部的技术资源，搭建由技术研发专家、行业经营人员、政策制定者和有关中介服务的社会组织人员组建相对稳定的网络，在网络管理中相互交流和了解，共享资源。同时，获得一批对产权战略和新技术研发的支持者，并促进相关利益者之间的相互作用。这样，前孵化器培育的生态位参与人员通过学习进行有效合作，就可以创造出契合社会市场的高新技术，推动技术成果转化为产品，经过前孵化器培育生态位的测试后，及时拆除保护因素，将产品进行真实市场的推广。

第四节　基于SNM理论的前孵化器多层共生发展

前孵化器作为多种创新模式、创新主体以及创新要素相互交汇、融合作用的过程，由于构成特征比较复杂，相应地需要按照科学的研究指引，围绕"文化和社会、制度和政策、用户和市场、技术和知识"这些要素和结构，通过"社会技术远景—社会技术体制—生态位"多层级，围绕技术创新愿景、网络管理和创新生态进行共生发展，如图4-6所示。

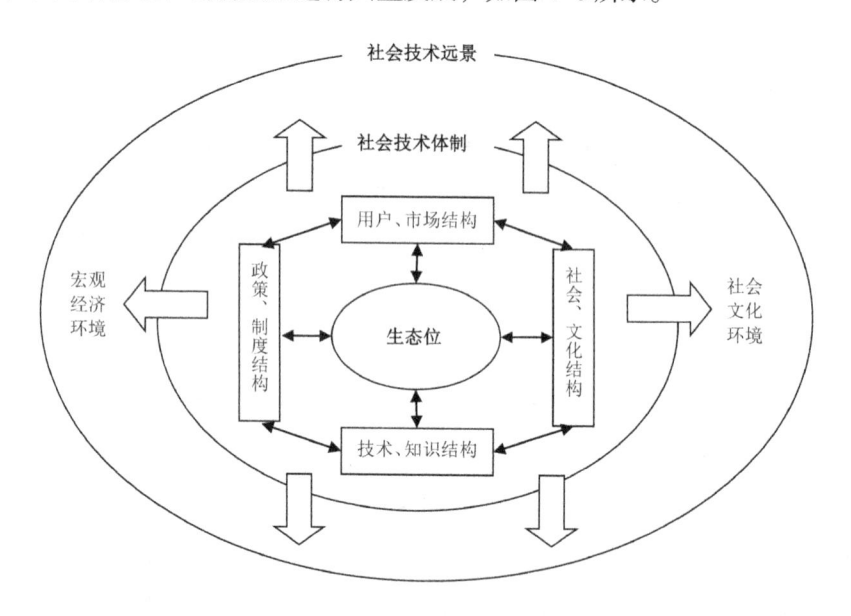

图4-6　前孵化器多层共生发展层级结构

一、匹配技术创新愿景的宏观层面共生发展

前孵化器为高新技术的检验和发展提供了着手市场准备的支持。从某种程度上说，前孵化器发挥功能作用，对我国创新技术发展和经济社会革新都

有一定的驱动和导向作用。因此，前孵化器的技术愿景不仅限于将技术推向产业化发展，还应当做好创新技术的选择、技术实验等工作，与我国创新发展的宏观战略意图和战略要求结合起来，提高前沿技术和产品的成活率。近几年，前孵化器的发展迅速，进入前孵化器的产业技术涉及高端装备制造业、生物和新医药、节能环保、新材料、新一代信息技术等，这是与我国重视发展这一批战略新兴产业领域分不开的。因此，前孵化器应当坚持以市场技术需求为导向，匹配创新战略愿景，在职能部门的引导下，做好所在区域的创新技术选择，整合相关新兴产业和科研机构、高校等行动者，构建创新网络，围绕该项新兴技术的创新链，合理配置和优化资源。

二、完善网络管理的中观层面共生发展

在创新价值链中，政府、企业、研究机构和高校等是前孵化器培育生态位的有效主体，有着期望一致的愿景，就是保证高新技术和产品能够具备成熟的条件输送到企业孵化器中，实现产品和技术的成果转化和产业化生产。根据 SNM 理论，前孵化器中政府、企业、高校及研究机构的组织与传统的政企产学合作不同，前孵化器生态位实施过程中，有其特有的制度逻辑和运行机制。前孵化器创新选择和创新实验的核心是高新技术，重点支撑是与之相关的研究人员、投入资金、实验室等相关组织和机构，以及保证完成技术实验、培育的政府部门、金融机构和中介机构，以上这些参与前孵化的核心个体与机构形成了保护技术发展的网络，并通过实验试点、实验扩大，逐步形成成果相互融合、相互补充的统一网络组织。因此，前孵化器要推进新技术或创新想法研发成功，转化为创新产品，首先必须在技术创新发展过程中构建完善的网络体系。当前前孵化器的创新主体以高校和科研机构为主，这一类前孵化器的网络体系相对较窄，在网络体系里面构建的市场场景真实性与现实偏差较大，不利于技术实验。应当拓宽前孵化器的网络支持，积极与占据资源份额和市场份额较大的行动者合作，吸引更多的利益相关者参与，正向调动前孵化各主体的内部资源和积极性。网络中的关键成员之间如果互

动关系良好且能各尽其职，前孵化器中高新技术创新发展的可能性会更大。这就需要进行网络管理。SNM 理论中的网络管理通常指的是创新实践中所涉及的利益群体之间的互动关系。网络构建后，该网络的所有角色及其提供的资源并不是无序的，而是通过前孵化器实践系统的支持者们在系统内的良性互动，进行资源共享、互相整合，促进良好的进步。同时，参与前孵化实践系统的高校、科研机构、政府和企业等创新主体，要明确各自的职责和权利，并能够通过各种形式进行有效沟通。

前孵化器网络构建主要是为创新技术提供真实实验场景。真实实验场景来源于市场经济的主体——企业。一方面，这决定了前孵化器不能仅局限于接纳高校或科研机构的高技术项目，也要重视占据市场份额较大的企业对创新成果的孵化需求，对于企业现有无法突破的技术难题，主动承接进入前孵化器进行试验；另一方面，企业也要为前孵化器的技术培育提供真实的实验平台，承担企业责任，降低前孵化项目失败的风险，通过良性互动，实现双赢的目标。

三、完善创新生态的微观层面共生发展

前孵化器其实是一个为新兴技术研发、孵化、成长转化为产品并推向产业化发展提供的战略生态位空间。在前孵化器中，可以通过产品营销和技术研发的连接，搭建研究群落与商业群落的桥梁，形成知识发现—技术创新—产品创造—市场化的完整链条。从微观的角度来看，前孵化器包括技术研发、技术产品孵化和市场推广等模块，在政府的引导和推动下，企业、高校、科研机构对创新技术进行选择，并通过网络联盟调动创新资源，在网络内形成一个开放、协同、互动的技术研发试验空间。由于新兴技术的不确定性程度较高，其复杂性和高成本性一开始难以被市场接受，加之产品开发和前期引导都需要大量的资金投入，部分技术研究和实验有可能因为资金缺位或者对未来风险评估不足、成果转化供需双方难以对接等问题，导致创新成果走向"死亡之谷"。前孵化器恰恰为新兴技术从研发到产品制造和市场推

广、跨越"死亡之谷",搭建了技术到产品和市场的关键桥梁。为促进实现技术创新到产品销售的成果转化,前孵化器应当不断完善创新生态。一是营造良好的孵化环境,落实相关政策与配套环境,构建政策保护体系,提供便利的创业环境和硬件设备。二是配套资金跟进,疏通资金流动渠道。一方面,由政府或相关部门建立专项成果转化资金,专门为创新选择、产品开发提供无偿资助的支持;另一方面,在前孵化过程中,应积极加强与公权力部门外的金融机构、风投公司合作,并与相关的投资管理公司成立"创新创业资金",通过股权投资和咨询服务的方式帮助技术和产品迅速成长。同时,如果技术创新发展存在较大的失败的可能性,也可在适当的时机有选择地退出。

第五节 基于SNM理论的前孵化器发展战略步骤

SNM 理论作为一种先进的技术创新分析工具和管理方法,为技术创新和前孵化器发展战略提供了一整套的建设流程。如图 4-7 所示,利用 SNM 理

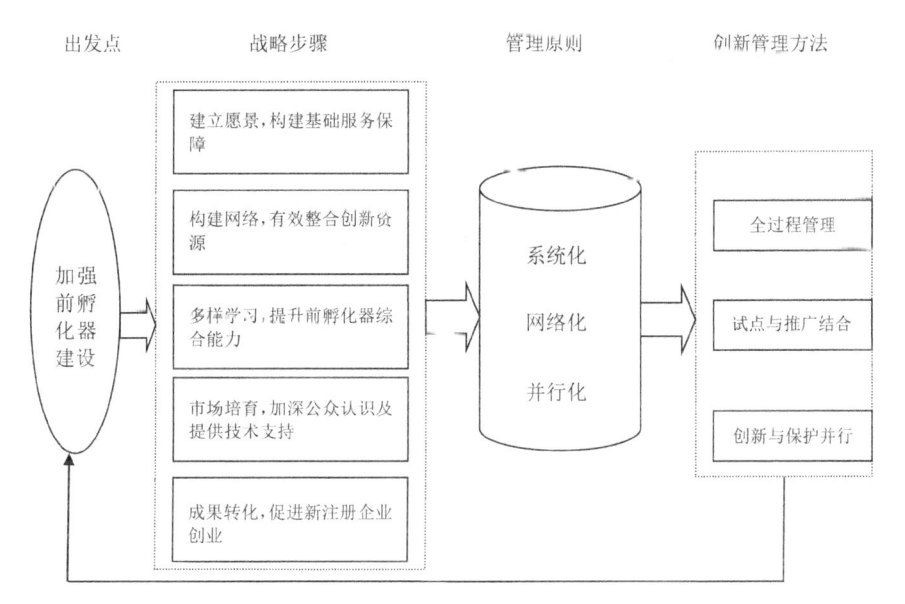

图 4-7 基于 SNM 理论的前孵化器发展路径

论促进前孵化器发展大致可以分为五个步骤：一是建立愿景，二是构建网络，三是多样学习，四是市场培育，五是市场保护。

一、建立愿景阶段

前孵化器的愿景管理是指前孵化器管理部门围绕知识的创造、技术创新应用和保护，形成共同愿景，构建技术转移管理组织、形成知识保护和技术创新管理制度、提供技术创新及成果转化等有关服务的一系列管理活动。

从 SNM 的角度建立一个共同的愿景，对于前孵化器发展是至关重要的，因为它为学习过程、吸引注意力及持续的保护和培育指明了方向，是前孵化器发展的一个重要步骤。一个共同的愿景将有利于前孵化器生态位建设的成功，其主要内容包括机构健全、人员专业、制度科学。机构健全指的是要设立专门服务前孵化器发展的机构，进行前孵化器战略和制度的制定，以及日常的前孵化器建设和管理；人员专业指的是要配备专职的前孵化器管理人员，并经常对他们进行相应的培训，进行专业化的人才培养；制度科学指的是要制定企业的专门的前孵化器发展战略，包括中长期目标、年度目标等。具体来说，加强基础服务建设可以有以下几点措施。

首先，多渠道自主培养技术人才和前孵化器专业人才。一是前孵化器在孵企业或创业团队应加大对技术研发人才的投入，依托科技计划项目或自主研发项目培养锻炼技术研发人才，逐渐形成创新团队；二是充分利用高校培养创新人才的优势，与相关高校开展合作，根据企业创新需求，定向培养专业人才；三是企业可以与中介服务机构开展合作，借助它们的力量培养专业人才。

其次，引入高水平技术专家。前孵化器在孵企业或创业团队应充分认识到专家在自主创新过程中的重要作用，通过各种渠道积极引入国内外相关领域专家，让他们通过各种方式指导在孵企业或团队成员，参与到前孵化器的自主创新活动中，并为其培养专业人才、技术研发创新团队，帮助研发人员预测产品的核心技术发展方向和解决创新问题，指导和监督基于 SNM 理论的创新项目。

再次,建立公开的择优用人机制。一是要对承担重大科技项目的专业技术人才给予一定的权利和待遇,使他们能够专注于自主创新;二是尊重技术研发人才的自主创新成果,确保他们对创新成果的权利,并依据创新成果参与分配,得到相应的报酬;三是技术创新人才的评价,应综合考虑创新项目的周期性、自主创新成果的创新等级、对企业先进理念的提升等多方面因素,对具有重大贡献的专业人才应给予特殊待遇。

最后,注重制定科学的管理制度,解决好前孵化器发展的核心问题,主要包括前孵化器的归属、相关经济利益的分配、知识转移、过程管理等。同时要对与前孵化器有关的人才培养、资金扶持、研发激励、工作条件、团队建设、对外技术交流、研发保护、成果奖励等制度有明确的规定。

二、构建网络阶段

形成网络是 SNM 过程中的重要环节。Caniëls 等(2008)认为技术生态位是处于技术-社会环境(政策/文化/经济/全球化)及技术-社会体制(市场/使用者偏好/技术/文化/价值观/行业)的大网络之中,网络之间相互影响形成一个更大的技术生态位。前孵化器的网络管理旨在打造一个广泛的、包括所有有关行动者的社会网络,促进前孵化器在孵企业或团队、中介组织、用户、科学家和政府之间的信息沟通与交流,密切在孵企业或团队、高校与科研机构、政府、金融机构和其他中介机构之间的联系,实现资源整合的目标。

SNM 理论认为,社会网络如果满足以下几点会对前孵化器生态位的发展有更好的贡献:第一,网络要够宽,即多方利益相关者的参与将有利于促进多方观点意见的融合,一些相关的外界人士的参与对拓宽认知领域和促进二阶学习也尤为重要;第二,网络要深入,即代表机构的人员应该能够调动组织内部的积极性和资源。在构建网络过程中重要的是要获得一批对前孵化器战略和新技术研发的支持者,并促进相关利益者之间的相互作用,提供必要的资源，如资金、人员、专业知识等。

前孵化器发展战略指引下的在孵企业或团队的新技术、新产品研发过程是一个庞大的、复杂的有机系统，它需要多个合作伙伴的相互协调、多个阶段的合理衔接以及高层领导们的大力支持，在此基础上形成具有自身企业技术发展特色的研发平台，不断推出新技术新产品，同时在前孵化器技术研发过程中，积极加强基于共性技术的研发机构自身建设，形成有较强竞争力的技术研发力量。

此外，要积极寻求技术力量雄厚的国内外相关企业、大学、科研院所（研究机构）的资源和能力，同时在政府、科技服务中介机构、金融机构等相关主体的协同支持下，形成以大学、企业、研究机构为核心要素，以创新平台、非营利性组织等为辅助要素的多元主体协同互动的网络创新模式，通过知识创造主体和技术创新主体间的深入合作和资源整合，参加所在区域的产业技术联盟等，产生系统叠加的非线性效用。落实加快高等院校、科研院所的知识产权成果在前孵化器实施的措施，支持高等院校、科研院在前孵化器建立转化基地，鼓励高等院校教师、科研人员和大学生携带个人持有的专利技术或其他知识产权成果兴办科技企业，建立健全前孵化器知识产权交易机制，促进专利技术、商标、版权交易。

三、多样学习阶段

前孵化器的学习管理，是指前孵化器管理部门针对战略生态位发展所强调的学习过程进行管理的一系列活动，通过科学的学习目标指引和信息交流平台，以增进前孵化器在孵企业、高校及科研机构或个人对新技术信息的敏感程度，从而提高学习创新的效率。

从 SNM 过程的学习管理出发，在这一阶段需注意几个关键点：第一，创建和刺激实验的多样性可以学习到不同的使用环境的各种设计。在生态位的早期阶段，多样性对于未来做出平衡选择是非常重要的，当然，在后期阶段维持多样性同样也是重要的。第二，要进行不同层面的学习，例如对技术、基础设施、法规、用户喜好、社会文化的接受学习等，旨在创造这些维度之间的合作而创建出一个技术和社会实验之间更好的"匹配"。第三，要注重自反性学习，即质疑潜在的假设，如社会观和世界观，如果技术与这些假设不匹配，就会自发地改变方向。第四，尽可能创建实验之间的共享，例如通过平台、定期会议和座谈会的形式。制定有监控结果的实时通信和来自不同实验的经验对学习共享也有作用。通常来说，发展成功生态位的一个重要条件是一项共享课程的设施。第五，利用经验教训，重新调整愿景。过去的实验应该被看作是一个调整视线、重新制定政策和设计新实验的宝贵意见。

基于 SNM 理论的前孵化器发展，网络的学习机制方面主要着眼于社会化、外部化、联合化、内部化，通过组织调动个体的隐性知识，在网络化的层面将其放大，使企业的各个部门之间以及企业与其他创新体之间能够有效地学习机制，保障知识和信息的顺利传递与流通，提高创新效率。

首先，要组建学习型团队。前孵化器在孵企业或团队需要组建有利于知识共享、信息交流的跨部门的学习型团队，建立跨部门、跨企业、多专业的新产品开发小组，包括市场、设计、工艺、生产技术准备、制造、采购、维修服务等部门人员，有时甚至还包括用户、供应商或协作代表。还需要有专家顾问团辅助创新，专家团成员可以是前孵化器在孵企业或创业团队的成员，也可以是企业聘请的外来专家，直接参与和指导整个创新过程。这种学习型团队使得其成员在实际工作中获得了学习机会。

其次，重视专业知识的学习。随着知识和技术创新更新的速度越来越快，前孵化器在孵企业或创业团队研发成员更应该注重专业知识的学习、专利信息的收集与更新，建设信息检索平台，以便根据本企业的实际情况，形成学习—应用—学习的良性循环，从而提高企业的自主创新能力。

最后，建立学习与交流的平台。前孵化器在孵企业或创业团队在应用 SNM 理论进行技术创新、发展前孵化器的过程中，应搭建学习与交流的平台，例如，定期举办研讨会，结合企业应用 SNM 理论创新的实际案例，总结其成功经验和主要障碍等；与其他企业、高校和科研院所等创新体建立交流与合作关系，学习其技术创新和前孵化器发展的成功经验。

四、市场培育阶段

前孵化器的市场培育管理主要是指前孵化器管理部门针对在孵企业或创业团队的新技术项目，进行相关市场培育的管理活动。前孵化器的市场培育管理，目标就在于利用前孵化器的社会网络和学习基础，通过前孵化器管理部门一系列无报酬的技术保护行为（如补贴、政府采购等），推进前孵化器在孵企业或创业团队新技术项目的孵化与商业化应用过程。依据新技术项目所获技术生态位保护来源的不同，可以分为在孵企业或团队的内部保护与支持、前孵化器提供的外部保护与支持两个层面。

根据 SNM 理论，在新技术发展的市场培育层面的关键点为：一是争取利用外部创新资源和政策支持，提升自主创新效率；二是从自身管理层出发，提升内部支持研发投入；三是加强对新技术新产品的宣传推广及交流，提升社会公众对新技术的认知。

首先，要在有效整合内部联动创新资源和力量的基础上，通过突破与外部区域创新网络主体间的壁垒，充分整合利用外部创新资源和政策扶助，寻求社会和政府资源支持，探索全方位、多元化、深层次的市场培育模式，营造合理的体制环境，完善技术研发、资金投入、人才培养、成果激励等机制环境，变被动为主动，从而实现企业自身的前孵化器发展目标。

其次，对于应用 SNM 理论进行技术创新、发展前孵化器的前孵化器在孵企业或创业团队而言，更要培育和发展企业的先进理念，积极寻求企业管理层对新技术项目开展的支持，提高创新效率，同时在此基础上，主动设计基于 SNM 理论的创新管理方法与配套制度，在新技术研发的过程中逐步加大资金投入和人才队伍建设，形成企业内部有效支持力量。

最后，积极寻求社会公众对新技术的支持。根据 SNM 理论，可以通过开展新技术新产品的试点应用，为全面推广提供实践基础，在试点期间，积极为前孵化器发展和技术创新营造政策空间，积极联系实际进行新闻媒体的报道，及时总结和推广成功经验，发挥试点的示范效应。加强对新技术新产品进行推介，组织各类推介交流会，及时交流工作进展，阐明重点问题，加快推进前孵化器发展和技术创新。

五、市场保护阶段

运用 SNM 理论进行前孵化器全程孵化管理，指的是围绕实验项目研制需求，在项目研制过程中，通过前孵化器信息利用、发明创造登记、有效保护方式选择、专利战略布局分析等内容，将前孵化器工作融入科研项目立项、实施、验收等各环节，促进项目前孵化器的创造、保护和运用。简而言之，就是将前孵化器工作纳入项目研制的全过程，目的就是提高投资项目的成果产出和利用率。

首先，运用 SNM 理论，将前孵化器管理重心前移至知识发现、技术选择研发阶段，从而有利于针对具体的技术及产品制定有特色的技术发展促进政策。不同的团队会制定不同的技术创新路径，即使是同一个团队，由于各种产品的开发程度不一样，也会制定不同的政策。

其次，在 SNM 网络形成的基础上，由前孵化器专员组织相关技术人员在项目实施方案中对前孵化器目标和任务进行分解，对具体措施、步骤和节点进行安排，对项目涉及的主要技术领域信息进行定量和定性分析，从而掌握技术发展趋势。

第五章 基于SNM理论的前孵化器全程孵化管理

本章主要聚焦于运用SNM理论研究前孵化器的管理过程,结合SNM理论在生态系统的嵌入演化及生态位的跃迁成长,提出一个具有较强逻辑和创新意义的全程孵化管理的理念和方法,并基于SNM理论,依据技术创新路径与孵化成长的关系提出全程孵化管理战略路径。SNM理论应用于前孵化器管理中,关注的是知识创新、技术创新发展的全过程,对于进一步提高政府及前孵化器全程孵化管理水平和管理效率,具有重要的理论与现实意义。

第一节 基于SNM理论的全程管理对前孵化器的作用

一、SNM理论与前孵化器管理模式相契合

由于我国企业的技术创新能力尚弱,前孵化器在孵企业或团队的技术成长更需要呵护,前孵化器管理部门要与政府的相关管理部门和各类中介机构、经贸与产业部门配合做好政策的协调、实施,用综合手段支持初创企业或团队的技术创新和成果转化应用。对初创企业或团队而言,其核心竞争价值在于对技术创新成果使用上的优势,通过重心前移,提早介入,可以生产出成本更低、性能更优异、具有差别化特征的独有产品,获得较高市场份额或产品价格,取得更大的利润并长时间地保持顾客的兴趣,使企业在产品市

场上拥有独一无二的核心竞争优势。

二、SNM 理论促进前孵化器对科技企业的孵化

根据 SNM 理论的指导，前孵化器通过运用知识产权信息管理或核心技术管理系统，借助实验记录、发明呈报表、支持网络一览表等多种形式，能够对在孵企业或团队的技术研发创新加强管理，保护相关的成果资料，并可以强化登记、监控和管理技术研发和创新成果。这样不仅可以帮助企业把隐性的科技创新成果转化为显性的应用技术成果，有利于加强对属于在孵企业或团队的知识产权的保护，而且可以帮助在孵企业或团队把个体知识资本转化为企业集体知识资本，整合优化内部人力资源优势，使在孵企业或团队更有效地管控人力资源资本，减少人才流动带来的企业流失。前孵化器在知识技术创新和知识发现成果的基础上，可以在企业范围内对已有创新成果加以充分利用，促进企业自主创新能力的进一步积累和发展，加速企业核心竞争力的形成，更好地强化前孵化器对在孵企业或团队的孵化作用。

三、运用 SNM 理论促进前孵化器管理重心前移

运用 SNM 理论，可以实现前孵化器管理重心前移至知识发现、知识创新和技术选择研发阶段，从而有利于研发团队或初创企业针对具体的技术及产品制定有特色的技术创新和成果转化政策。前孵化器通过与高校和科研院所等科学研究机构的合作，在人才引进、学科建设的同时进行科研成果的快速转化，可以从市场的需求出发，从技术成长的初始阶段开始介入，从而让不同的企业制定不同的技术创新路线和成果转化机制，更能有针对性地利用所掌握的核心技术进行创新创业，同时在相关政策保护和管理运营下，在未来的竞争中会更具有潜力，为在孵企业和团队以及协同参与的各类创新主体带来最大的经济利益。

第二节　基于SNM理论的前孵化器全程孵化管理设计

　　SNM 理论的核心是假定凭借不断进行技术转换路径的创新，能够协助调整技术生态位，例如，在受保护的空间开展技术培育、对实验融合技术的进化进行协调、对使用者和结构及技术创新网络进行不断调整等。SNM 理论假定，各利益相关者的协作和交流信息及知识和经验的社会技术实验这两方面能够成功地促进创新，且其发生在受保护的空间内。SNM 过程主要围绕新技术的出现、孵化、推广和商业化这一从技术产生到成功推向市场的全链条过程展开研究。Weber 和 Hoogma（1999）认为 SNM 理论是创造"一个独特的社会经济实验室，用以学习新技术将产生的问题、缺陷、遇到的障碍及用户需求等"。

　　从 SNM 的理论视角出发，前孵化器管理是涉及技术成长全过程的，分别从前后延伸管理范畴，对应包括了新技术的知识发现、创意创造、技术创新形成阶段，特别是通过生态位保护空间的技术生态位时期对技术的培育和保护，获得相应的技术创新优势和知识产权价值。通过 SNM，可以将技术创新各环节和成果转化相交融，新技术创意创造管理迁移至 SNM 过程初期的技术愿景、技术选择阶段进行，新技术的形成保护管理在 SNM 过程中期的网络构建和实验学习阶段进行，技术成果转化管理在 SNM 过程后期保护撤离后的推向市场阶段进行，具体过程设计如图 5-1 所示。

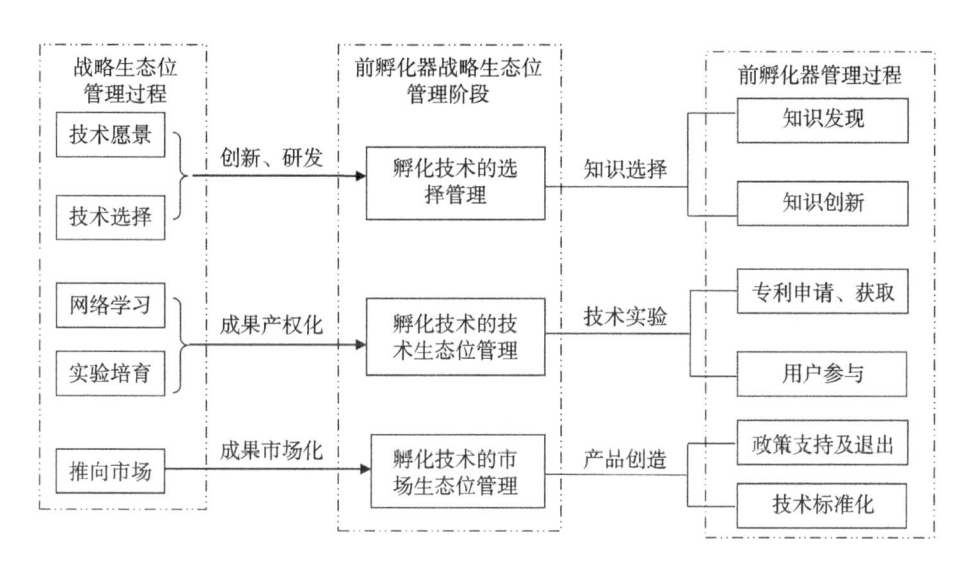

图 5-1 基于 SNM 理论的前孵化器全程孵化管理设计

一、孵化前期的选择管理

Schot、Geels、Van Der Laak 和 Raven 等人（2007）认为，技术愿景通过制定明确的技术目标或者技术前景，推动构建成功的生态位，因此在一项技术发展的初期扮演着很重要的角色。他们认为，构筑成功的生态位的机会与技术愿景是否稳健、具体、高质量成正比。Hoogma 等（2005）考察了电动车技术，认为"未来属于电动车"的陈述未能具体指出电动车的发展方向，技术愿景模糊，而例如"在城市里电动车适合于盈利性的运输"，则更具有说服力，是一个相对更加成功的技术愿景。如何选择技术对成功的生态位建构意义重大，其中涉及的是如何甄别新技术的问题，前孵化器的主要工作是在企业的初创阶段应用有发展潜力的新技术，或者称之为激进式的创新技术，增强创新性技术的生命力和活力，助力实现可持续的经济发展。甄选、支持创新性技术的突破变革，并以此带动经济、社会的和谐、快速发展，是政府制定政策的依据和出发点，也是 SNM 的研究重点和希冀的贡献社会之处。

在市场需求拉动与技术创新驱动的双动力下，产业界、科研机构、高校和政府等各方力量针对原技术产品不断进行新的探索，对市场的需求、技术的原理、技术创新的路径进行构想、选择和研发。在这一阶段，由于各种创新主体因素、目标、资源各不相同，创新主体开展了一系列摸索和试错的创新活动，因此此时技术创新的轨迹呈现无规律的特点。有些创新属于无效创新；有些创新出现时相对于原有产品而言处于不同的创新路径，甚至出现主流性能不如主流技术，但也呈现了简单、低价、操作方便等优点。这一阶段，是新技术的选择阶段，此时新技术的改进速度缓慢，受到市场、文化的阻碍应用范围狭窄，消费者对其视而不见甚至基本接触不到。如图 5-2 所示。

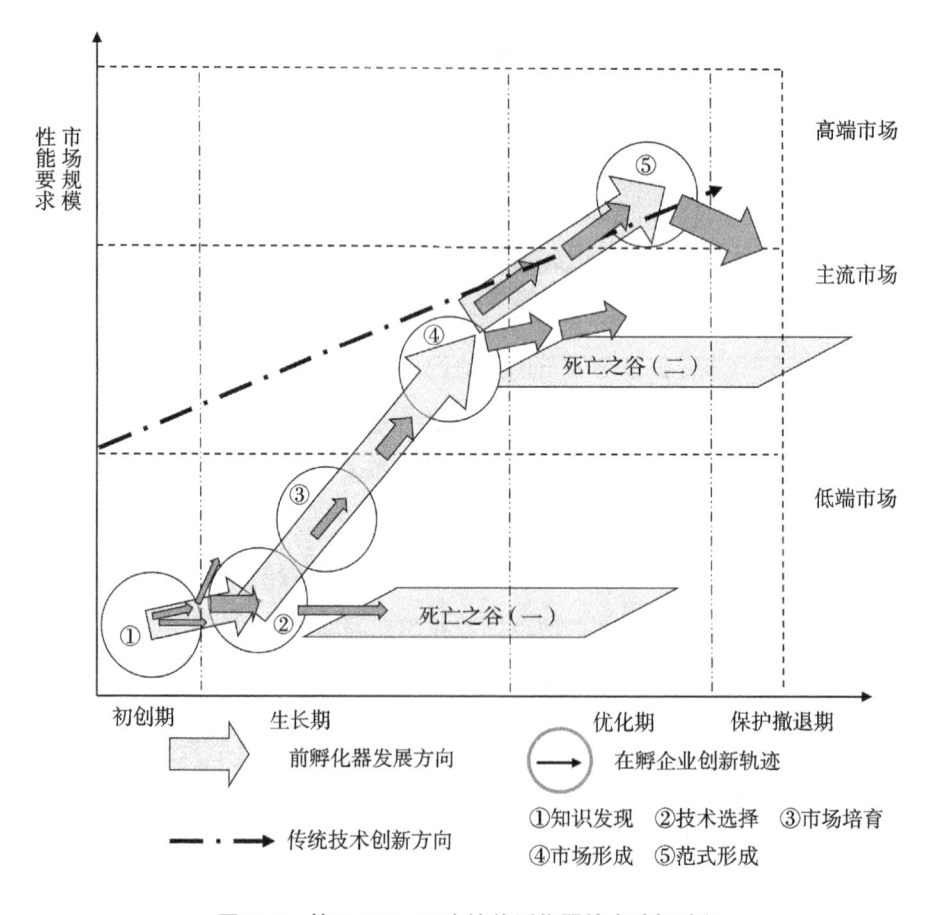

图 5-2　基于 SNM 理论的前孵化器技术选择路径

负责营运前孵化器的相关部门要基于国家产业和区域规划，制定有导向性的管理制度，例如企业、产业或者区域的战略发展规划等，大力发展有潜力的创新性技术，形成管理部门、企业、产业认同的发展基础愿景。主要体现为以下三点：第一，围绕技术创新提升知识发现和创新能力，以能否获得组织保障和资金投入为标准选取科研项目，围绕选定的项目集聚创新要素和资源，通过前孵化器达到引领资源要素向创新性技术倾斜的目标。第二，政府有关管理部门应根据重点领域、重点产业和重大专项发展的要求，以获取高质量自主知识产权为目标、以高新技术产业化为重点，积极引导、支持和促进技术创新成果的知识产权化、标准化和产业化。第三，需要根据已有的相关专利或知识产权进行选择，确定未来技术创新的路径和方向，同时注意引进高层次的创新人才，以引领技术创新为目标，从知识发现、知识创新的角度，做好孵化管理前期的各项选择工作。

二、孵化中期的技术生态位管理

生态位概念在经济管理领域的应用，国外 SNM 相关研究学者的定义更多地强调"是一种保护空间，起着实验台、孵化器等类似系统的作用"；国内学者则强调"在一定时间和空间内各种可利用技术相关资源的集合"。综合国内外学者相关研究以及本书的研究边界，将前孵化器中的技术生态位定义为：嵌入特定的宏观社会经济框架内局部受保护促使前孵化器发展的空间，反映在孵企业或创业团队研发的新技术在萌芽阶段对创新资源利用和创新生态适应的态势。这种空间及反映的态势，是资源要素和管理能力进行静态结构匹配和动态过程优化而实现的结果，伴随技术成果转化形成产业的萌芽而形成和发展，具有较强的保护性和嵌入性。

Caniëls 等（2008）指出，"技术-社会环境"和"技术-社会体制"保护了技术生态位的构成，前者包括全球化、文化、政策、经济等，后者包括市场、技术、消费者偏好、文化、社会价值观、衍生行业等。SNM 理论强调，政策制定者、社会服务者、技术创新者、行业经销者、产品使用者提供了技术创新防护网络的构成。在建成保护网络后，要对相关人员进行各种学习培训，学习培训的内容主要包括构成技术创新的相关因素、客户偏好、有关政策制度、技术转化的现实环境、生产消费环境、社会集体偏好等。学习培训的目的是借用以前的经验充实完善技术愿景，提高市场与创新性技术的"契合度"，同时增强保护网络构成人员的相互协调配合，实现"1+1>2"的目的。在 SNM 过程中，实验培育是学习培训后最困难、最重要的一个环节。Brown 等（2004）强调，技术生态位管理要有实验环境和政策体系两个辅助系统：实验环境应该具备灵活性、开放性和目标性，要能够接受不确定情况的发生，要为多次重复实验做好准备；政策环境包括开展协调行动、制定协调策略、建立协调网络、制定长远目标等，它应该着眼于克服传播障碍和大力推广新技术应用上。所以，Kivisaari 等（2013）认为要将相似的实验联系起来，而 Weber 等（1999）认为要尽可能重复实验，逐步扩大实验区域范围，提高实验的适用范围和创新性质量。

综上所述，孵化中期的技术生态位管理在孵化过程中处于非常关键的阶段，这一阶段的成功实验能够指导创新性知识技术实现实践性飞跃。为达到这一目标，需要做好以下几方面的工作。

首先，前孵化器管理服务部门要建立健全相应的政策体系以保证创新性技术知识的培育顺利开展，同时要搭建起信息交流共享的综合性服务平台，方便孵化企业或团队进行内部的交流沟通和学习，方便开展外部的对接和成果转化。

其次，要借助技术生态位态势评价指标体系，构建起前孵化器技术生态位评价模型，如式（1）所示。

$$K_T = w_1 \times KS + w_2 \times KP \qquad (1)$$

$$KS = \sum_{i=1}^{m} r_{si} \times KS_i \qquad (2)$$

$$KP = min\left(\frac{KP_{11}+\cdots+KP_{1p}}{p}, \cdots, \frac{KP_{n1}+\cdots+KP_{np}}{q}\right) \qquad (3)$$

其中，K_T 是孵化管理的技术生态位；K_S 是孵化管理的技术生态位的

"态",KS_i 为 "态" 的准则层指标;r_{si} 为对应的指标权重;KP 是孵化管理的技术生态位的 "势",KP_{ij} 是孵化管理的技术生态位 "势" 的评价指标体系中第 i 个生态因子的第 j 个指标值;w_1、w_2 分别为 "态" 和 "势" 的权重。

再次,在学习实验环节,SNM 建议提供补贴、税收等财务支持和政府采购、标准等政策体系支持(Kemp 等,1998),为创新性技术的研发和转化并展适当的外部保护,建立起必要的生态位保护系统,为创新性的技术成果实用性转化打下良好的基础。

最后,对创新性的技术知识研发、培育过程进行风险预测评估,尤其是要防范在培训学习环节和实践试验阶段可能出现的技术知识泄露情况,为可能出现的同类技术侵权行为制定预案。同时,也要积极引进政府、企业和用户的参与,通过上下游相关信息的沟通交流,来完善技术创新,为进一步市场化打好基础。有关产业新技术的创意、用户选择偏好、市场行为、政府政策等在现有社会技术体制下存在很大的不确定性,创新异常艰难。在这种背景下,前孵化器各参与技术创新的主体(包括核心企业、学校、科研机构、政府部门)开始努力构建有利于技术创新的网络(如成立高新区、建立产学研合作关系、建立产业技术创新联盟等),并营造有利的创新生态(如政策、资金、人才和服务等方面的支持),前孵化器的技术生态位得以在这个阶段形成(产业开始处于萌芽期)。

三、孵化后期的市场生态位管理

市场生态位的最终形成,指的是新的技术在市场所处的位置和所利用的市场资源。新技术逐渐脱离人为设定空间的保护,逐渐具有在初始市场发展壮大的趋势。在市场生态位的状态下,新技术已经进入主流市场,并且为用户所熟知,逐渐建立起在主流市场竞争的能力。市场生态位作为 SNM 过程中的一个载体,是解决原始创新从单一实验转向大规模相关研究过程中所遇到的问题的具体方法,是确保新技术顺利进行发展应用的重点所在。

国外学者对市场生态位的研究,其作用机制归纳起来主要有两种观点:

一是从技术角度出发强调了局部保护空间的特征，技术发展到这一阶段仍然需要有管理的保护（弱化、撤离）；二是从市场角度出发强调与主流市场的区别，体现为细分市场的特征。后来国内学者的研究大部分围绕第二种观点展开，如"市场利基""缝隙市场"等概念。综合国内外学者相关研究以及本书的研究边界，将前孵化器中的市场生态位定义为：由特定宏观社会经济框架内的技术生态位发展而成、促使前孵化器在孵企业或创业团队发展共生的空间，反映孵化的新技术在前孵化器成长阶段对创新资源利用和创新生态适应的态势。这种空间及反映的态势，是资源要素和管理能力进行静态结构匹配和动态过程优化而实现的结果，伴随产业的成长，保护性和嵌入性的特点逐渐弱化和消失。

在创新性技术知识研发实验接近结束时，技术生态位保护网络要根据研发实验的不同情况（成功或者失败），逐步调整相关保护要素。成功的创新性技术知识研发，是指经过网络保护、实验培育之后，技术知识成功转化成创新产品走向市场，推动产业和行业的升级换代；失败的创新性技术知识研发，则是指经过网络扶持与实验培育，技术知识不能转化成创新产品，或者创新产品不能适应现实的市场环境，实验培育不得不终止。

在创新性技术知识孵化管理临近结束的市场生态位管理，主要包括知识产权管理（专利的申请、许可、转让等）和技术的标准化，以及新技术市场化的政策支持和退出机制方面。需要指出的是，在实验培育阶段，太少的保护和学习过程是被阻止的，但新技术变得更有竞争力的选择只能通过接触日益更新的经济和政策环境，经过一段时间的生态位保护之后，把它暴露在真实的社会条件下能够生存下来。因此，这一阶段加强技术主体的孵化管理能力建设，防止实验结束保护撤销之后的市场夭折行为，是需要引导和加强的内容。

随着前孵化器集聚各参与主体的创新资源，搭建起创新学习互动网络，在孵企业或创业团队在各创新主体的协同参与之下，在技术生态位这一局部保护的空间，对选定的新技术进行反复的研究、开发、学习和实验，促使新知识和新技术不断成熟并孵化，通过小试、中试后最终推向市场。技术生态位得以成长为市场生态位。而在成长初期，新技术发展还不是很完善，相应的用户需求也没有充分地拓展，市场尚处于细分市场阶段，无法与主流市场直接进行竞争。这一阶段，还需要加强对市场生态位的培育，技术研发的人才、资本等投入可以随着技术的完善和成熟逐步减少，重点加强新技术的扩散和市场的培育，通过技术认知、消费认知等知识和学习的扩散，以及对政府或社会性项目的实施示范作用和政府的采购、首购、税收优惠政策等，逐步引导和培育产业市场，促使市场生态位快速成长，随之前孵化也步入成长后期。在这一阶段，原有的社会技术体制因为产业新技术的影响以及宏观经济科技、社会文化环境的影响而变得不稳定，原有的范式结构被逐渐打破，并与新技术及产品创新协同演化。

第三节　以SNM规划全程孵化管理战略路径

在SNM创新研究的基础上进行全程孵化管理，需要依据技术创新路径与孵化成长的关系，通过上述分析，以技术创新路线为基点、以技术战略为辅助、以SNM为核心、以平台构建为保障，提出全程孵化管理战略路径（见图5-3）。主要内容包括四大部分：一是对应于前孵化器的全程管理体系的政策和环境平台，包括服务体系及平台、保护体系及平台、培育体系及平台、研发体系及平台等；二是如何根据不同的知识产权价值属性进行平衡决策，即在以私有价值为导向的自主知识和以公共价值为导向的开放式知识关系中创新性地取得平衡的问题；三是基于SNM的技术生态位阶段和市场生态位阶段，规划设计技术创新演化"研究—发明—原型—商品—产业"这样一个完整的过程，而前孵化器的孵化管理则涵盖所有过程；四是从技术创新的"选择、培育、孵化、推向市场"这一内在规律的全程出发，构建知识发现、技术创新和成果转化三位一体的管理平台。

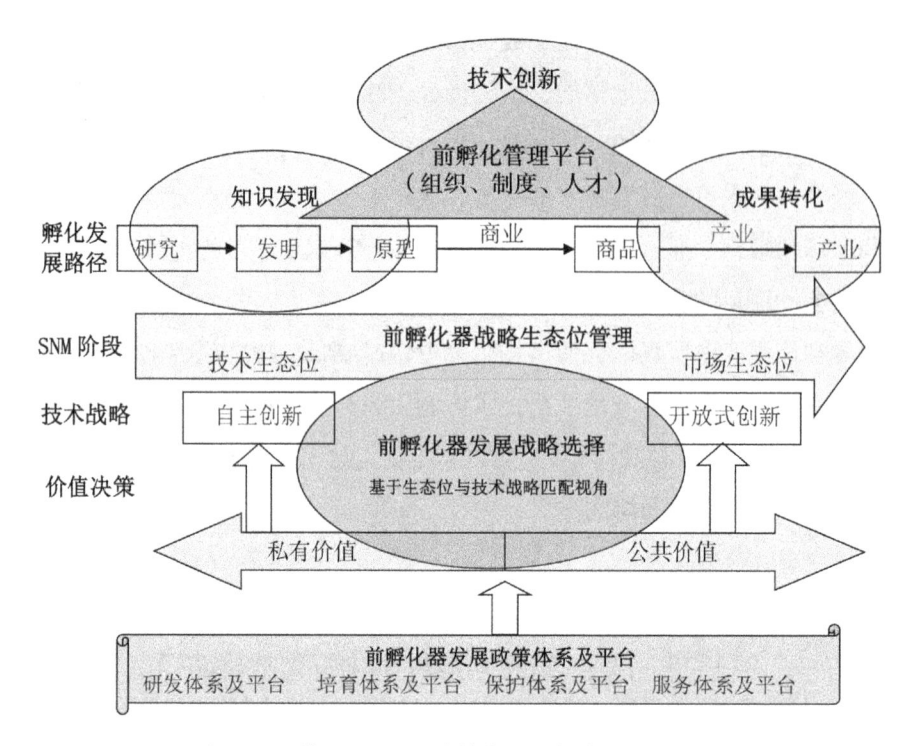

图 5-3 基于 SNM 理论的全程孵化管理路径分析

一、以基础体系建设为保障推动全程孵化战略实施

基础体系建设主要是指全程孵化管理所需的服务、培育、政策等体系创建与维持，要求前孵化器管理机构和上级政府部门提供对应于全程孵化战略体系的管理和环境平台，公平、高效的平台对全程孵化战略的实施具有重要的指引和规范意义。全程研发体系平台包括企业有关技术研发、教学实验等机构设置、人员配备以及政策体系的制定。培育体系及平台是在前孵化器的孵化过程形成的创业环境，包括创新创业的条件、氛围、基础的营造等。前孵化器的保护体系及平台包括工商、司法部门的执法等，内容指向为制定和执行知识产权法律法规。前孵化器管理的服务体系和平台主要是前孵化器的机构设置、人员配备以及制度制定，指导信息系统建设和创新性技术的选择等，例如准确把握创新性技术知识所在产业、行业的现实状况，详细提供服

务对象已有的基本情况，提供有关数据和数据的分析，为在孵企业或创业团队的重大决策提供依据等。

前孵化器在孵企业或创业团队的知识发现、技术创新路线从实物创新的角度来看是"研究—发明—原型—商品—产业"这样一个完整的路线，从行为过程来看是"科技化—商品化—产业化"这样一个完整的行为过程。上升到全程孵化过程，则是包括了技术创新、技术转移和技术扩散三个阶段，在时间维度上涉及了在孵企业或创业团队技术创新路线的不同阶段，在空间维度上将技术、市场和产权立体化。

二、以公共价值为导向强化全程孵化战略目标

前孵化器管理过程中存在价值创造和转移，是其价值所在和特性。从SNM理论出发，在孵企业或创业团队中的技术创新价值转移决策过程，主要是其知识的私有价值从个体拥有者，经过在孵企业或创业团队，逐渐转化为社会集体所有的公共价值，并最终实现创新性技术知识的价值最大化。这一过程也是知识产权价值从个体或者是企业、团队私有，逐步转变为社会公有的过程。

前孵化器的价值最大化矛盾在于自主创新和开放式创新并存。在发达国家的知识产权模式下，关键的问题是如何取得二者之间的平衡。一方面，尊重私有创新的知识产权使在孵企业或创业团队能够在产品、服务以及许可费等方面获得收入，作为对研发投入的回报；另一方面，倡导开放标准，提供具备有效互操作性的创新解决方案，在开放中进行有选择的知识产权投资，能够带动广泛的行业增长，并由此取得合理的市场回报。

创新的新知识、新技术作为一种资产，具有私有价值和公共价值。私有价值体现在可以通过知识产权的确立，收取版税、使用许可费等，从研究到产业整个技术创新活动过程中，在商业化环节实现价值最大化，而当其应用到生产形成了商品后，开始被竞争对手关注和掌握，其价值不断降低；公共价值体现在消费剩余上，从研究到产业整个技术创新过程中，随着开放的程

度和为社会利用的程度不断提高，公共价值是不断增加的。当公共价值超过私有价值时，优化的市场能够促进知识产权这种资产流向公共领域，产生更大的效益。因此，平衡自主创新和开放式创新的核心就是评估新知识新技术的私有价值和公共价值在什么时候具有一样的价值，这样的点就叫安全阈值。当私有价值高于这个阈值时，应该继续采取自主创新的战略；当私有价值低于这个阈值时，就应当采取开放式创新的战略。

通过把生态位阶段与技术发展视角进行相互结合，本书认为前孵化器的策略选择和管理方法主要有以下四个：第一，当技术生态位处于知识发现阶段时，要统筹管理个体创新性发明活动，要指导技术知识发现和科研活动，规范在孵企业或创业团队的私有价值技术创新过程。第二，当创新性技术知识从私有价值向公共价值转移，即技术生态位处于市场生态位时，要特别注重加强监管，要尤其重视关键转移步骤中的创新价值叠加问题。第三，要建立健全知识产权价值向企业的经济价值转化的制度体系，帮助小微企业真正走向市场，争取更多的企业利润，获取更多的企业利益，最大程度实现技术创新的经济价值。这一管理方法也是在市场生态位阶段运用的。第四，要建立一套完整的网络服务体系，在率先培育好创新性技术知识的私有价值基础上，通过协调运用服务网络中的各项资源，实现在孵企业或创业团队创新性技术知识的产品化和市场化，实现知识产权的私有价值向公共价值的转移，最终提升创新网络内各行为体的整体创新能力和社会经济的发展水平。

三、SNM不同阶段的全程孵化管理策略

SNM理论认为，技术是处于不断的发展演进过程中的，而根据新技术所处的不同发展阶段（技术生态位阶段或市场生态位阶段），前孵化器管理发展战略和需要配套的制度是不同的。以SNM理论为支撑，通过SNM行为和政策体系建设前孵化器全程管理体系，有助于增强创新网络内行为体的创新能力，提升创新网络覆盖区域的产业创新能力，从而提升产业技术竞争力。技术生态位阶段致力于推动在孵企业或创业团队研发培育体系建设，打造高

校、科研机构、企业、政府"四位一体"的创新创业联盟，以构建"三高"（高质、高新、高端）为特征的现代产业体系为目标，以战略新兴产业前沿技术为引领，发挥自主知识产权对产业发展的强大支撑作用，大力加强创新体系建设，大力强化创新能力建设，以创新推动产业结构调整优化，推动经济形成新的增长点。市场生态位阶段则是致力于建立健全新产品、新技术的协同创新培育和保护机制。SNM 理论指出，创新性技术知识从技术生态位到市场生态位的演进，意味着对创新性技术知识研发的培育工作基本完成，技术知识成果进入市场领域，成功地实现商业化应用，生态位保护网络采取的各类帮扶措施逐渐取消。这一阶段要加强对新技术、新产品、新服务的展示宣传工作，深化创新网络中社会大众和各主要行为体对新技术、新产品、新服务的认识，推动创新网络中各企业进行技术许可和转让，提升共性技术和关键技术，达到协作创新的效果。

四、以创新价值链为线索完善"三位一体"的全程孵化管理平台

技术创新的过程是以市场需求为基础，在技术发展的推动作用下，将一种新的创意通过研究开发、规模生产演变成为具有商业价值的新产品、新技术的过程。即从构想的形成开始，到研究开发、试验、批量生产、市场营销，最后到创新技术的扩散，每一个步骤都紧密衔接，就像一条从创意到产品的轨道，稍不注意，都有可能偏离方向，导致失败。因此，对这一创新过程的控制是保证创新成功的关键。但需要警醒的是，技术创新是一种破坏性的变革，各个因素错综复杂、相互影响，每一因素都可能会对最后的创新效果及其他因素产生难以预计的影响。更重要的是，由于技术创新过程的阶段性特点，使得各因素间的联系和影响也呈现阶段性的动态特征，并随着技术创新的阶段发展而不断变化。

根据"研究—发明—原型—商品—产业"的技术创新发展脉络，搭建知识发现、技术创新和成果转化的"三位一体"前孵化管理平台，主要应从以下几个方面进行努力：第一，基于有重大战略意义的经济社会前沿需求，推

动政府制定以自主创新为导向的科技政策，鼓励社会企业主动对接高校、科研机构的创新资源，完善产学研创新合作网络，推动知识创新和技术发明。在加强基础研究上，通过产学研合作和共性技术开发，增强企业、科研机构和高校的技术创新能力，争取实现关键性技术取得突破，抢占前沿技术领域制高点，以创新性技术知识支撑高质量的发展，为提高经济社会的活力和竞争力夯实基础。第二，从维持技术创新的生态系统（包括政策、市场、资本、研发等诸要素，以及科研院所、高等院校、投融资机构、中介服务机构、政府、企业、用户等诸主体）角度出发，围绕经济社会发展的重点领域，加快建设各类高新技术研发转化平台。第三，在前孵化器全程管理过程中要加强制度、人才和组织建设。特别是要加强知识发现、技术创新的全链条的制度建设，通过实施组织配套发展策略和集聚研发人才等，建立有效的管理体系和激励机制。

第六章　基于SNM理论的多主体参与前孵化器开放式创新

传统的技术创新管理理论是以纵向一体化企业为主体进行研究的，这就意味着内部高级决策层的管理"权威"将直接影响内部创新资源的配置与使用。因此，在这一理论体系中，技术创新的资源管理、决策管理、过程管理、风险管理和文化管理等具体研究内容的展开，都是以"企业独立、资源自有"为前提的。然而，SNM理论及其实践的发展表明，技术创新活动所依赖的资源不仅仅来自企业内部，也可以源自广泛的社会网络（如用户、投资者、高校和科研机构等），"必须有相应的更为柔性的组织结构对各种资源进行有效的协调和沟通"。这就要求技术创新管理理论的发展，必须基于社会网络的考虑，解决创新资源的整合配置及其相关管理问题，这些恰恰是SNM理论研究的重点。本章从SNM理论的网络构建出发，结合开放式创新的相关研究，基于SNM理论下前孵化器与社会网络互动的角度，分析研究前孵化器多主体参与的开放式创新模式，具有重要的理论意义和实践意义。

第一节　SNM理论在新技术扩散及孵化管理中的应用

首先是市场生态位对新技术扩散可进行任务和目标的分析。市场生态位阶段，新技术扩散主要要完成以下任务：①获得新技术推向市场的必要资源。市场生态位阶段，新技术从单一的实验转向大规模的实验复制当中，将颠覆性创新的成果进行相应的扩展应用，通过扩展应用获得对新技术的支持者，为技术创新提供必要的资源，如资金、人员、专业知识等。特别要注意的是，扩展应用的面要足以代表多方利益相关者，扩展应用的对象要能够调动组织内部的积极性和资源。②学习新技术进一步发展的市场需求、所需政府支持、社会文化和价值观。市场生态位在既定的规则制度环境中要初步完成事先确定的目标，所以要对颠覆性创新所包含的技术因素、设计规范、顾客需求和偏好、社会文化和价值观以及需要政府支持的基础设施有深入的认识，以达到颠覆性创新和社会之间的匹配。

其次是开始关注技术创新过程中的问题解决与客户识别。SNM理论的创始人之一Weber（1999）认为，市场生态位过程所要解决的问题不仅包括技术性的、社会性的和管理性的，例如技术问题的发现和解决、不同类型潜在客户的识别等，更要注重技术与社会的交互，找出新技术应用的市场压力，探索科技的多种应用及合适的商业策略。通过市场生态位这一阶段的互动，能够更清楚技术的绩效或经济可行性，进而对技术改进做出调整，有效地减少新技术投入应用的问题及障碍。

最后是关注市场生态位的网络构建与社会互动。市场生态位旨在调整技术和社会两者的关系。该阶段要创造一个促进技术推广的学习网络，有明确确定和具体化的特定技术和消费者，技术推广者通过与用户的沟通，知道哪些技术或产品能够满足用户的需求等方面的问题，从而更清楚地了解技术创新发展的方向、自身对市场或产品投资组合的设计重点。市场生态位中可持续发展的新技术能够最终取代处于支配地位的现有技术，并使得该项替代技术最终适用于包含如何生产、使用和管理新技术的社会科学体制。市场生态位阶段用户和外部行动者的参与将大大提高新技术成为新的或现有范式的可能性，或者至少成为当前现有体制的新增技术或至少有助于系统变革和成为新体制变革的因素。Raven（2005）通过考察市场生态位阶段影响技术发展的方式，认为新技术通过市场生态位阶段的互动，不仅输出切实可行的计划、政策或技术创新，还可以产生一些无形的成果：行动者关系的改善和信任的增强。

第二节 SNM理论视角的前孵化器开放式创新的具体实践

Chesbrough 最早提出了开放式创新的概念，认为开放式创新是综合利用并协调平衡企业内外部的各类资源，产生新创意和思想，并通过技术合作、战略同盟等各种方式为创新活动提供服务的一种创新范式。在封闭式创新体系里，市场领先者一般均是内部研发能力雄厚的企业。这些企业强调自我创新，利用内部资源进行持续性、高强度的研发活动，从而实现技术垄断的竞争优势。如果依靠企业外部资源，反而被认为是一种企业的劣势。这类企业典型的代表有索尼、施乐等。然而随着研发成本的剧增，新兴企业崛起，竞争日益全球化，传统完全依靠企业自身资源进行创新的模式已难以为继。20世纪末，一批新型企业的出现逐渐打破传统企业的封闭式创新范式。与以往成功的创新需要深入纵向整合、企业之间知识相对封闭的封闭式创新范式体系不同，这些新兴企业往往善于利用不一样的方式获得新创意并将其推向市场，具有强大的竞争力。

目前开放式创新研究主要包括以下几个方面：一是对开放式创新的含义和主要特征的研究。Hastbacka 认为开放式创新是企业综合利用创新思想和内外部技术进行创新的过程；Kirschbaum 则认为开放式创新是一种文化氛围，成功的企业创新需要企业文化和团队的精神作为支撑。二是基于顾客参与的开放式创新研究。Von Hippel 认为企业创新可以通过顾客参与来进行，这种创新方式具有明确的动机、技能和成本优势，能够降低企业研发成本，并带来巨大的收益；Herstatt 和 Gemuenden 指出，在开放式创新中，顾客在创新体系中扮演了重要角色，能够成为企业产品的发明者或合作发明者。三是从开放式创新实际运作的角度展开研究。开放式创新受信息、知识管理、风险等方面的影响，因此涉及信息处理、风险配置、知识产权管理等问题。

Fischbach 和 Schoder 从信息管理的角度出发，研究开放式创新的实施过程；胡承浩、金明浩等则是从知识产权管理角度出发讨论开放式创新。四是进行开放式创新的实证案例研究。Henkel 通过对 Linux 免费软件的开放式创新案例进行研究，基于开源软件 OSS（Open Source Software），探讨了开放式创新战略；孙海、许政权和王圆圆、周明、袁泽沛则是通过对开放式创新案例的研究，探讨了开放式创新给企业带来的重要影响。

一、基于市场生态位的前孵化器开放式创新机理

开放式创新叙述了企业与外部合作组织在创新过程中的互动，及因此而引发的外部知识开拓与探究活动（Chesbroug，2003；Vrande、Lemmens、Vanhaverbeke，2006）。对于前孵化器组织来说，将企业的知识和技术运用到其他外部组织，通过外力来推动技术产业化的实现，一是能够通过内部与外部同时获取有价值的创新想法，二是能够在内部与外部同时推动创新想法的商业化进程，实现在内外部同时实行技术研发和商业化过程。

按照 SNM 理论市场生态位的观点，前孵化器在创新的过程中，要通过构建网络进行社会互动。前孵化器的开放式创新，就是要打破组织界限的约束，通过和外部各类创新主体的合作来整合内外部资源，实现联合创新，并通过各种方式推动知识和技术商品化的实现。开放式创新重点强调的是运用外部的创意、知识和资源，借助协作等形式与外部组织共同进行技术的研发和商业化。外部组织如供应商、顾客、高校科研机构、行业内的创业团队或其他在孵企业，可以提供差异化的知识，包括市场知识和技术知识。用户则可以提供很多市场需求相关的信息，特别是前沿用户可以提供很有价值的原型设计和产品创意，增强创业团队或在孵企业的创新效用。具体如图 6-1 所示。

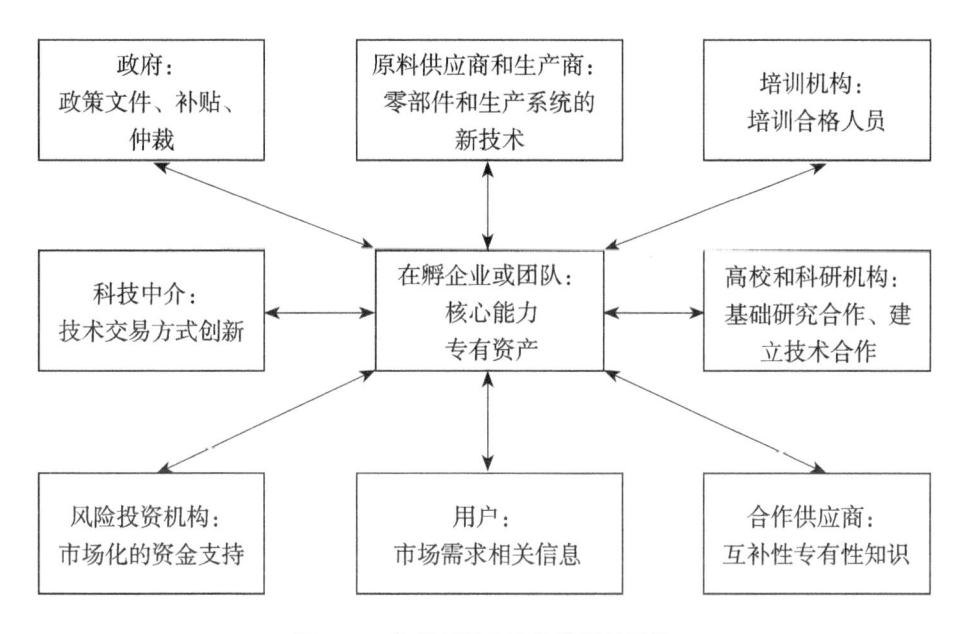

```
┌─────────────┐      ┌──────────────┐      ┌─────────────┐
│ 政府：      │      │原料供应商和  │      │ 培训机构：  │
│ 政策文件、  │      │生产商：      │      │ 培训合格人员│
│ 补贴、仲裁  │      │零部件和生产  │      │             │
│             │      │系统的新技术  │      │             │
└─────────────┘      └──────────────┘      └─────────────┘

┌─────────────┐      ┌──────────────┐      ┌─────────────┐
│ 科技中介：  │ ←──→ │在孵企业或团队│ ←──→ │高校和科研   │
│ 技术交易方式│      │：核心能力    │      │机构：基础研 │
│ 创新        │      │专有资产      │      │究合作、建立 │
│             │      │              │      │技术合作     │
└─────────────┘      └──────────────┘      └─────────────┘

┌─────────────┐      ┌──────────────┐      ┌─────────────┐
│ 风险投资机构│      │ 用户：       │      │ 合作供应商：│
│ ：市场化的  │      │ 市场需求相关 │      │ 互补性专有性│
│ 资金支持    │      │ 信息         │      │ 知识        │
└─────────────┘      └──────────────┘      └─────────────┘
```

图 6-1 外部创新合作伙伴及其贡献

Laursen 和 Salter（2006）提出引入大量不同渠道来源的知识，可以为商品的研发和商业化提供所需的知识和协作。Nieto 和 Santamaria（2007）对不同种类的协作网络对产品创新的影响进行了研究，提出与高校、科研机构等研究组织、顾客、中介服务等外在机构合作可以有效地改进产品创新性，技术型的协作网络对推动企业创新度高的产品的创新具有重大作用，协作网络由于其异质性对创业团队或在孵企业产生了积极的影响。和高校科研机构进行产学研合作可以为创业团队或在孵企业的创新活动带来基础知识和前沿科技，推动创业团队或在孵企业实现突破性创新（Mansfield，1998；Cohe、Nelson、Walsh，2002）；而与行业内外其他创业团队或在孵企业进行合作，能够帮助创业团队或在孵企业获取互补的资源和知识，减少创新的成本和风险（Das 和 Teng，2000）。获取外部不同主体提供的知识能够帮助创业团队或在孵企业对创新性进行整合，外部资源如知识、技术、创意等能够用来作为创业团队或在孵企业内在的创新基础（Rigby 和 Zook，2002）。外部技术和创意资源能够推动创业团队或在孵企业进行创新和价值创造，能够为创业团队或在孵企业节约研发资金，缩短研发周期，增加创业团队或在孵企业的创新效用。创业团队或在孵企业与外部组织协作，还可以共同承担创新过程中的成本与风险，通过资源互补实现突破性创新。开放式创新要求创业团队或在孵企业在增强内部研发能力的同时，紧密关注行业内外的前沿技术，根据自身能力和资源情况来选择外部资源和合作组织，尽可能借用外部知识、技术等资源弥补不足，对内外部资源进行整合以降低研发风险，提高创新效用。其机理具体如图6-2所示。

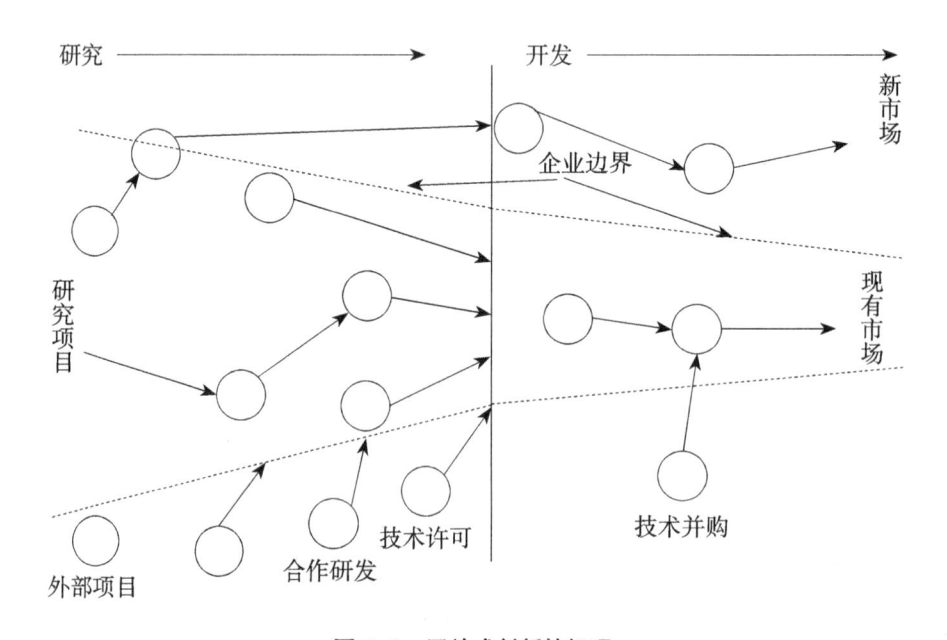

图 6-2　开放式创新的机理

资料来源：Chesbrough H W.Open innovation：The new imperative for creating and profiting from technology [M]. Boston：Harvard Business Press，2003.

二、前孵化器的参与主体分析

较早以前的研究认为区域创新主体主要是由高校—企业—政府组成的螺旋结构构成，即创新主体主要包括高校、科研机构、企业及政府（Leydesdorff 和 Meyer，2006）。随着区域内开放式创新战略的推广和区域创新系统的演化，高校—企业—政府三螺旋结构将逐渐演变为高校—企业—政府—客户四螺旋结构（Carayannis 和 Campbell，2012）。前孵化器的创新主体较多（见图 6-3），这就要求我们要按照合作分工，加强组织之间即高校科研机构、区域政府、产业市场、行业企业之间的紧密合作，按照国家创新体系分工的要求，发挥各类创新主体自身的优势，服务国家和区域创新大局，推动协同创新的有效运行。

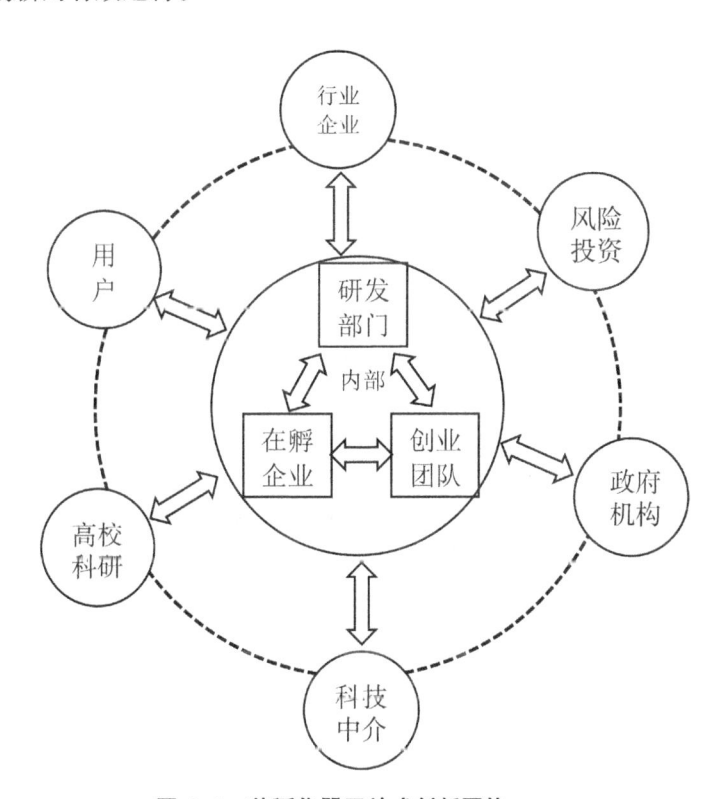

图 6-3 前孵化器开放式创新网络

开放式创新重点强调在创新过程中有效利用内部和外部资源，提倡开放、合作与共赢，涉及多个主体，形成以创新利益相连各方为基准的多主体创新模式。前孵化器中的协同主体主要包括高校教师及科研机构科研工作者，企业的技术开发人员、生产人员和管理人员，以及各级政府有关创新工作的人员和领导管理者，金融机构和中介机构等。在前孵化创新模式下，创新主体主要有大学和其他科研单位，在政府、相关企业和中介服务机构的投资和协同下共同完成。在创新过程中更加强调前孵化器的责任主体地位，它既包括了前孵化器组织内部的封闭式协同，也包括前孵化器外部的开放式协同。

作为我国企业外部环境中的一种特殊要素，政府机构对企业的创新发展有着重要影响。政府在提供企业创新的政策环境、搭建沟通与信息交流的科技服务平台、增进企业与科研机构的互动交流等方面扮演着重要角色，但由于政府不是营利机构，其目的在于推动当地经济发展与技术进步，因此政府更多关注的是区域经济发展。此外，外事厅、科技厅等政府部门还可以帮助企业获取政策支持、技术信息和市场信息，也可以为企业提供国际先进组织的相关信息与最新技术的发展动态（Corsaro、Cantd、Tunisini，2012）。

高校、科研机构拥有基础学科知识及科学成果，不以营利为直接目的，但在另一方面，随着产学研潮的推动，越来越多的高校、科研机构积极地开展与企业之间的合作，促进科研成果产业化的同时也能获得可观的利润。高校、科研机构与企业在决策结构和组织结构上有着明显不同，两者的组织文化也有差异，因此并不会产生利益冲突。同时，相比于企业，高校、科研机构之间的竞争能力不同，这种互补性能给企业注入创新的活力（Arranz 和 de Arroyabe，2008）。此外，高校、科研机构等致力于高品质科研，特别是在科学产业方面能给予企业更多基础性的科研支撑（Belderbos 和 Carree 等，2004；Laursen 和 Salter，2006；Van Beers、Berghiill、Poot，2008；von Raesfeld 等，2012）。因此，前孵化器的在孵企业或创业团队与大学、研究机构进行合作，能够获得基础型研究的支撑和科技前沿知识，减少研发开支，促进产业基础与公共科学基础相结合，创造突破性创新成果（Miotti 和 Sachwald，2003；Klevorick 和 Levin 等，1995；Van Beers、Berghiill 和 Poot，2008）。在当前国际化的进程中，市场动荡性与市场竞争进一步加剧，前孵化器可通过寻求和高校、政府机构等组织异质性伙伴合作，有效提高自身的创新效率与核心竞争力（Rondinelli 和 London，2003；Jiang、Tao 和 Santoro，2010）。大学、研究机构提供了知识来源，促进开发了创新性产品，实现产品商业化，有力地推动了突破式创新。

科技中介可以提供海量的与技术相关的信息和知识，供应商则能够提供更多的与流程改进相关的知识。科技中介与供应商的组织机构也存在很大差异，科技中介主要是提供市场上的相关知识与技术发展信息，包括营利的（如专业的技术中介组织）和非营利的（如知识产权机构），这两类科技中介能够为前孵化器的在孵企业或创业团队提供知识搜寻工作方面的咨询，为其获取市场上最前沿的技术与专利。同时，科技中介组织拥有广泛的外部组织网络，能够让其直接接触到目标组织，并且减少搜寻的成本。而技术中介组织能紧跟国内外行业的技术发展动态，对技术市场信息进行有效分析，改变信息不对称的境况，大大减少在孵企业或创业团队进行技术创新所承担的风险和成本（彭纪生，2000）。综上所述，前孵化器与技术中介组织、知识产权机构等科技中介合作，能够帮助在孵企业或创业团队更加便捷地收集先进技术信息，拓展信息收集的渠道，有效分析国内外公开的技术信息源，从而把握行业技术的发展情况（Tether 和 Tajar，2008；Trippl、Toedtling 和 Lengauer，2009）。更进一步来说，科技中介掌握的并不是相关的直接组织资源，而是市场上的有效信息并以提供此类关键信息为营利内容与主要业务。

风险投资机构的主要业务是投资，与外部组织关系密切，拥有着广泛的合作与投资网络。风险投资机构具有丰富的专业领域相关的行业知识，能充分把握市场知识及发展方向，并且其有着很强的市场敏感度，能通过自己的网络跟踪前孵化器行业相关领域最新的技术，从而在创业团队或在孵企业创新过程中提供相关技术的咨询，获取最前沿的技术及相关合作团队（Ehrlich、De Noble 等，1994；Hsu，2006）。此外，风险投资机构不仅在财务咨询和资金筹措方面可以发挥作用，还可以参与推荐相关的专业管理人才以弥补在孵企业或创业团队在财务和融资管理方面的缺陷（Elango、Fried 等，1995）。

用户创新是创新理论研究中的重要领域，是指用户出于自身目的，在企业的创新过程中提出新的设想或与企业共享改进产品的意见（Urban 和 Von Hippel，1988；吴贵生、谢伟，1996）。Schemmann 等（2016）认为用户的积极参与是创新价值链的创意产生阶段成功的关键。大部分新产品最初并不是来自公司的内部创意或者最新的研发成果，而是来自用户的创意（Tucker）。通过顾客参与创新可以降低研发成本，用户以提供给前孵化器更多的顾客需求信息为目的，有着最直接的产品需求作用。用户与企业营利的目的不同，其作为个体，目的是获取符合自身需求的产品，提升自己的消费体验。市场知识在创业团队开发当前技术知识上发挥着重要作用，用户在企业创新过程中提供的市场信息，有利于企业的产品改造与升级。企业则能够通过与用户合作，结合用户的早期反馈，进而提升产品与服务，同时与领先消费者合作也能为产品的创新提供新的创意（Urban 和 Von Hippel，1988；Von Hippel，2007；Lee 和 Wong，2009；周伊莎，2012）。

第三节　前孵化器的不同程度创新模式

开放式创新面临三个挑战：如何寻找激发内部创新的新途径、怎样实行内外部创新与发展相融合，以及用什么激励可以使科研人员为创新提供源源不断的支持。Poot 等（2008）发现开放式创新的趋势是有震荡的，而非连贯的，而各个行业在震荡时点上是有差异的。对于核工业等行业，创新主要依靠内部的创新研发，这类特殊行业创新开放度小，工作人员流动率低；但对于另外一些行业，如快消品行业，其产品创新不仅来源于企业的技术积累，还来源于用户的需求和供应商的技术创新，甚至来源于其他一些看似不相关的行业。在传统的封闭式创新范式下，成功的创新需要深入地纵向整合，知识在不同企业之间是不流通的。但 20 世纪末这种传统的封闭式创新范式被逐渐打破，陈劲、陈钰芬（2008）认为开放式创新是一种吸纳更多的创新要素的创新。

我们可以从创新来源、外部技术环境、与前孵化器的组织关系、组织边界和创新孵化方式等几个方面，来区分封闭式创新、半封闭式创新和完全开放式创新之间的区别，如表 6-1 所示。

表 6-1 几种不同程度创新模式的主要特征

创新模式	封闭式创新	半封闭式创新（机构参与）	半封闭式创新（高校参与）	完全开放式创新
创新来源	内部研发	内部研发为主技术交易为辅	内部研发和外部研发并重	完全共享创新资源
外部技术环境	知识贫乏	知识较丰富	知识丰富	知识丰富
与前孵化器的组织关系	竞争	竞争、部分合作	分工协作	合作
组织边界	完全封闭	交易或合作对象间	边界可渗透，动态开放	便捷模式，完全开放
创新孵化方式	纵向一体化，内部严格控制	内部纵向一体化，强调合作	垂直非一体化，动态合作	松散的、非正式的

资料来源：陈钰芬. 开放式创新的机理与动态模式研究 [D]. 杭州：浙江大学，2007.

在多主体参与的开放式创新中，创新的参与者可能来自前孵化器内部，包括管理者、员工等，也可能来自外部的政府、企业、高等院校、研究机构、中介机构及用户等。为了简化模型，仅考虑利益关系最为密切的四大主体：一是前孵化器（包括管理者、员工等），二是政府，三是大学及科研单位，四是银行投融资机构、知识产权服务机构等中介服务机构、用户。

一、封闭式孵化创新模式

前孵化器的封闭式创新，指的是研发部门主要来自内部，研发的开放度比较小，相对来说其外部的技术环境比较匮乏，与其他孵化组织之间的关系更多的是静止关系，内部控制比较严格，是一种完全封闭的组织形态。在封闭的创新模式下，主要由政府投资，前孵化器依靠自身资源进行创新项目孵化，大学等科研机构和中介服务机构不参与前孵化器的创新孵化，如图 6-4 所示。

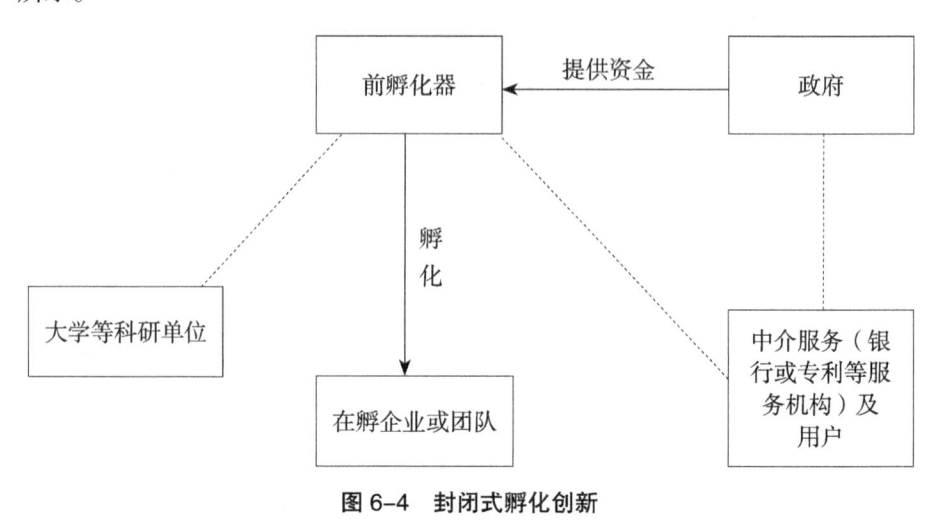

图 6-4 封闭式孵化创新

二、半封闭式孵化创新模式

前孵化器的半封闭式创新，根据创新来源的不同，分成中介机构参与和高校科研机构参与两种不同的方式。中介机构参与指的是在创新研发的过程中，前孵化器可以通过市场交易的防护获得技术创新来源，而高校和科研机构参与，则是由其直接参与到前孵化器在孵企业的研发部门，或者前孵化器的创业团队本身就是来自高校或者科研机构。这两种参与方式的不同，只是合作和市场交易获得创新技术的不同，体现在组织边界和创新孵化方式上也略有不同，比如机构参与的半封闭式孵化创新，其组织边界主要向交易对象开放；而分工合作的高校和科研机构参与的半封闭式孵化创新则是边界可渗透、动态开放的。

1. 中介服务机构及用户参与

政府调动相关部门参与到前孵化器的创新项目活动中，提供相关政策支持，让相关中介服务机构和用户参与（假设相关中介机构不收取中介费用），提高项目孵化效率，如图 6-5 所示。

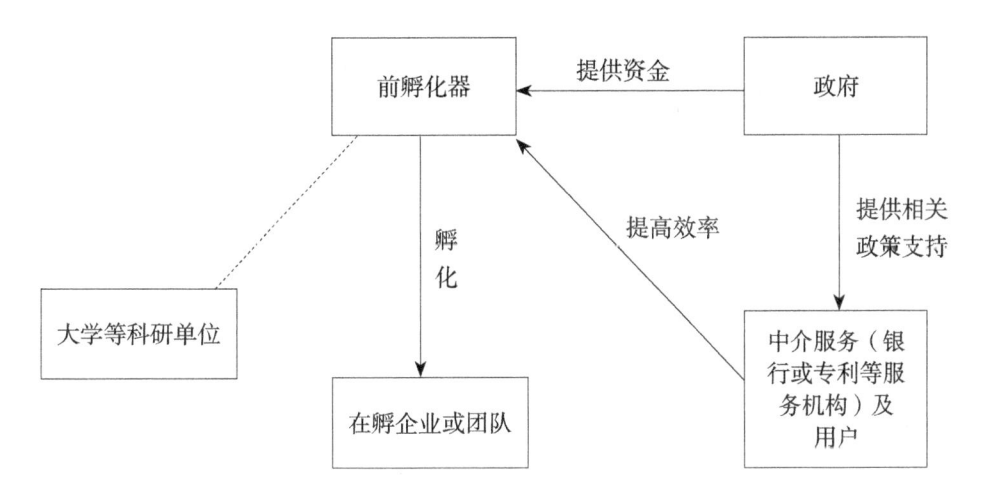

图 6-5　半开放式孵化创新方式一

2. 大学等科研机构参与

大学等科研机构参与前孵化创新项目模式，与前孵化器合作，形成创新协同，如图 6-6 所示。

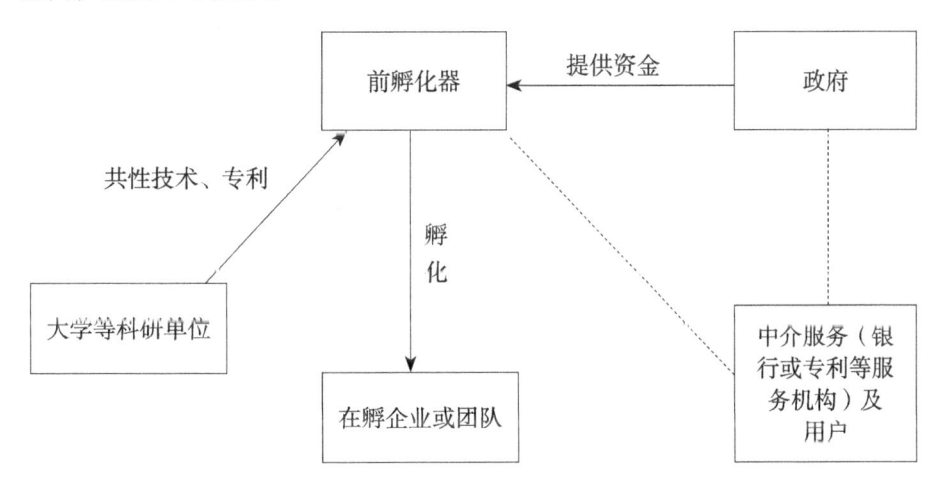

图 6-6　半封闭式孵化创新方式二

三、完全开放式孵化创新模式

完全开放式的孵化创新，则是完全共享创新资源，其外部环境的知识非常丰富，与外部组织是合作关系，组织的边界是开放式的便捷模式，创新孵化方式也是多种多样、松散多元的，政府、大学等科研机构和相关中介服务机构及用户共同参与到前孵化创新项目中，如图 6-7 所示。

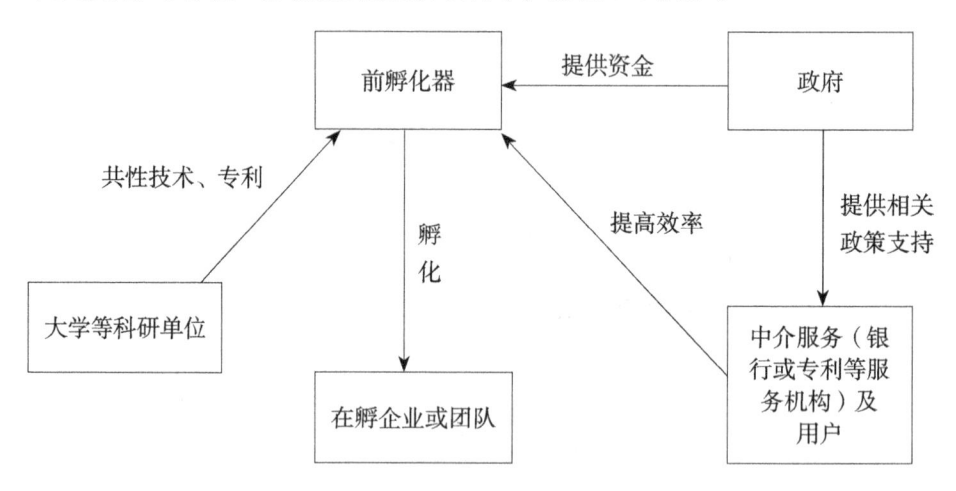

图 6-7　完全开放式孵化创新模式

四、分析与讨论

与封闭式创新模式比较，在高校等科研机构参与的半封闭式创新模式下，前孵化器、大学等科研机构的收益以及三方创新主体的总体收益均有所提高。高校及科研机构的参与，有助于从基础理论研究和前沿的科技信息等方面减少前孵化器的创新成本和风险，促进产业基础与公共科学基础相结合，而通过将高校和科研机构的高层次人才团队引进到前孵化器，能够为前孵化器提供所需的技术研发创新以及外部知识创新的协作，有效提高自身的创新效率与核心竞争力，从而提升总体收益。

与封闭式创新模式比较，在中介服务机构和用户参与的半封闭式创新模式下，中介服务机构能够提供市场上的相关知识与技术发展信息，以及知识搜寻工作方面的咨询，对技术市场信息进行有效分析，改变信息不对称的境况，从而有助于前孵化器、大学等科研机构的收益，以及三方创新主体的总体收益均有所提高。

在完全开放式的创新模式下，当大学等科研机构、中介服务机构和用户参与到前孵化器的创新孵化中时，通过不同种类的协作网络，运用外部的创意、差异化的知识和资源，提供很多市场需求相关的信息，能够在内部与外部同时获取有价值的创新想法，节约研发资金，缩短研发周期，共同进行技术的研发和商业化，使参与的创新主体的各自收益及总体收入达到最高。

通过对封闭式、半封闭式与完全开放式三种模式下的各方收益比较可以知道，随着创新模式的开放，将更多创新主体吸引到前孵化器的创新中，是有利于提高各方及整体的收益的。

这里要说明的是，本章的分析是建立在外部组织及用户能够与前孵化器进行有效合作的假设之上。实践中由于创新参与者的风险偏好、知识背景等不同，在创新过程中可能会产生各种冲突和矛盾。因此在多主体参与的开放式创新模式下，如何协调各参与主体之间的关系也是一个值得深入探讨的问题。

第七章　基于SNM理论的前孵化器评价指标体系构建

　　SNM 的理论分析为前孵化器的实践应用提供了理论基础，但要真正将其运用到实践当中，并且对实践效果进行评价，还需要有相配套的评价体系。而目前对 SNM 的评价体系构建仍处于探索阶段，尚未形成一个统一的 SNM 评价指标体系。本章根据 SNM 全过程性和多主体参与搭建的网络动态性的特点，探索 SNM 评价指标体系的构建，明确了 SNM 评价的程序，并确定指标选取的原则，然后以国内外学者对 SNM 三大内生过程、五个实施步骤及三个生态位发展阶段的研究为线索，梳理了 SNM 体系构建的流程，即从选择技术或创意到甄别参与成员，再到构建互动网络，并最终实现统一体系的过程。这一流程的设计紧紧围绕从技术生态位阶段发展到市场生态位阶段，最终跃迁到范式生态位阶段这一过程。基于此流程，整合出 SNM 评价指标体系的构建思路，并探索性地构建了一个具有 36 个二级指标的二维评价指标体系。在此基础上，针对前孵化器战略生态位管理进行的绩效评估，以前孵化为核心，围绕推进战略生态位发展的五个要素，即愿景、网络、学习、市场培育与保护，构建基于 SNM 理论的 SNM 评价指标体系。构建 SNM 评价指标体系，将有助于了解某项技术的发展阶段及状况，监督和规范技术创新管理行为，提升 SNM 效率，从而促进新技术的培育与成长，为 SNM 效果测量和前孵化器实践提供理论支撑。

第一节　SNM评价的程序与指标选择的原则

在构建SNM评价指标体系之前，明确评价的程序和评价指标体系所涉及的指标选取原则，对评价的科学性和规范性具有重要的指导意义。基于此，本节提出了SNM评价的四个基本步骤，提炼出了SNM评价指标选择的四个原则。

一、评价的一般程序

目前，国内外专家、学者对SNM的研究仍处于理论探索及案例分析的层面，还没有清晰地阐述SNM作为一种管理工具还需要什么以及如何在实践中进行试验。SNM具有广泛的应用前景，可用于测量及评价一项技术的发展阶段及状况，但是在进行SNM评价之前，应当明确其评价的程序。综合前人的研究成果，本书将SNM评价的一般程序分为以下四个步骤。

1. 明确SNM的内涵

概念内涵是评价的理论基础，在进行SNM评价之前，需要明确SNM的内涵。本书界定的SNM是为新技术成长构建一个保护空间，通过生产者、研究者、用户、政府和其他组织执行者渐进的实验和学习，对新技术进行选择、培育、孵化，发展为成熟技术，并顺利地将它推向市场，实现产业化的一个管理过程。根据SNM概念内涵的界定，设计评价指标选择思路及评价体系，是评价模型构建的理论依据。

2. 选择SNM评价的角度

从不同角度评价，SNM的侧重点将会有所不同。例如，社会网络中的不同行动者，他们对SNM评价的侧重点都有差异。企业会侧重于对其管理水平的评价，政府会侧重于其引导企业发展或者引导技术革新的作用力量，而公众会关注某项技术给自己带来了怎样的便利、生活产生了怎样的变化等。从技术项目发展本身的角度对 SNM 的评价，则侧重于技术发展所处的生态位阶段、所对应的具体实施步骤、所具有的发展优势和劣势等。不同的评价角度对指标的选择有着重要的影响，本书的评价角度采用后者，即以技术项目发展本身作为评价对象。

3.SNM 评价指标的设计

在明确了 SNM 内涵的基础上，确定评价的角度，接下来就要根据研究目的和指标设计原则，建立 SNM 评价指标体系。评价指标体系的构建必须具有系统性，能够全面系统地反映 SNM 的内容。本书对 SNM 指标体系的构建思路进行了梳理，将 SNM 实施的三大内生过程、五个步骤及三个生态位阶段有机联系起来，用于指导 SNM 评价指标体系思路的构建。评价指标的设计需要具有明确的针对性，根据不同的研究目的而进行选择。

4. 确定 SNM 评价的方法

构建了 SNM 评价指标体系后，选择一个合适的 SNM 评价方法尤为重要。常用的评价方法是定性评价和定量评价相结合的方法，具体可以根据评价目的及所收集到的数据特征来确定。

二、评价指标选择的原则

构建 SNM 评价体系，首先要明确评价指标选择的原则。SNM 评价需要有一套科学、合理、完整的评价指标体系，这一指标体系不仅要体现技术本身的发展状况，而且还要涉及网络中利益相关者评价的内容和标准。Pollitt 和 Bouckaert（2000）提出了一个对绩效考核体系和结果进行再评价的框架模型，认为优秀的绩效考核系统应该符合某种有效性（Validity）、合法性（Legitimacy）和功能性（Functionality）的标准。即有效的绩效考核应该是"合理的、有说服力的、使人信服的"，不受组织上层影响，能开放绩效考核程序以保证公众广泛参与，有效实现绩效考核的反馈功能。以此为基础，本书将 SNM 评价指标选择的原则总结如下。

1. 全面系统原则

全面系统原则要求所选择的指标之间是具有某种内在联系的一套指标，指标应当能全面反映评价对象，并且这些指标能够构成一个科学合理的系统。一方面，针对 SNM 进行的评价，不仅要全面、合理、客观，能涵盖和全面反映技术发展各个阶段的情况，而且还要考虑影响 SNM 的各方面因素，以便对企业技术创新过程的各个阶段做出全面评价。另一方面，选择指标时还应考虑指标之间的系统性。该评价指标体系应当围绕评价的总目标进行分解，形成一个指标数量适当、指标层次分明、各指标权重安排得当的评价指标体系。

2. 代表性与无相关性原则

评价 SNM 涉及的指标多种多样，应当尽量选取具有代表性的指标，并且要尽可能确保这些指标之间没有相关性或者相关性较低。因此，一方面，SNM 评价指标的选择必须在众多指标中依据技术发展的不同阶段特点，选择符合该阶段特点的、能够反映 SNM 特征的指标；另一方面，应当尽量减少和避免所选择指标间的相关重叠度，保持所选指标的差异性和无相关性，防止因指标重复而引起评价失真。

3. "硬"指标与"软"指标结合原则

涉及 SNM 的指标性质各异，既有"硬"指标，又有"软"指标，"硬"指标是指可量化的指标，"软"指标则是指难以具体量化的指标。同时，由于对 SNM 的评价具有多维性，既要进行定量评估，又要进行定性评估，因此，在选择指标时应充分考虑指标的可获得性和指标量化的难易程度。定量指标与定性指标相结合，定性指标应有一定的量化手段与之对应，确保每项指标是可观、可测、具有可比性的。

4. 可操作性原则

在选取 SNM 评价指标的过程中，应尽可能选取一些既能真实反映某项技术发展状况，又易于获得相关可靠评价信息的指标，即这些指标应当使得评价具有可操作性。指标应具有可行性、符合客观实际水平、内涵简洁明了、便于量化，同时还要尽可能有稳定的数据来源，以保证实际中的可操作性。

第二节 评价指标体系构建的思路

合理的、逻辑严密的思路将有助于构建一个科学的、系统的、完备的评价指标体系。SNM 评价指标体系的构建是建立在清晰的构建思路基础上的。首先,SNM 作为一个科学的体系,其构建具有清晰的流程;其次,以 SNM 体系构建流程为线索,可以构建出符合逻辑的、可操作的 SNM 评价指标体系。

一、SNM 体系构建流程

明确 SNM 体系的构建流程,能够充分体现 SNM 评价指标选取的科学性,因此应当明确体系的构建流程。SNM 的目的是要形成合力,实现技术革新、产品销售、客户需求、社会管理等资源的升级和优化,实现技术创新创造的价值。由于 SNM 体系涉及多个不同参与单位或个体,是一种边界比较模糊、动态发展的过程,因此,如何进行 SNM 的体系构建就是一个基础的问题。虽然在整个体系构建过程中,参与组织或个体由于自身特点和资源所限,可能开始的目的和战略各不相同,但在 SNM 体系构建过程中,遵循技术生态位、市场生态位和范式生态位的不同阶段的特点,大致可以归结为一个统一的构建流程,如图 7-1 所示。

1. 选择技术或创意

SNM 体系是以用户或顾客为中心的创新保障系统。构建 SNM 体系的目的是给用户提供更好的体验,这种体验可能是来自技术创新所带来的产品,也可能是社会管理创新效率提高带来的便利。新技术或创意带来的核心价值是跟用户的需求相关的,因此,在建立 SNM 体系之初,选择技术或创意的出发点,是基于为顾客带来的核心价值考虑的,这就需要对新旧技术的价值进行对比，哪种新的技术或创意能给顾客带来更好的价值，该种技术或创意就更有可能被选择。此外，在对新技术或创意进行选择的过程中，发展它们所需的资源也是需要考虑的因素。

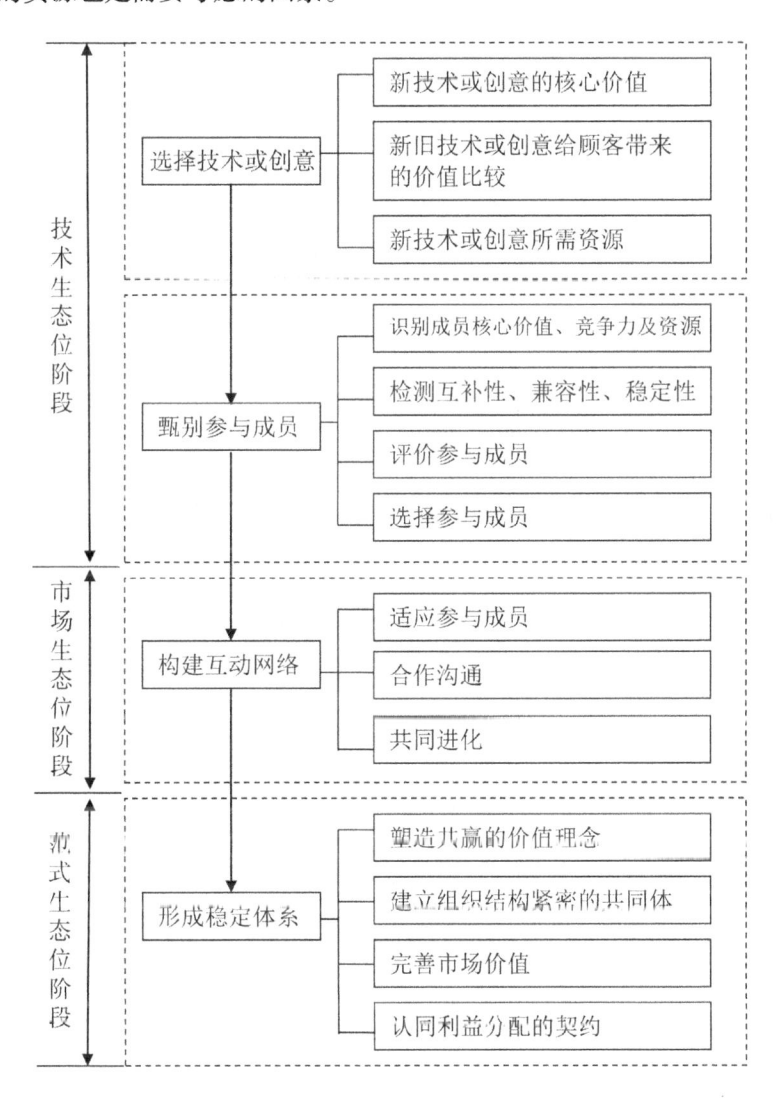

图 7-1　SNM 体系构建流程

2. 甄别参与成员

构建 SNM 体系，需要各种各样的拥有不同技术、资源和能力的成员加入。如何确定参与组织或个体是否具备加入 SNM 体系的资质，就需要对参与成员进行甄别。甄别参与成员，一是要看其能否将自身的技术、资源和能力拓展到 SNM 体系中，为整个 SNM 体系所用。相应的，也要看其能否依托 SNM 体系，将体系中其他成员的特长和资源及能力集合起来，取长补短，应用到对用户或顾客需求的满足上去。二是要检查某个成员加入体系后，体系的互补性、兼容性和稳定性，看其是否是加入 SNM 体系的最佳选择对象。三是要按照最能实现双赢、实现共赢或实现强强联合的标准，制定 SNM 体系的参与者的选择评价标准，对参与者的加入动机、目标定位甚至是其战略组织架构管理风格、以往合作历史等进行评价，从而选择适宜的合作对象。

3. 构建互动网络

在确定了参与构建 SNM 体系的成员或组织之后，就要为构建成员或组织之间的互动网络选择适当的时机。对不同的参与对象，要按照构建网络的整体需求，选择不同的时间节点进行合作。互动网络的参与者是不同的组织或个体，他们之间的两两互动交流沟通的内容和方式是多种多样的，但都代表了组织与组织之间、参与者和参与者之间对技术、信息、资金、市场、声誉等资源的互换和共享。此外，参与者介入体系的程度，在 SNM 体系发展的不同阶段会有所不同，甚至是同一阶段也会有不同的广度和深度。因此，在构建 SNM 体系的过程中，要根据参与对象参与程度的不同，选择不同形式的互动与合作方式。可以用不同的目标作为导向，比如采取签订契约合作模式、政府主导模式、股权参与模式，或者是共同建立研发机构、建立高新技术企业等。在构建了良好的互动网络之后，才有可能促进 SNM 体系的共生互动和进化发展。

SNM 的互动网络并不是一个封闭式的网络，而是可以通过各参与成员和外界的不断沟通交流，从而达到与体系外界环境的互动。通过 SNM 体系内外部的互动，逐渐形成一个动态平衡、自主成长的网络系统。

4. 形成稳定体系

如果 SNM 体系已经建立了沟通互动良好的网络系统，那么最终 SNM 体系能否成功构建，则要看是否形成了稳定的、共同的价值理念、组织内在结构和广受认同的共赢文化。只有具备了这些内在的较为稳定的共同体，才是实实在在地构建了 SNM 体系。

构建 SNM 体系最初由推动体系逐渐形成和稳固的合作创新行为来维系，但其最终形成共同体，则需要体现组织的文化和社会特征。随着互动沟通的频率增加，通过各个节点的磨合和规范，各参与组织和个体会逐渐意识到，只有在共同利益实现的基础上，才能更好地实现自身的利益，因此对构建体系中自身的任务会更加明确，合作的行为和频率会不断加强，继而形成稳定的信任关系。在此基础上，各参与主体的思想、信息、才能、技术、资金、市场、反馈等资源，才可以更快地在 SNM 体系内进行流动，加速 SNM 体系内创新的扩充与成长，从而成功孕育出符合市场、用户以及顾客需求的新技术产品或观念，达到创新技术或创新替代旧技术或旧创意的目的。

二、SNM 评价指标体系构建的思路

本书构建的 SNM 评价指标体系是以三个生态位阶段为线索展开的，即技术生态位阶段、市场生态位阶段和范式生态位阶段。

在技术生态位阶段，技术的选择、孵化和培育是重点。该阶段对应于 SNM 五个实施步骤中的前三个步骤，即技术的选择、实验的选择和实验的建立及执行。首先，结合实际的需要，选择某项技术作为创新的对象；其次，为该技术选择合适的实验，为其提供技术保障；最后，当技术实验开展的前期条件满足之后，开始建立实验，并且执行它。当某项技术得到良好的培育和获得保护空间，并迅速成长起来后，新技术产品得以开发销售，并拥有了一定的市场份额，此时该项技术经历了从技术生态位向市场生态位的跃迁过程，到达市场生态位阶段。在市场生态位阶段，某项技术有了一定的市场需求，并且需求在不断扩大，因此需要继续加大对技术研发的投入，不断扩大实验。该阶段对应于 SNM 五个实施步骤中的第四个步骤，即实验的扩大。实验的扩大既强调实验复制的广度，又侧重实验扩大的深度。当某项技术占有大量的市场份额，并且产品得到了消费者的广泛认可，形成一种新的文化

价值观时，该项技术就已经相当成熟，不需要人为地为其设置保护空间，这时将到达范式生态位阶段，该阶段对应于 SNM 实施步骤中的最后一个步骤，即保护政策的撤离。

在 SNM 的五个实施步骤中，三大内生过程始终贯穿其中。

如图 7-2 所示，揭示了 SNM 三个生态位阶段、五个实施步骤和三大内生过程的内在联系，该联系正是构建 SNM 评价指标体系的思路。

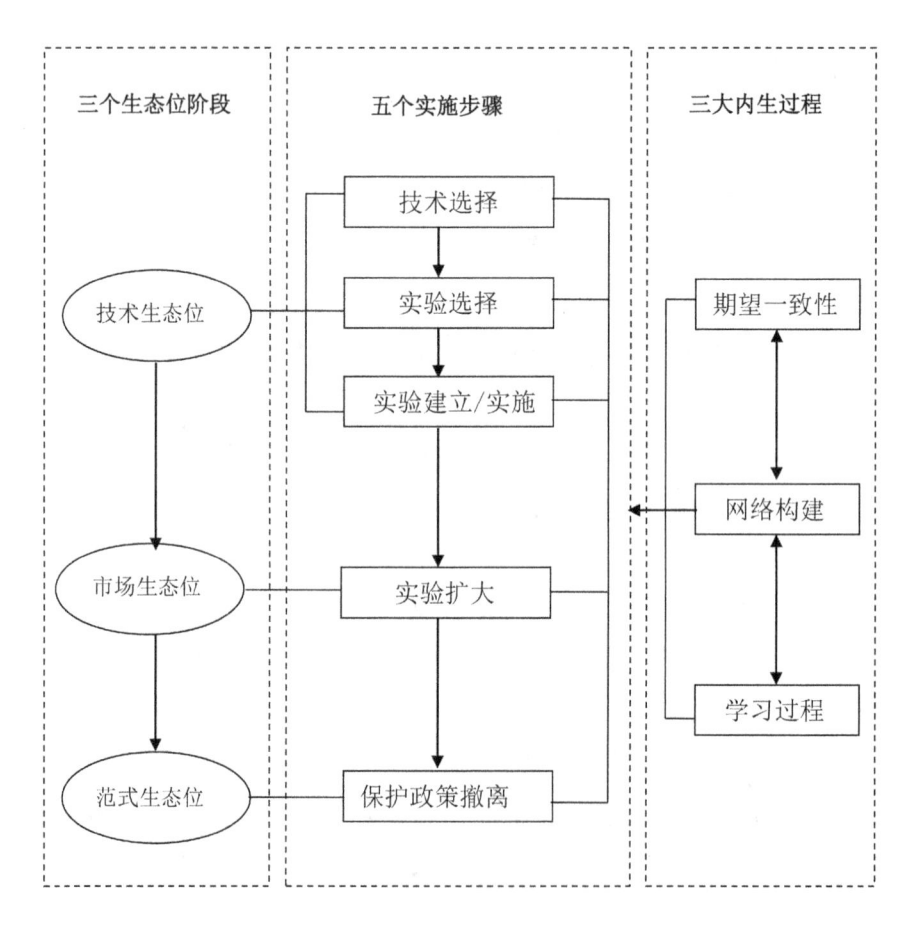

图 7-2 评价指标体系构建思路

第三节 评价指标体系的构建及评价实例

在梳理了 SNM 评价指标体系构建的思路之后,开始设计评价指标体系。SNM 评价指标体系是一个系统性十分强的体系,包括了 SNM 三大内生过程、五个实施步骤及三个生态位阶段的内涵,可以较为全面地评价某项技术的发展情况。本节首先说明了指标选择的依据,然后构建评价指标体系。

一、指标选择依据

我们选择的评价指标的理论基础,主要来源于基于逻辑维的 SNM 三大内生过程、基于时间维的 SNM 五个实施步骤,以及基于空间维的 SNM 三个生态位阶段。

围绕技术创新、体制变革以及社会愿景相互之间的内在影响,Hoogma 等(2002)认为技术生态位成功发展的三个主要过程为:实验和愿景的吻合、构建社会网络和多层面的学习流程。Hoogma(2002)、Van Mierlo(2002)、Raven(2005)三人分别在其博士论文研究中对其进行了验证。Geels(2002)的 MLP(Multi-Level Perspective)模型从微观(生态位创新)、中观(社会技术体制)和宏观(社会技术愿景)三个层次分析了三者之间相互影响和作用的机理,促进了 SNM 理论的发展和深化。Van Der Laak(2007)认为生态位内部塑造过程包括以下三个步骤:建立期望、网络形成、学习过程。Bauknecht 和 Kemp(2006)、Grin(1996)在内生过程的研究中提到 SNM 将关注内生的驱动,或者说来自内部的驱使。归纳起来,SNM 内生过程研究的主要内容包括两个方面:一是技术生态位在特定环境下如何成功地构建;二是技术生态位如何成功转向市场生态位。

Weber 和 Hoogma(1999)、Kemp 等(2001)提出 SNM 过程可分为五个

步骤：技术的选择、实验的选择、实验的建立及执行、实验的扩大、保护政策的撤离。Hommels 等（2007）进一步完善了 SNM 实施过程的五个步骤：①技术的选择，解释为选取有潜力的新技术；②实验的设计和建立，强调相关人员和保护措施介入实验的设计和建立过程；③实验的执行，提出了解决创新过程中经济、社会和团体的相关问题及其解决方案；④将新技术从技术生态位推向市场生态位；⑤评估生态位的保护并逐步撤走保护手段及措施。Caniëls（2008）认为社会行动者之间的密集网络是一个新技术成功孵化的关键过程。

本书选择的 SNM 评价指标来源于 SNM 三个内生过程及实施的五个步骤的影响因素。沿着 SNM 评价指标体系构建的思路，以生态位三个内生过程，即期望一致性、网络构建、学习过程，以 SNM 实施过程的五个步骤，即技术选择、实验选择、实验建立/实施、实验扩大、保护政策撤离为线索，围绕推进战略生态位发展的三大要素，即主体要素、客体要素及环境要素，结合技术创新发展的自身特点，选择 SNM 的评价指标。

本书所设计的 SNM 评价指标体系是一个二维体系。对应于 SNM 实施的五个步骤，设计了 12 个一级指标，具体选择指标如下。

技术选择：①愿景的形成；②技术选择标准；③技术的特征。

实验选择：①期望的建立；②渠道的建立。

实验建立/执行：①学习过程；②网络管理。

实验扩大：①技术的社会支持；②实验的复制；③实验的加深和推广。

保护政策撤离：①技术评估；②市场前景。

以上这些一级指标均根据国外学者对 SNM 实施的五个步骤及三大内生过程的详细阐述归纳总结得到，一级指标具体的选择依据如表 7-1 所示。

表 7-1　SNM 评价指标选择依据

阶段	阶段描述	一级指标	指标选择标准	指标影响因素	参考来源
技术选择	选择一项有应用前景、符合环境需求、适合进行实验的技术	1. 愿景的形成 2. 技术选择标准 3. 技术的特征	1. 科学前提（Technological-scientific precondition），是指有关键的技术含量，又有足够的空间给技术以纵深的延伸与拓展，不断改进和完善技术 2. 经济前提（Economic precondition），是指可以显现短期内不断增加的经济回报 3. 管理（或社会）前提（Managerial and institutional precondition），是指组织形式和运行模式可行，符合实际，与主要使用者的需求和评价相一致 4. 应用前提（Applications），是指在技术应用的优点最大化及缺点最小化方面，对使用者具有吸引力	1. 简单、固定的原则（KISS 原则） 2. 有支持革新的变革推动者的存在 3. 技术与环境的相互促进	Weber, Hoogma, Lane, Schot (1999) Kemp, Rip, Schot(2001) Hoogma (2000) Kemp, Rip, Schot(2001) Lenard (1998)
实验选择	选择一个合适的空间和使用者对新技术进行实验	1. 期望的建立 2. 渠道的建立	1. 最适合技术发挥其所长，避免其所短 2. 对实验者具有挑战性，但同时又必须能在合理的时间段为达到 3. 在早期阶段就开始生产者与用户的交流	1. KISS 原则 2. 创新拥护者	Weber, Hoogma, Lane, Schot (1999)

续表

阶段	阶段描述	一级指标	指标选择标准	指标影响因素	参考来源
实验建立/实施	通过生产者、研究者、用户、政府和其他组织执行者渐进的实验和学习，培育新技术	1. 学习过程 2. 网络管理	1. 必须保证充足的保护，以避免与现存技术的竞争而过早结束试验 2. 激发和保持网络中的学习 3. 寻找独立的评估者	1. 经济因素 2. 辅助技术要求 3. 社会或管理因素	Hoogma（2000） Kemp 等（1998） Elzen 等（2004） Truffer 等（2002） Wiskerke（2003） Raven（2005） Roep（2003） Truffer 等（2002）
实验扩大	寻求将技术创新推进为市场化产品的动力源泉	1. 技术的社会支持 2. 实验的复制 3. 实验的加深和推广	1. 寻找机会复制实验 2. 提出所需不同专业技能和资源 3. 在管理、组织和机构的不同环境支持下，对新技术进行广泛传播和发展	1. 公共政策制定 2. 政府支持	Weber（1999） Kemp 等（1998）
保护政策撤离	逐步撤离保护空间，中止实验	1. 技术评估 2. 市场前景	1. 当新技术的预期明显变得不足够好以至于财政变得不可实行时 2. 一项有良好市场前景的最新的成熟技术准备推向市场时 3. 逐步进行	实验的评估机构	Kemp 等（1998） Weber 等（1999）

二级指标主要有 36 个，即：是否制定发展战略、是否准确定位、是否确定发展方向；符合 KISS 原则、有支持革新的变革推动者存在、技术与环境相互促进；创新性、被保护性、相依性、市场需求性、前景性；实验目标的合理制定、新旧政策的关系处理、实验参与者的期望处理；生产者与用户交流渠道、用户反馈渠道；一阶学习、二阶学习；整体网络管理、成员管理；知识生产机构支持、技术开发机构支持、技术使用机构支持；实验复制的顺利程度、更多政策的出台；技术继续创新的顺利程度、网络的扩展、新技术与实验再融资的难易程度、实验区支持资源情况、行政支持力度、参与者进退情况；是否具有核心竞争力、是否已找到传统技术尚未覆盖的市场、是否建立支持体制、新技术企业融资情况、技术使用者的理解和参与程度。这些指标的选择依据主要来源于国外学者针对 SNM 实施的五个步骤的详细阐释，表 7-1 中的影响因素高度概括了这些指标。

二、SNM 评价指标体系

SNM 理论将社会 - 技术体制的变革作为最终的研究目的，因此在其研究内容中经常会针对某项特定的技术。基于此，本书所构建的评价指标体系以技术作为评价对象。本书中的评价指标体系是一个二维体系，都是紧紧围绕 SNM 评价指标体系构建的思路来设计的。其中，一级和二级指标是统一固定的两组指标，读者可以根据某一项技术评价的需要，结合该技术自身的特征来进一步设计一组与二级指标相对应的三级指标，二级指标为三级指标的设计提供了方向。在 SNM 过程中，针对不同的技术都有共同的规范实施步骤，并且每个步骤都受到某些共性因素的影响，因此，可以采用同一个评价指标体系框架。但是，由于不同的技术涉及的具体要素都具有自身特点，因此不能笼统地归纳为相同的评价指标，第三级指标可根据某项技术自身的特征来设计，具体的评价指标体系如表 7-2 所示。

表 7-2 SNM 评价指标体系

阶段	一级指标	二级指标
技术选择	愿景的形成	是否制定发展战略
		是否准确定位
		是否确定发展方向
	技术选择标准	符合 KISS 原则
		有支持革新的变革推动者存在
		技术与环境相互促进
	技术的特征	创新性
		被保护性
		相依性
		市场需求性
		前景性
实验选择	期望的建立	实验目标的合理制定
		新旧政策的关系处理
		实验参与者的期望处理
	渠道的建立	生产者与用户交流渠道
		用户反馈渠道
实验建立/实施	学习过程	一阶学习
		二阶学习
	网络管理	整体网络管理
		成员管理

续表

阶段	一级指标	二级指标
实验扩大	技术的社会支持	知识生产机构支持
		技术开发机构支持
		技术使用机构支持
	实验的复制	实验复制的顺利程度
		更多政策的出台
	实验的加深和推广	技术继续创新的顺利程度
		网络的扩展
保护政策撤离	技术评估	新技术与实验再融资的难易程度
		实验区支持资源情况
		行政支持力度
		参与者进退情况
	市场前景	是否具有核心竞争力
		是否已找到传统技术尚未覆盖的市场
		是否建立支持体制
		新技术企业融资情况
		技术使用者的理解和参与程度

对于 SNM 实施的每个阶段，都设计有相对应的一级指标和二级指标，三级指标可根据具体的项目特征来确定。一级指标和二级指标的具体阐述如下。

1. 技术选择阶段

（1）愿景的形成。

愿景的形成对于战略生态位的形成有重要意义，愿景为某一项技术的选择提供了方向。该指标主要反映研发一项新技术的目标定位。在技术选择前，必须明确技术选择的愿景，它主要包括 3 个二级指标：是否制定发展战略、是否准确定位和是否确定发展方向。技术发展战略的制定可以为一项技术实验提供全局性指导，是选择一项技术的最终目标；准确定位一项技术及其发展，将有利于技术或者技术产品的市场占领；确定技术发展方向可以为技术的发展提供合理的路径。因此，选择是否制定发展战略、是否准确定位和是否确定发展方向这三个指标来支撑技术选择阶段愿景的形成，是科学合理的。

（2）技术选择标准。

对于任何一项新技术的选择，在其愿景的指导下，必须要确定其选择标准，并查看某一项技术的选择是否符合这样的标准。Weber 和 Hoogma（1999）、Kemp 等（2001）提出，为实验所进行的技术选择必须"明智"。这意味着应满足以下几点：首先，实验应坚持简单、固定的原则（KISS 原则）。KISS 原则强调设计越简单越好，简单就是美，任何没有必要的复杂都是需要避免的。其次，一项技术的发展需要革新家的推动。具体说来，就是需要具有目标性的、开放的、敢于冒险的、能对不确定性容忍的、灵活且能帮助他人的人来推动技术的革新。这些革新家主要包括企业家，如投资者、运营商等，还有地方领导者。最后，所选的技术必须跟当前的环境相互促进，这就要求技术的选择能够足够开放，即可以尽可能多地收集信息、尽可能多地获取经验、尽可能多地获得渠道；相应的组织应当是与技术相关的、可行的；新技术必须与用户的需求、价值相匹配，并且与现存体制相近，但是从长远看来又能发生实质变化。

（3）技术的特征。

在满足技术选择的标准前提下，所选择的技术应当具备以下特征：一是该技术必须具有创新性，创新性是选择一项技术进行革新的首要特征。二是技术应当具有被保护性，要为其建立保护空间，那么该项技术应当是尚未出现在主流市场的，也就是说它具有被保护性。三是该技术应当具有相依性，即具备相关的辅助依托技术。如果一项技术的开发具有相关辅助的依托技术，那么该项技术很有可能开发起来会比较顺利，是成功的一个重要保障。四是该项技术应当具有市场需求性，市场是推动产品研发的根本动力。五是该项新技术必须是有前景的技术，即该技术应该与当前体制相近从而激励利益相关者，但是后期也能够引进更加激进的变革，因为在后期阶段它对于修正是保持开放的（Weber 等，1999）。

2. 实验选择阶段

（1）期望的建立。

期望的建立是实验建立的一项重要内容，体现的是该实验进行的核心原因。建立期望的过程主要包括三个方面：一是实验目标的合理制定。具体说来，应当确定较高的目标，该目标具有一定的挑战性，但目标又必须是可行的、合理的目标，在合理的时间内能够达到。除了从目标自身的性质进行了要求外，还需要看目标的建立者是否起到积极的模范作用，是否能够刺激其他利益相关者建立相应的目标。二是新旧政策的关系处理。在实验的选择阶段应当为其制定好相应的政策，要能够处理好随着实验进行而产生的新政策与原有政策的关系。三是实验参与者的期望处理。尽管一项技术项目有共同的期望，但是不同参与者之间的期望仍有所差异，能否处理好这些不同期望之间的关系对一项实验的进行至关重要，应当明确区别不同期望之间的差异，并且能够建设性地利用这些差异。

（2）渠道的建立。

渠道的建立本质上就是对网络进行管理。在实验选择阶段，渠道的建立包括两个方面：一是建立生产者与用户的交流渠道；二是建立用户的反馈渠道。在早期阶段就开始生产者与用户的交流很重要，那些可以传达用户需求的建议和批评可以促进供应商不断进行革新。由于早期的用户可以比大多数其他用户更快地吸收创新，所以他们可以在创新的早期阶段提供反馈，这有利于实验者迅速建立和调整实验。

3. 实验建立/实施阶段

（1）学习过程。

学习过程是一个多维度的过程，主要涉及一阶学习和二阶学习两个过程。一阶学习主要侧重于内部学习，涉及激励结构和目标管理。激励结构鼓励实验执行者自发地讨论问题，发散思维去规划和建设心智模型，建立监测、评估方案，寻找到独立的评估者。目标管理主要涉及自反性实验，不断调整目标与战略，以确保实验的顺利进行。二阶学习体现了实验的多样性，不但包括执行者对问题的发现和识别不同类型的潜在客户，还包括一系列与社会文化、用户偏好相关的学习。

（2）网络管理。

网络管理包括整体网络管理和成员管理。整体网络管理主要涉及四个方面：一是明确已有资源，包括人员知识、技能、资源、经验、关系网等；二是创建共享平台，如召开定期会议、召开专题研讨会、演讲、游说、举行经验分享交流会等；三是维持执行者动力，如建立执行者所在项目的所有权，保留高度坚定的合作伙伴，寻求最佳的网络构成，保持网络的相对稳定性，加入新行动者，并适当调整现有执行者的职务与作用；四是维持为用户与供应商提供的培训、援助，以稳定用户与供应商之间的关系网。成员管理中的成员主要包括用户、相关决策者、政策制定者、地方政府、生产商、公司、网络管理者、技术顾问、科研机构、社会组织、私人个体、管理机构、产业协会、特殊利益群体（金融机构）、推广人员、中介服务机构、工会等。网络构建是SNM内生过程的一个重要因素，网络的完善与否将对实验的建立和执行产生巨大的影响。

4. 实验扩大阶段

（1）技术的社会支持。

当技术或者技术产品得到用户的认可后，实验者会设法将实验进行扩大。技术的社会支持在这个时候将发挥重大作用。技术的社会支持包括来自知识生产机构的支持、来自技术开发机构的支持和来自技术使用机构的支持。知识生产机构的支持主要体现在促使新技术逐渐体现出商业价值，技术开发机构的支持体现在寻找到尚未被成熟技术覆盖的市场，技术使用机构的支持体现在促进新技术的功能和技术应用手册的不断完善。

（2）实验的复制。

实验的复制即实验扩大到一定的规模后，通过相似实验的相互联系或者在当地水平之上，将实验发展到另一个地区去，从而使它们相关。实验的复制强调的是某个实验在不同地区范围的扩大，是实验扩大的广度体现。实验的复制意味着将实验与其他地方相似活动内容的实验相结合，在更大范围内建立它的技术保护空间。实验的复制指标涉及了实验复制的顺利程度和更多政策的出台。实验的顺利程度是从总体上体现实验扩大的情况，是否受到来自自身内部及外界因素的制约，受到的制约因素越少，实验的复制就越顺利，否则就越困难；更多政策的出台则是侧重从政府层面去考虑实验复制是否能够获得相应的政策支持，获得的政策支持越多，实验的复制就越顺利。

（3）实验的加深和推广。

实验的加深和推广已经将技术项目的主要任务由技术生态位阶段转向市场生态位阶段。实验的加深和推广是在技术的深度上将技术实验进行扩大及推广。这一指标主要包括两个方面的内容：一是技术继续创新的顺利程度，二是网络的扩展。技术在实验的建立及执行阶段得到的培育越好，技术越稳定，技术的继续创新就越顺利。信息的传播、行动者之间的网络扩展、竞争者在网络中的参与程度、实验伙伴关系的建立、规则的变迁，以及能够促进相似实验建立的制度框架的构建都是影响实验扩大到市场生态位的重要因素。

5. 保护政策撤离阶段

（1）技术评估。

当某项技术发展已经完成了从技术生态位到市场生态位的跃迁，则需要对技术进行评估，看该项技术是否具有广阔的前景，评估其能否实现从技术生态位向范式生态位的跨越。技术评估这一指标包含了新技术与实验再融资的难易程度、实验区支持资源情况、行政支持力度、参与者进退情况等四个指标，这四个指标体现了网络中各行动者对该技术的态度。

（2）市场前景。

是否拥有市场前景是一项技术能否持久发展下去的最直接的体现，因此，评价某项技术的市场前景对决定一项实验是否要继续进行、保护政策是否要继续提供，以及一项技术到实验扩大后期是否可以对其进行保护撤离具有重要的指导作用。对市场前景的评价主要包括五方面的内容：一是是否具有核心竞争力，具体是指该技术与传统技术进行市场竞争时是否具有核心竞争力；二是该技术是否已找到传统技术尚未覆盖的市场；三是是否建立支持体制；四是新技术企业融资情况；五是技术使用者的理解和参与程度。归纳起来可以理解为，某项技术是否具备了从市场生态位跃迁到范式生态位的资本。

三、前孵化器的 SNM 评价指标体系

针对前孵化器战略生态位管理进行的绩效评估，可以以前孵化为核心，围绕推进战略生态位发展的五个要素，即愿景、网络、学习、市场培育与保护，进行指标设计。共设计 5 个一级评估指标、11 个二级评估指标和 43 个三级评估细项，如表 7-3 所示。

表 7-3　前孵化器 SNM 评估指标体系

一级指标	二级指标	评估要点或评估细项	性质
前孵化的愿景管理	形成愿景	是否制定前孵化器的发展战略	定性
		能否确定前孵化器主导产业的技术发展方向	定性
	组织保障	前孵化管理机构的设置情况	定性
		专职前孵化管理人员的配备情况	定量
		前孵化管理人员的培训活动	定性
		与前孵化发展相关的人才、税收、资金等扶持性政策的制定与实施情况	定性
		落实各级政府行政管理权限的情况	定性
		技术监督、公安、工商、司法等市局外派机构的入驻情况	定性

续表

一级指标	二级指标	评估要点或评估细项	性质
前孵化的网络管理	网络平台管理	专兼职导师数量	定量
		场地面积	定量
		进入运营的中介服务机构数量	定量
		"一站式"行政审批服务的开展情况	定性
		省级以上研发机构数量	定量
		投资公司、担保公司、银行等金融机构构建的融资平台发展情况	定性
		是否组建重点项目的工作团队(或围绕重点项目进行内部的多部门合作)	定性
	网络成员管理	在孵企业或团队总数	定量
		高新技术企业数量	定量
		高新技术产业的集聚度	定性
		是否定期举办由大学、科研院所、企业家及相关政府部门等参与的产学研联席会议	定性
		与前孵化器有合作关系的高校、科研院所数量	定量
		前孵化器内的产业技术联盟数量	定量
		在孵企业与国外企业、部门的合作情况	定量
前孵化的学习管理	一阶学习管理	是否明确前孵化器的技术选择重点	定性
		能否为企业、科研机构选择实验项目、扩大实验范围提供政策支持	定性
		组织培训和学习的情况(同质性)	定性
	二阶学习管理	信息检索平台的建设情况	定性
		是否有各种形式的信息交流,如交流会(异质性)	定性

续表

一级指标	二级指标	评估要点或评估细项	性质
前孵化的市场培育管理	提供外部保护与支持	对新技术产品有无政府采购	定性
		专项资金拨付情况（相关政府部门）	定量
		有无税收减免	定性
		有无财政补贴	定性
	带动前孵化器企业采取内部保护与支持行为	是否引导在孵企业管理层逐步重视新技术项目的开展	定性
		是否引导进行项目研发资金的配套投入（研发经费总额、研发经费总额占产品销售收入的比例）	定量
		是否引导进行项目研发人才的配套投入（在孵企业研发人员总数、研发人员占劳动力总数的比重）	定量
		项目团队的组建情况	定性
	加深社会公众对新技术项目的认知与重视程度	新闻媒体对新技术项目/产品/企业的报道情况	定性
		组织各类新技术产品推介会/交流会的情况	定性
前孵化的市场保护管理	前孵化的获得	专利申请数量	定量
		专利授权数量	定量
		注册商标数量	定量
		登记版权数量	定量
	前孵化的交易	技术合同登记数量	定量
		技术合同成交金额	定量

1. 前孵化的愿景管理

前孵化的愿景管理，是指前孵化器管理部门围绕前孵化的创造、应用和保护，形成共同愿景，构建前孵化管理组织、制定前孵化管理制度、提供并做好前孵化管理服务的一系列管理活动。前孵化的愿景管理在前孵化器战略发展过程中居于基础性的重要地位，如果缺少具有战略规划性的愿景指引、强有力的前孵化组织和完善的前孵化管理制度，前孵化创造、利用和保护就失去了承载体。因此，围绕愿景管理这个核心，可以确定两个二级指标：形成愿景和组织保障。

（1）形成愿景。

形成愿景或建立期望对于前孵化器生态位的形成有重要意义。该指标主要反映前孵化器在形成愿景或建立期望上的努力程度。主要包括两个三级评估细项：一是是否制定前孵化器的发展战略，二是能否确定前孵化器主导产业的技术发展方向。

（2）组织保障。

该指标主要反映前孵化器为前孵化管理提供各种组织制度保障的综合情况。共涉及前孵化管理机构的设置、前孵化人员配置与培养、前孵化相关政策的制定和实施、市局外派（驻前孵化器）机构的设置四个方面的内容，一共6个评估细项。

其中，评估细项"前孵化器管理机构的设置情况"，直接表现了前孵化在前孵化器发展战略框架中的地位，体现了前孵化器管理部门的前孵化意识，并在一定程度上决定了前孵化器工作对企业前孵化管理的渗透能力。

由于前孵化工作是比较专业而又综合的管理活动，因此需要配备一定数量的专业前孵化人员，并辅之以兼职的从业人员，才能起到良好的管理效果。可用专职前孵化管理人员的配备情况、前孵化管理人员的培训活动两个评估细项加以衡量。

由于前孵化自身的特点，针对前孵化进行的宏观管理并不是由某一个职能部门来承担的。在前孵化管理上，前孵化器的管理职能也不是独立的，很大程度上要依赖于前孵化的直接管理机构和相关机构的管理。其他管理机构对前孵化器是否存在放权、前孵化器是否拥有前孵化的相关管理权限，就成为考核的重点。该方面主要包括两个三级评估细项：与前孵化发展相关的人才、税收、资金等扶持性政策的制定与实施情况、落实各级政府行政管理权限的情况。

对前一指标相对应，如果前孵化器在前孵化管理权限上局限较多，就只能依靠引入市局外派机构如技术监督部门、公安部门、工商部门和检察院等，来增强前孵化器的前孵化管理职能。虽然评估细项是针对市局外派（驻前孵化器）机构数量进行统计，实际上考虑到不重复引入的情况，则引入市局外派（驻前孵化器）机构的数量越多，表明前孵化器区域范围拥有更多的前孵化管理功能。

2. 前孵化的网络管理

前孵化的网络管理，是指前孵化器管理部门在技术创新发展过程中，对新技术前孵化项目所涉及利益群体之间的关系进行的管理活动。一般来说，如果新技术项目中的关键因素之间能够形成良好互动并发挥各自的职能作用，则该技术成功转化为成熟技术的可能性就会越大。前孵化器管理部门采取网络管理，打造一个广泛的、包括所有有关行动者和因素的社会网络，能够促使前孵化器管理部门、企业、中介组织、科学家和用户之间进行信息交流和沟通，有效整合资源。

因此，前孵化器管理部门采取的网络管理主要履行两方面的职能：一是网络平台管理；二是网络成员管理。网络平台管理水平与网络成员管理水平的高低，是评估前孵化网络管理能力的两个关键二级指标。

（1）网络平台管理。

该指标主要反映前孵化器为进入前孵化的高新技术项目的关键成员，提供整体性、公共性信息交往与行为互动平台的情况。在对国外相关案例的研究中可以发现，针对新技术项目的网络平台管理，可以采取建立工作队、多组织协同等多种形式，以进行互相衔接和互动。但是，前孵化器管理部门实施的网络平台管理，并不是针对某一新技术项目而言的，而是为前孵化器内所有新技术项目的实施提供必要的社会网络支持。所以，前孵化器的网络平台管理，主要就是为前孵化器内新技术项目的实施提供一些"共性"的管理服务。例如，通过搭建公共服务平台，为前孵化器内的网络成员提供共享共用的基础设施、设备及其他各类服务，以减少软硬件设施的重复建设，提高资源的互补性和使用效率。可以用企业孵化平台进行多部门的协调互动。根据网络整体管理的内容，可进一步细分为以下 7 个三级评估细项：专兼职导师数量，场地面积，进入运营的中介服务机构数量，"一站式"行政审批服务的开展情况，省级以上研发数量，投资公司、担保公司、银行等金融机构构建的融资平台发展情况，是否组建重点项目的工作团队（或围绕重点项目进行前孵化器内的多部门合作）。

（2）网络成员管理。

该指标主要反映前孵化器管理部门对以前孵化器内企业为核心、涉及若干特定网络成员之间的关系，进行协调与管理的水平。前孵化器内以企业为核心形成的社会网络，主要包括两类：第一是前孵化器企业之间的社会网络关系；第二是企业与科研院所、高校之间的社会网络关系。前孵化器旨在为高新技术及其产业提供孵化与发展的基地，作为前孵化器主导产业的高新技术产业，必须具有一定的产业集聚程度，才能加深前孵化器企业与其他网络成员之间的联系。而前孵化器内的产学研合作越频繁，其社会网络的关系就越稳定，前孵化器企业与前孵化器内外的科研机构、高校等网络成员的关系就越密切。因此，可以选择以下 7 个三级评估细项：在孵企业或团队总数，高新技术企业数量，高新技术产业的集聚度，是否定期举办由大学、科研院所、企业家及相关政府部门等参与的产学研联席会议，与前孵化器有合作关系的高校、科研院所数量，前孵化器内的产业技术联盟数量，在孵企业与国外企业、部门的合作情况。

3. 前孵化的学习管理

前孵化的学习管理，是指前孵化器管理部门针对战略生态位发展所强调的学习过程进行管理的一系列活动。从学习内容上看，包括技术元素、设计规范、市场和顾客偏好、文化和象征意义、基础设施和维护网络、产业和产品网络、法规和政府政策及社会与环境的影响等。在学习方式上，有利用经验教训、创建和刺激实验、共享学习成果等多种方式。有效的前孵化学习管理，应该能够提供科学的学习目标指引和信息交流机会，从而提高企业、科研机构或个人对新技术信息的敏感程度，进而提高学习创新的效率。

前孵化的学习管理，主要是针对一阶学习和二阶学习这两个学习过程进行的管理。一阶学习管理水平和二阶学习管理水平的高低，成为评估前孵化学习管理能力的两个关键二级指标。

（1）一阶学习管理。

一阶学习过程是指在前孵化器内部，企业通过内部学习，对信息进行收集与加工整理，不断增进对当前市场、产品和生产工艺的基本情况的掌握，提升对新市场、新产品的认知水平，并结合自身在经验积累、研发条件等方面的优势，进行新技术项目选择和研发的过程。由于一阶学习过程具有明显的市场导向，前孵化器管理部门不能直接施加管理，而只能通过设立学习目标、明确技术选择方向等方式，引导在孵企业或团队的一阶学习内容与学习方向。

因此，设立学习目标对于实现前孵化器的学习管理过程，推进SNM有重要的意义。前孵化器的形成旨在推进高新技术的孵化及高新技术产业的培育，创新知识的学习在这一过程中显得尤其重要。要实现前孵化器整体的发展目标、协调相关产业的发展，首先就存在着目标指引问题，立足于前孵化器产业发展的需要，设定详细的产业技术发展路线图，可以引导前孵化器企业、科研机构进行技术选择，明确技术学习和创新发展的方向，从而最大可能地聚集有限的创新资源，推进前孵化器的技术创新活动，并通过目标协调保证创新效率。这一指标可分为3个三级细化项目：是否明确前孵化器的技术选择重点，能否为企业、科研机构选择实验项目、扩大实验范围提供政策支持，组织培训和学习的情况。

（2）二阶学习管理。

二阶学习过程是指前孵化器企业通过外部学习，从国内外各种渠道获得与创新技术项目相关的知识与信息的过程。前孵化器企业的二阶学习效果，取决于两个方面：一是前孵化器能否为企业提供完善且丰富的信息检索与应用平台；二是前孵化器企业自身是否具备对知识和信息进行加工利用的能力。前孵化器管理部门实施的二阶学习管理，主要是对前者而言的。

前孵化器应该提供学习技术、基础设施、法规、用户喜好、文化等信息的交流渠道，为在孵企业或团队在科研立项、生产经营、对外贸易、技术引进与出口活动方面提供专利及其他各类信息的检索服务，使在孵企业或团队避免低水平重复研究。因此，该项指标可分为两个三级细化项目：信息检索平台的建设情况；是否有各种形式的信息交流，如交流会。

4. 前孵化的市场培育管理

前孵化的市场培育管理，是指前孵化器管理部门针对处于新兴技术"最原始的市场"——技术生态位阶段的创新技术项目，进行相关市场培育的活动。其目标在于，利用前孵化器的社会网络和学习基础，通过前孵化器管理部门一系列无报酬的技术保护行为（如补贴、税务减免等），提供受保护的空间，推进前孵化器企业新技术项目的孵化与商业化应用过程。

根据创新技术项目所得到的技术生态位保护的来源不同，可以区分为前孵化器企业内部保护与支持、前孵化器提供的外部保护与支持两个层面。因此，对前孵化器管理部门前孵化市场培育管理能力的评估，可以选择以下 3 个二级评估指标：提供外部保护与支持、带动前孵化器企业采取内部保护与支持、加深社会公众对新技术项目的认知与重视程度。这 3 个指标相辅相成，缺一不可，共同满足前孵化器企业新技术项目的生态位发展需要。

（1）提供外部保护与支持。

该指标主要衡量前孵化器管理部门对前孵化器企业创新技术项目提供的外部支持和保护情况。从国外案例的研究中可知，资金支持、基础设施建设、政府购买和补贴等政策措施，不仅能凸显新技术项目的实验示范和带头作用，也将有效引导市场增加对新技术产品的消费，为新技术项目进入市场生态位阶段打下良好的基础。根据前孵化器管理部门对新技术项目提供外部支持与保护的类型，可将该指标进一步划分为以下 4 个三级评估细项：对新技术产品有无政府采购、专项资金拨付情况（相关政府部门）、有无税收减免、有无财政补贴。

（2）带动前孵化器企业采取内部保护与支持行为。

对于技术生态位的新技术项目，不仅需要前孵化器管理部门提供有效的外部保护与支持，也需要前孵化器企业配套采取内部保护与支持行为。有效的外部保护与支持，能推动前孵化器企业积极地采取配套的内部保护与支持。从这一意义上讲，在孵企业或团队对新技术项目采取的内部支持与保护行为，是前孵化器市场培育管理的有效延伸。因而，前孵化器在孵企业或团队的内部支持与保护情况，可视作前孵化器市场培育管理的一个评估指标。根据前孵化器为新技术项目提供保护与支持的种类，可选择以下4个指标作为三级评估细项：是否引导在孵企业管理层逐步重视新技术项目的开展、是否引导进行项目研发资金的配套投入、是否引导进行项目研发人才的配套投入、项目团队的组建情况。

（3）加深社会公众对新技术项目的认知与重视程度。

由于新技术产品最终要进入市场，参与市场的竞争，所以前孵化器管理部门为新技术项目提供的市场培育管理服务，也不能止于供给角度，还应该从市场需求方面着手，加深社会公众对新技术产品的认知和重视。例如，前孵化器管理部门可以通过举办相关专题会议、出台相关文件、考察相关项目实施情况等方式，表明前孵化器管理部门对新技术项目的高度关注程度，并通过新闻媒体的专项报道，间接向社会公众广泛宣传前孵化器新技术项目和产品；或组织新技术产品推介会、交流会等直接向社会公众传达新技术产品的信息。因此，根据新技术产品市场需求培育方式的不同，可选择以下两个三级评估细项：新闻媒体对新技术项目/产品/企业的报道情况、组织各类新技术产品推介会/交流会的情况。

5. 前孵化的市场保护管理

前孵化的市场保护管理，是指前孵化器针对前孵化的获得、保护与应用进行的相关管理活动。从涉及的管理内容上看，等同于狭义层面的前孵化管理。前孵化器的前孵化保护管理，是通过多个部门相互作用、协同管理实现的，对前孵化器以在孵企业或团队为核心的创新主体的创新活动，有很强的推动作用。前孵化管理工作进展得好，创新主体的创新效益和创新热情就高。针对前孵化器市场保护管理进行的评估，主要考虑以下两个二级指标：前孵化的获得、前孵化的交易。

（1）前孵化的获得。

该指标主要是评估前孵化器涉及专利、商标、著作权、商业秘密与技术秘密的前孵化管理情况。在形成相关法律法规的前提下，一般以前孵化的获得情况进行定量分析，主要包括以下4个三级评估细项：专利申请数量、专利授权数量、注册商标数量、登记版权数量。

（2）前孵化的交易。

该指标主要是评估前孵化器内发生的前孵化交易情况，主要包括两种情况：一是前孵化器内企业与内部引进的相关机构之间发生的前孵化交易；二是前孵化器在孵企业与外部机构之间发生的前孵化交易。可以用技术合同登记数量、技术合同成交金额这两个三级评估细项来进行评估。

四、前孵化器的SNM评价实例

1. 应用多层次模糊综合评判模型进行评价

前孵化器SNM评价指标体系的具体评价步骤如下。

（1）应用多层次模糊综合评判法，根据表7-3建立的评价指标体系，从评估要点或细项开始，然后按照二级指标、一级指标的顺序，分别进行递进式的综合评价，在多层次评价过程中，应用德尔菲法来确定各因素指标的权重。

（2）建立各层级指标的评价集 V，三个层级分别建立相应的评价集，都是4个等级，$V=\{V_1, V_2, V_3, V_4\}=\{$优，良，中，差$\}$，对应的分数为95分、85分、75分、65分。

（3）邀请10位专家组成专家小组，运用德尔菲法，采用背对背的方式征询专家小组成员的预测意见，经过几轮征询，使专家小组的预测意见趋于集中，达成各级指标体系一致的权重。

（4）计算模糊评判矩阵 R。

第一，建立单因素模糊评判矩阵 $R\sim i$。

对每一个层级都做出相应的等级评判。全体专家现场打分评判，认为各层级指标 U_{ij} 属于 V_k 评价等级的程度，用优、良、中、差分别打分。例如：有 n 个专家对 Bj 指标在 V 上打分，4个等级选择的频数为 m_{j1}、m_{j2}、m_{j3}、

m_{j4}。

分别是,则指标 B_j 的隶属度为：$\{\frac{m_{j1}}{n}, \frac{m_{j2}}{n}, \frac{m_{j3}}{n}, \frac{m_{j4}}{n}\}$。

从而 R~i 可表示为：$R_i = \begin{pmatrix} r_{i11} & \cdots & r_{i1m} \\ \vdots & \ddots & \vdots \\ r_{in1} & \cdots & r_{inm} \end{pmatrix}$，其中 $0 \leq r_{ijk} \leq 1$；R~i 的行数 n 决定于各 U_i 中所含基因数的个数；R~i 的列数 m 决定于评价集 V 中元素的个数。

第二,多层模糊综合评判对于多层次的综合评判问题。

模糊综合评判过程是由低层次向高层次逐步进行的。首先,根据 A_i 及 R~I,有第二层次的模糊综合评价集：$B = A*R = (b_1, b_2, \cdots, b_n)$。

其中 $b_j = \sum_{i=0}^{n}(a_1 \wedge r_{1j}) \vee (a_2 \wedge r_{2j}) \cdots (j = 1, 2, \cdots n)$ 表示第二层次中,对决定 U_i 中的因素 $U_{ij}(j = 1, 2, \cdots n)$ 进行综合评判时,评价对象 U_i 对各元素 V_k 的隶属度。在上面的基础上,再进行下一层次的模糊综合评价。

（5）计算评价的结果：$C = (b_1, b_2, b_3, b_4)(95, 85, 75, 65)^T$。

2. 案例简介："工匠创客汇"前孵化器

"工匠创客汇"是广东省首批前孵化器试点单位,创业领域类型为工业机器人集成研发、智能控制系统、机器人虚拟教育等,为入驻团队提供包括科研平台、导师辅导、资金支持、行政服务、财税工商及创业创新培训等个性化定制服务。"工匠创客汇"联合社会资本力量,共同建立亿元规模创业投资基金,为优秀入驻项目提供资金支持,为项目产业化提供资本运作解决方案,创造良好的社会、经济效益。同时,全面对接金融机构,实现多渠道融资。通过定期举办科技成果与产业对接会、项目路演等活动,加强创业者与金融机构的对接。引入风投机构对具有市场前景的科技项目进行投资,拓宽"工匠创客汇"入驻团队融资渠道。

"工匠创客汇"作为"政、产、学、研、金、用"六位一体的公共平台服务职能日渐完备,平台效应凸显,共引进国内外高端人才 160 多名,集聚不同类别的重点实验室、全球著名企业的创新创造资源,培育推动 60 多个高端创业团队顺利入驻,吸引社会投资资金超 3 亿元,注册实体 38 家。依托所在的广工大佛山研究院,其中享受创业政策扶持 10 个,获得投融资支持 6 个。在创业实体中，截至 2016 年，有 7 家获高企认定，9 家进入高企培育库，3 家省高新区股权交易中心挂牌，1 家新三板筹备挂牌，10 家获得佛山市创新创业团队资助。基本数据如表 7-4 所示。

表 7-4 "工匠创客汇"基本数据

基本数据（单位）	数量
管理人员的配备情况（人）	32
专兼职导师数量（人）	53
场地面积（平方米）	2 万
进入运营的中介服务机构数量（个）	10
省级以上研发机构数量（个）	3
在孵企业或团队总数（个）	80
高新技术企业数量（个）	7
有合作关系的高校、科研院所数量（个）	31
产业技术联盟数量（个）	2
专项资金拨付情况（相关政府部门）（元）	2000 万
在孵企业与国外企业、高校的合作情况（个）	8
研发经费总额占产品销售收入的比例（%）	21
研发人员占劳动力总数的比重（%）	30
专利申请数量（个）	600
专利授权数量（个）	300
注册商标数量（个）	29
登记版权数量（个）	2
技术合同登记数量（个）	500
技术合同成交金额（元）	3.2 亿

3. 评价实例

邀请了 10 位专家对其进行评价，利用前述的德尔菲法确定权重系数，然后确定了定量指标的客观标准（见附录一），同时对定性指标进行评价（见附录二），结果如表 7-5 所示。

表 7-5　10 位专家对"工匠创客汇"SNM 评价结果

一级指标（权重）	二级指标（权重）	评估要点或评估细项（权重）	优	良	中	差
前孵化的愿景管理（0.7）	形成愿景（0.7）	是否制定前孵化器的发展战略（0.85）	9	1	0	0
		能否确定前孵化器主导产业的技术发展方向（0.15）	5	5	0	0
	组织保障（0.3）	前孵化管理机构的设置情况（0.15）	7	3	0	0
		专职前孵化管理人员的配备情况（0.05）	10	0	0	0
		前孵化管理人员的培训活动（0.1）	5	5	0	0
		与前孵化发展相关的人才、税收、资金等扶持性政策的制定与实施情况（0.05）	7	3	0	0
		落实各级政府行政管理权限情况（0.60）	8	2	0	0
		技术监督、公安、工商、司法等市局外派机构的入驻情况（0.05）	0	3	6	1
前孵化的网络管理（0.05）	网络平台管理（0.5）	专兼职导师数量（0.05）	10	0	0	0
		场地面积（0.1）	10	0	0	0
		进入运营的中介服务机构数量（0.6）	10	0	0	0
		"一站式"行政审批服务的开展情况（0.05）	9	1	0	0
		省级以上研发机构数量（0.05）	0	10	0	0
		投资公司、担保公司、银行等金融机构构建的融资平台发展情况（0.1）	5	5	0	0
		是否组建重点项目的工作团队（或围绕重点项目进行内部的多部门合作）（0.05）	5	5	0	0

续表

一级指标（权重）	二级指标（权重）	评估要点或评估细项（权重）	优	良	中	差
前孵化的网络管理（0.05）	网络成员管理（0.5）	在孵企业或团队总数（0.5）	10	0	0	0
		高新技术企业数量（0.05）	0	10	0	0
		高新技术产业的集聚度（0.05）	9	1	0	0
		是否定期举办由大学、科研院所、企业家及相关政府部门等参与的产学研联席会议（0.05）	9	1	0	0
		与前孵化器有合作关系的高校、科研院所数量（0.05）	10	0	0	0
		前孵化器内的产业技术联盟数量（0.25）	0	10	0	0
		在孵企业与国外企业、部门的合作情况（0.05）	0	10	0	0
前孵化的学习管理（0.15）	一阶学习管理（0.6）	是否明确前孵化器的技术选择重点（0.6）	8	2	0	0
		能否为企业、科研机构选择实验项目、扩大实验范围提供政策支持（0.1）	7	3	0	0
		组织培训和学习的情况（同质性）（0.3）	7	3	0	0
	二阶学习管理（0.4）	信息检索平台的建设情况（0.8）	9	1	0	0
		是否有各种形式的信息交流，如交流会（异质性）（0.1）	9	1	0	0
前孵化的市场培育管理（0.05）	提供外部保护与支持（0.1）	对新技术产品有无政府采购（0.1）	7	3	0	0
		专项资金拨付情况（相关政府部门）（0.7）	10	0	0	0
		有无税收减免（0.2）	8	2	0	0
		有无财政补贴（0.1）	8	2	0	0

续表

一级指标（权重）	二级指标（权重）	评估要点或评估细项（权重）	评价结果 优	良	中	差
前孵化的市场培育管理（0.05）	带动前孵化器企业采取内部保护与支持（0.7）	是否引导在孵企业管理层逐步重视新技术项目的开展（0.7）	7	3	0	0
		是否引导进行项目研发资金的配套投入（研发经费总额、研发经费总额占产品销售收入的比例）（0.05）	0	10	0	0
		是否引导进行项目研发人才的配套投入（在孵企业研发人员总数、研发人员占劳动力总数的比重）（0.2）	0	10	0	0
		项目团队的组建情况（0.05）	9	1	0	0
	加深社会公众对新技术项目的认知与重视程度（0.2）	新闻媒体对新技术项目/产品/企业的报道情况（0.4）	7	3	0	0
		组织各类新技术产品推介会/交流会的情况（0.6）	7	3	0	0
前孵化的市场保护管理（0.05）	前孵化的获得（0.7）	专利申请数量（0.7）	10	0	0	0
		专利授权数量（0.15）	10	0	0	0
		注册商标数量（0.1）	10	0	0	0
		登记版权数量（0.05）	0	0	10	0
	前孵化的交易（0.3）	技术合同登记数量（0.4）	10	0	0	0
		技术合同成交金额（0.6）	10	0	0	0

于是，逐级评判如下。

（1）一级模糊综合评判。

$$R_1 = \begin{pmatrix} 0.9 & 0.1 & 0 & 0 \\ 0.5 & 0.5 & 0 & 0 \end{pmatrix}$$

$$A_1 = (0.85 \quad 0.15)$$

$$B_1 = A_1 * R_1 = (0.85 \quad 0.15 \quad 0 \quad 0)$$

$$R_2 = \begin{pmatrix} 0.7 & 0.3 & 0 & 0 \\ 1 & 0 & 0 & 0 \\ 0.5 & 0.5 & 0 & 0 \\ 0.7 & 0.3 & 0 & 0 \\ 0.8 & 0.2 & 0 & 0 \\ 0 & 0.3 & 0.6 & 0.1 \end{pmatrix}$$

$$A_2 = (0.15 \quad 0.05 \quad 0.1 \quad 0.05 \quad 0.60 \quad 0.05)$$

$$B_2 = A_2 * R_2 = (0.6 \quad 0.2 \quad 0.05 \quad 0.05)$$

$$R_3 = \begin{pmatrix} 1 & 0 & 0 & 0 \\ 1 & 0 & 0 & 0 \\ 1 & 0 & 0 & 0 \\ 0.9 & 0.1 & 0 & 0 \\ 0 & 1 & 0 & 0 \\ 0.5 & 0.5 & 0 & 0 \\ 0.5 & 0.5 & 0 & 0 \end{pmatrix}$$

$$A_3 = (0.05 \quad 0.1 \quad 0.6 \quad 0.05 \quad 0.05 \quad 0.1 \quad 0.05)$$

$$B_3 = A_3 * R_3 = (0.6 \quad 0.1 \quad 0 \quad 0)$$

$$A_4 = (0.5 \quad 0.05 \quad 0.05 \quad 0.05 \quad 0.05 \quad 0.25 \quad 0.05)$$

$$B_4 = A_4 * R_4 = (0.5 \quad 0.25 \quad 0 \quad 0)$$

$$R_5 = \begin{pmatrix} 0.8 & 0.2 & 0 & 0 \\ 0.7 & 0.3 & 0 & 0 \\ 0.7 & 0.3 & 0 & 0 \end{pmatrix}$$

$$A_5 = (0.6 \quad 0.1 \quad 0.3)$$

$$B_5 = A_5 * R_5 = (0.6 \quad 0.3 \quad 0 \quad 0)$$

$$R_6 = \begin{pmatrix} 0.9 & 0.1 & 0 & 0 \\ 0.9 & 0.1 & 0 & 0 \\ 0.7 & 0.3 & 0 & 0 \end{pmatrix}$$

$$A_6 = (0.8 \quad 0.1 \quad 0.1)$$

$$B_6 = A_6 * R_6 = (0.8 \quad 0.1 \quad 0 \quad 0)$$

$$R_7 = \begin{pmatrix} 1 & 0 & 0 & 0 \\ 0.8 & 0.2 & 0 & 0 \\ 0.8 & 0.2 & 0 & 0 \end{pmatrix}$$

$$A_7 = (0.7 \quad 0.2 \quad 0.1)$$

$$B_7 = A_7 * R_7 = (0.7 \quad 0.2 \quad 0 \quad 0)$$

$$R_8 = \begin{pmatrix} 0.7 & 0.3 & 0 & 0 \\ 0 & 1 & 0 & 0 \\ 0 & 1 & 0 & 0 \\ 0.9 & 0.1 & 0 & 0 \end{pmatrix}$$

$$A_8 = (0.7 \quad 0.05 \quad 0.2 \quad 0.05)$$

$$B_8 = A_8 * R_8 = (0.7 \quad 0.3 \quad 0 \quad 0)$$

$$R_9 = \begin{pmatrix} 0.7 & 0.3 & 0 & 0 \\ 0.7 & 0.3 & 0 & 0 \end{pmatrix}$$

$$A_9 = (0.4 \quad 0.6)$$

$$B_9 = A_9 * R_9 = (0.6 \quad 0.3 \quad 0 \quad 0)$$

$$R_{10} = \begin{pmatrix} 1 & 0 & 0 & 0 \\ 1 & 0 & 0 & 0 \\ 1 & 0 & 0 & 0 \\ 0 & 0 & 1 & 0 \end{pmatrix}$$

$$A_{10} = (0.7 \quad 0.15 \quad 0.1 \quad 0.05)$$

$$B_{10} = A_{10} * R_{10} = (0.7 \quad 0 \quad 0.05 \quad 0)$$

$$R_{11} = \begin{pmatrix} 1 & 0 & 0 & 0 \\ 1 & 0 & 0 & 0 \end{pmatrix}$$

$$A_{11} = (0.4 \quad 0.6)$$

$$B_{11} = A_{11} * R_{11} = (0.6 \quad 0 \quad 0 \quad 0)$$

（2）二级模糊综合评判。

第一，前孵化的愿景管理二级模糊综合评判。

$$D_1 = \begin{pmatrix} 0.85 & 0.15 & 0 & 0 \\ 0.6 & 0.2 & 0.05 & 0.05 \end{pmatrix}$$

$$E_1 = (0.7 \quad 0.3)$$

$$F_1 = E_1 * D_1 = (0.7 \quad 0.2 \quad 0.05 \quad 0.05)$$

评判结果：$G_1 = (0.7 \quad 0.2 \quad 0.05 \quad 0.05)(V) = 90.5$。

第二，前孵化的网络管理二级模糊综合评判。

$$D_2 = \begin{pmatrix} 0.6 & 0.1 & 0 & 0 \\ 0.5 & 0.25 & 0 & 0 \end{pmatrix}$$

$$E_2 = (0.5 \quad 0.5)$$

$$F_2 = E_2 * D_2 = (0.5 \quad 0.25 \quad 0 \quad 0)$$

评判结果：$G_2 = (0.5 \quad 0.25 \quad 0 \quad 0)(V) = 68.75$。

第三，前孵化的学习管理二级模糊综合评判。

$$D_3 = \begin{pmatrix} 0.6 & 0.3 & 0 & 0 \\ 0.8 & 0.1 & 0 & 0 \end{pmatrix}$$

$$E_3 = (0.6 \quad 0.4)$$

$$F_3 = E_3 * D_3 = (0.6 \quad 0.3 \quad 0 \quad 0)$$

评判结果：$G_3 = (0.6 \quad 0.3 \quad 0 \quad 0)(V) = 82.5$。

第四，前孵化的市场培育管理二级模糊综合评判。

$$D_4 = \begin{pmatrix} 0.7 & 0.2 & 0 & 0 \\ 0.7 & 0.3 & 0 & 0 \\ 0.6 & 0.3 & 0 & 0 \end{pmatrix}$$

$$E_4 = (0.1 \quad 0.7 \quad 0.2)$$

$$F_4 = E_4 * D_4 = (0.7 \quad 0.3 \quad 0 \quad 0)$$

评判结果：$G_4 = (0.7 \quad 0.3 \quad 0 \quad 0)(V) = 92$。

第五，前孵化的市场保护管理二级模糊综合评判。

$$D_5 = \begin{pmatrix} 0.7 & 0 & 0.05 & 0 \\ 0.6 & 0 & 0 & 0 \end{pmatrix}$$

$$E_5 = (0.7 \quad 0.3)$$

$$F_5 = E_5 * D_5 = (0.7 \quad 0 \quad 0.05 \quad 0)$$

评判结果：$G_5 = (0.7 \quad 0 \quad 0.05 \quad 0)(V) = 71.25$。

（3）三级模糊综合评判。

$$H = \begin{pmatrix} 0.7 & 0.2 & 0.05 & 0.05 \\ 0.5 & 0.25 & 0 & 0 \\ 0.6 & 0.3 & 0 & 0 \\ 0.7 & 0.3 & 0 & 0 \\ 0.7 & 0 & 0.05 & 0 \end{pmatrix}$$

$$I = (0.7 \quad 0.05 \quad 0.15 \quad 0.05 \quad 0.05)$$

$$J = (0.7 \quad 0.2 \quad 0.05 \quad 0.05)$$

综合评价结果：$C = (0.7 \quad 0.2 \quad 0.05 \quad 0.05)(V) = 90.5$。

因此，"工匠创客汇"前孵化器的 SNM 综合评价为 90.5 分，属于 SNM

能力比较好的前孵化器。二级评判得分方面，愿景管理评价得分为 90.5 分，网络管理评价得分为 68.75 分，学习管理评价得分为 82.5，市场培育管理评价得分为 92 分，市场保护管理评价得分为 71.25 分，均显示了较好的管理水平。但就前孵化器内部而言，网络管理和市场保护管理相对不足，可以有更多的提升举措，进一步促进前孵化器 SNM 能力的提升。

第八章　基于SNM理论的前孵化器运行效率实证分析

前面几章主要针对前孵化器的运行机制，结合SNM理论进行推理和分析，从规范研究的角度开展有关前孵化器运行共性规律的探讨，本章主要目的是验证分析理论研究前孵化器运行机制的合理性。前孵化器属于新生事物，目前从发展现状和问题不足等理论角度探讨的比较多，定性研究和实证研究相对比较多，本章基于不同的功能维度对前孵化器进行运行效率的实证研究，有着较为重要的理论及实践意义。

本章以广东省500多个前孵化器的实证数据为例，运用SFA方法进行实证研究，分析前孵化器的运行效率和两次跨越阶段的创新和创业效率，识别影响前孵化器运行效率的主要因素及作用机理，系统地把握前孵化器创新创业的运行规律，并对本书的相关理论研究结论进行了论证。

第一节　理论假设和研究方法

一、理论假设

从前面几章的理论探索可知，前孵化器的发展是经过生态位二次跨越，同时是一种重心前移的全程孵化，受到政府、企业和高校各参与主体的开放式创新协同影响。本章基于SNM理论的前孵化器发展路径的理论研究，拟通过实证分析的结果，依据前孵化器的投入产出效率验证分析前孵化器这一发展路径，探讨如何更加优化。

二、研究方法

研究采用的是 SFA 方法。SFA 模型首先由 Aigner、Lovell 和 Schmidt 等人（1977）提出，其背后的思想是生产单位不能完全控制其实际产出与其生产—前沿的偏离。

在确定性生产前沿的分析框架下，一些外部事件，比如生产设备失误或恶劣天气等均可能归于技术无效率项。更有甚者，任何模型设定如存在偏误或相关变量的测量有误差（包括产出）都或许会增加所计算的技术无效性，这将是所有确定性前沿设定的不足。在 SFA 模型的分析架构下，指定的每一个生产单位都面临符合自身的生产前沿，其纳入一个随机项，用来捕捉生产单位无法调控的随机因素。早期的研究中，SFA 模型主要应用于横截面数据，本书将采用 Jondrow 等人提出的 JLMS 方法估计前孵化器效率。

基于随机前沿生产函数的 JLMS 方法认为，往往我们假定一个生产函数，根据该函数中的误差项的不同，采取不同的技术方法来估计生产函数中的参数，最后可以得到全要素生产率（Total Factor Productivity，TFP）的增长率。

根据 Kumbhakar 和 Lovell（2000）的定义，SFA 模型的一般形式可以表示为：$lny_i = f(lnx) + v_i - u_i$。

其中 y_i 是公司 i 的产出，u_i 表示由技术效率带来的误差，x 是投入要素向量，服从独立同分布，且满足 $N(0, \sigma_u^2)$。u、v 之间相互独立。

给出所有公司的投入和产出，公司 i 的生产效率可以通过下式进行估计：$\ln \hat{y}_i = f(\ln x) - u_i$。

生产绝对有效（即不存在无效的情况）的定义如下：$\ln y^* = f(\ln x)$。

因此，公司 i 的技术效率表示为：$\ln TE_i = \ln \hat{y}_i - \ln y^* = -u_i$。

如果考虑时间 t，则随机前沿模型的表示为：$y_{it} = f(x_{it}, \tau) \exp(v_{it} - u_{it})$。

其中，y_{it} 表示生产 i 在时期 t 的产出；x_{it} 表示要素投入额；τ 表示前沿技术进步所需的时间趋势变量；$f(\cdot)$ 表示具有完全效率时的最大经济产出额，也是生产者技术的前沿；u_{it} 表示技术无效率项，并且 $u_{it} \geq 0$，代表的是技术非效率造成的实际产出额 y_{it} 与可能产出最大额 $f(x_{it}, \tau)$ 之间的距离，$exp(-u_{it})$ 即为技术效率 TE；v_{it} 是随机可能误差值，表示由统计误差或不可调控因素等造成的不定因素随机扰动。

上述随机模型的基本含义是：个别生产者无法达到生产函数前沿，是由于受随机扰动和技术非效率这两个因素的影响。虽然这两个随机变量值都是无法通过观测得到的，但是适当定义的随机扰动只是一个白噪声，且通过多次观测的值得出其所有观测值的均值为零，因而个别生产者的技术效率 TE 可以用样本中该生产者产出的期望与随机前沿的期望的比值来确定，即：

$$TE = \frac{E[f(x)\exp(v-u)]}{E[f(x)\exp(v-u)|u=0]} = \exp(-u)。$$

生产函数反映的是在既定的生产技术条件下投入和产出之间的数量关系。常用的生产函数有柯布 – 道格拉斯生产函数（Cobb-Douglas 生产函数，即 C-D 生产函数）、固定替代比例生产函数、固定投入比例生产函数和超越对数生产函数。

第二节 数据说明与变量选取

一、变量选取

在 SFA 方法的应用方面，唐德祥、李京文等（2008）运用 SFA 方法研究了国内三大经济区域研发与技术效率之间的内在关系，以及地区性差异。韩晶（2010）运用 C-D 生产函数 SFA 对中国高技术产业创新效率进行了实证分析。根据 SNM 理论，前孵化器经历了两次跨越从而实现效率提升，一是从技术生态位到市场生态位的第一次跨越，二是从市场生态位到范式生态位的第二次跃迁过程。其中第一次跨越过程是创新效率阶段，即前孵化器在孵企业或团队通过知识创新和科技研发资源（科技人员、资本、设备等）的投入，形成专利、论文等创新成果的阶段；第二次跨越过程是技术创新成果转化为商品应用阶段，即在孵企业或团队积聚更多的创业资源，通过获得政府资金支持或市场的投融资参与，促使内外和外部引入的科技成果实现产业化。结合前文的总结，两次跨越过程的投入产出变量指标选取建构模型如下（见图 8-1）。

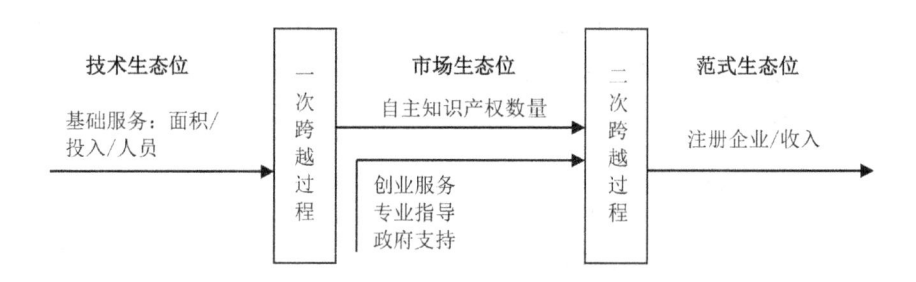

图 8-1　前孵化器投入产出两次跨越过程变量指标构建

1. 前孵化器的投入指标

（1）基础服务维度。

该维度主要从人、财、物三方面进行考虑，选取的指标主要包括前孵化器的总面积、服务在孵企业和创业团队的工作人员数量，以及主管部门为了运营前孵化器投入的成本。前孵化器和高校研发设备为在孵企业提供了共享的服务平台，这种模式更像由相关机构和创新企业组成的组织网络系统，该网络系统包括了多方面的主体，例如前孵化器的管理人员、相关咨询机构、创新企业及其员工、高校和科研机构、行业协会和专业服务的提供者等。

（2）专业指导维度。

专兼职的创业导师队伍。根据 SNM 理论的全程孵化管理，前孵化器的重心前移，因此，作为专兼职的创业导师的知识传授和指导也是非常重要的。导师重点关注并指导前孵化器对科技成果的产业转化以及在孵团队成员创业技能培训，创新精神的发扬，前孵化器的实验设备、高素质导师和优秀成员构成的人力资本等要素，在很大程度上能够提升在孵企业和团队的价值。

（3）创业服务维度。

服务创业团队和初创企业数量。不同参与主体主要是从前孵化器对科技成果的产业转化和学生创新创业技能培训等方面对前孵化器功能和运作流程产生影响。做好创业服务，不仅能够帮助高校研究人员或者海外留学人员将科学创新成果直接"带土移植"，而且为进一步的创新技术升级和功能拓展积累了丰富的原始材料，从而实现知识流、技术流和信息流在科技创新企业与高校、科研机构之间的良性循环，创造良性循环的产学研创新效应。

2. 前孵化器的产出指标

在对前孵化器的效率进行评价之前，综合国内外学者的一些提法，借鉴科技企业孵化器的功能目标，把前孵化器的效率划分为3个维度。

（1）运行效率维度。

随着技术的发展和社会需求的倒逼，以盈利为目的的孵化器数量增多。为了达到收支平衡，实现可持续发展，越来越多具有公立性质的企业孵化器也逐渐开始关注如何获取盈利。钟卫东（2008）认为孵化器的营利性与其提供非营利的服务并不相互排斥。孵化器的营利性为其提供更为周到的服务提供了物质基础，也只有当孵化器盈利状况良好时，才能保障为初创企业提供更好的服务，从而实现其非营利性的目标。Alen 和 Cluskey（2015）认为，通过实证分析，可以促进孵化器绩效评价的发展。孙大海（2009）通过实证研究提出，国内科技型企业孵化器普遍存在资金投入大但利用效率低，且财务运行不佳等问题，无法实现资源的合理配置。应当通过盈利来促进资源最大限度的高效利用，从而促进企业孵化器的良性运作。赵黎明（2012）认为，企业孵化器在保持公益性的同时，适当地追求利润是非营利性孵化器发展的重要方向。

（2）创新效率维度。

促进科技成果的转移转化和研究商业化是企业孵化器普遍认可的重要方

向之一，这一点对于前孵化器尤其重要。传统的观点认为，创新型企业孵化器具有三个最重要的功能，包括增加就业和促进当地经济社会发展、实现技术转移以及研究成果产业化和商业化发展。前孵化器是把各类人才集聚、将各种知识整合起来从而加速技术成果商业化的工具。目前，利用前孵化器促进和推动创新团队和创新型企业进行技术创新已经取得显著成效。在我国，发展主要为科技型企业服务的前孵化器，主要目的就在于推动创新技术发展、技术扩散和产业化发展。而科技部颁布的《科技企业孵化器认定与管理办法》中，明确规定科技企业孵化器是以促进科技成果转化为宗旨的科技创业服务载体，在在孵企业毕业机制方面也明确规定毕业企业需要有自主知识产权。因此，前孵化器的自主知识产权和技术创新成效归到了"创新效率"这一维度。

（3）创业效率维度。

新创企业通常是当地经济、就业的重要来源，也是创新技术的重要动力，对经济繁荣和社会科技发挥功能具有不可或缺的作用。但是，由于缺乏管理经验、资金来源有限、企业规模过小等原因，导致新创的科技型中小企业面临极大的失败风险。对此，前孵化器作为政府扶持科技型中小企业发展的重要政策工具，主要目的就是通过提供相应的"保护罩"式的创业服务，提高企业的存活率。由此可见，尽管企业孵化发展日渐呈现多元化的趋势，但是仍存在一个共同的目标——提高新创孵化企业的存活率。国内外许多著名的孵化机构，例如美国企业孵化器协会、英国企业孵化器以及中国的科技主管部门，都把促进初创企业的存活率作为孵化器的一个重要功能。孵化器的作用在于将想法转化成一个有技术竞争力和生产力的组织（Grilo，2015）。另外，很多企业孵化器还兼有帮助企业家创业的功能，尤其在大学科技园中这一功能更加明显。因此，帮助前孵化器在孵企业或团队创业以及培养企业家，都归到了"创业效率"这一维度。

3. 控制变量

（1）政府支持维度。

主要是财政支持的额度。在创新体系中，政府这一主体并不直接参加创新过程。但是在区域创新系统中，政府起着举足轻重的地位。Roberto 和 Giuseppina（2016）认为孵化器的可持续发展，需要政府部门通过建立高校、科研机构及政府相关组织协同的资源共享来实现。政府可以通过制定相关政策和法律法规、主导建设创新园区和孵化器、减免税收等措施，引导、协调和激励设立创新型企业，有效吸引创新人才，积累创新资源，推动创新网络的建立，维持创新系统的有效运转；同时，通过评估设立重大科技项目，出台配套激励政策和措施，有效引导区域创新方向。而作为地方的主要管理者和监督者，政府不仅要促进企业的良性竞争，规范竞争行为，还要搭起企业与高校之间的沟通桥梁，积极推动产学研合作平台建设，促进创新主体的合作。

（2）市场引导维度。

在孵企业或创业团队获得投融资的数量和金额。多元化的参与主体不仅能为进入前孵化器的企业提供有针对性的、完善且高质量的基础设施设备以及专业性强的咨询和服务，而且搭建了各种中介服务平台，提供股权多元化的投融资服务，甚至提供市场渠道的潜在客户，更好地实现科技成果转化以及帮助初创企业和创业团队成长，提高孵化的成功率。

（3）入驻时长维度。

创业项目平均入驻周期。Allen（1990）通过对上百家企业孵化器管理者进行调查，发现入驻孵化器的年限和规模是影响产出绩效的重要因素。在孵企业或创业团队进入前孵化器需要一定的优胜劣汰机制，通过准入和退出管理，促进前孵化器的良好运转。

二、数据来源及处理

本书使用了 2016 年广东省 511 个前孵化器的数据（来源于广东省科技厅，截至 2016 年 12 月 31 日）。采用前孵化器的总收入作为运行效率的产出指标，常驻企业和在孵团队的知识产权数量作为创新效率的产出指标，新注册企业数量作为创业效率的产出指标；采用前孵化器的总面积、运营成本和服务人员数量作为衡量基础服务的指标，服务创业团队和初创企业的数量作为创业服务的投入指标，专兼职导师队伍人数作为衡量专业指导投入的指标，创业项目的平均入驻时长作为服务时长指标；采用获得投融资的在孵团队及企业数量、在孵团队及企业当年获得的投融资总额和享受财政资金支持额度作为调节指标。详细如表8-1所示。

表 8-1　前孵化器效率指标体系

投入指标	产出指标	调节指标
基础服务（前孵化器的总面积、运营成本和服务人员数量）	创新效率（常驻企业和在孵团队知识产权数量）	政府支持（享受财政资金支持额度）
专业指导（专兼职导师队伍人数）	创业效率（新注册企业数量）	市场引导（在孵团队及企业当年获得的投融资总额）
创业服务（服务创业团队和初创企业的数量）	运行效率（前孵化器的总收入）	服务时长（创业项目的平均入驻时长）

本书使用的数据都采用Stata（Stata Inc，2005）软件进行了最优化。

第三节　实证分析结果

本章采用Jondrow等人提出的JLMS方法估计技术效率，由于模型中包括3个因变量，因此表8-2、表8-3和表8-4分别表示前孵化器运行效率、前孵化器创新效率、前孵化器创业效率的回归结果，模型为对控制变量的回归结果，均加入了融资\政府支持\入驻时长变量为调节效应检验。模型中的正号表示正向影响、负号表示负向影响，具体的结果如下。

一、前孵化器运行效率

利用 SFA 模型，对广东省前孵化器运行效率进行评价，结果如表 8-2 所示。

表 8-2 基于 SFA 模型的前孵化器运行效率参数估计结果

	变量	Beta	t
基础服务回归	投入 – 面积	0.160	2.827***
	投入 – 资金	0.711	17.807***
	投入 – 人员	0.250	3.420***
融资及政府支持中介效应检验	投入 – 面积	0.182	3.567***
	投入 – 资金	0.720	17.613***
	投入 – 人员	0.310	3.840***
	中介 – 融资企业数	−0.029	−0.895
	中介 – 融资金额	−0.000	−2.183**
	中介 – 政府支持	−0.000	−0.310
入驻时长中介效应检验	投入 – 面积	0.136	2.269**
	投入 – 资金	0.736	17.325***
	投入 – 人员	0.244	3.328***
	中介 – 时长 1	−0.394	−1.250
	中介 – 时长 2	−0.574	−1.513
	中介 – 时长 3	−5.426	−0.944

续表

	变量	Beta	t
入驻时长与融资及政府支持中介效应检验	投入－面积	0.159	2.347**
	投入－资金	0.732	17.728***
	投入－人员	0.273	3.308***
	中介－融资企业数	−0.050	−1.223
	中介－融资金额	−0.000	−1.112
	中介－政府支持	0.000	1.879*
	中介－时长1	−0.431	−1.341
	中介－时长2	−0.521	−1.269
	中介－时长3	−5.286	−1.184
产出效率均值		0.3211	

注：* 表示在10%显著水平下具有统计显著性；** 表示在5%显著水平下具有统计显著性；*** 表示在1%显著水平下具有统计显著性。对无效率项的估计模型中，各个系数表示各个变量对无效率项的影响，负的变量系数表示对效率存在正向的影响。（N=511）

由表8-2的结果来看，前孵化器的投入与产出与理论基本相符。

（1）前孵化器总面积、运营成本投入和服务人员数量3种基础服务与总的运行效率之间呈现显著的正相关关系，投入越多，产出越多。

（2）加入市场引导和政府支持中介变量后，只有市场引导的融资金额有显著的调节作用，对运行效率有显著的正向影响。获得融资金额的在孵企业或团队数量，以及获得政府引导资金支持的数量，对运行效率也有正向的影响，但没有达到显著的意义。

（3）加入入驻周期作为中介变量后，对运行效率的正向影响没有达到显著的效应。

（4）加入市场引导、政府支持和入驻周期三种中介变量后，需要注意的是，政府引导资金的获得，具有10%显著水平的负向影响，即入驻周期越长，获得政府引导资金越多，反而让总体运行效率降低。

由表 8-2 可知，前孵化器的运行效率均值为 0.3211，基于核密度估计（Kernel density estimate），结果如图 8-2 所示。

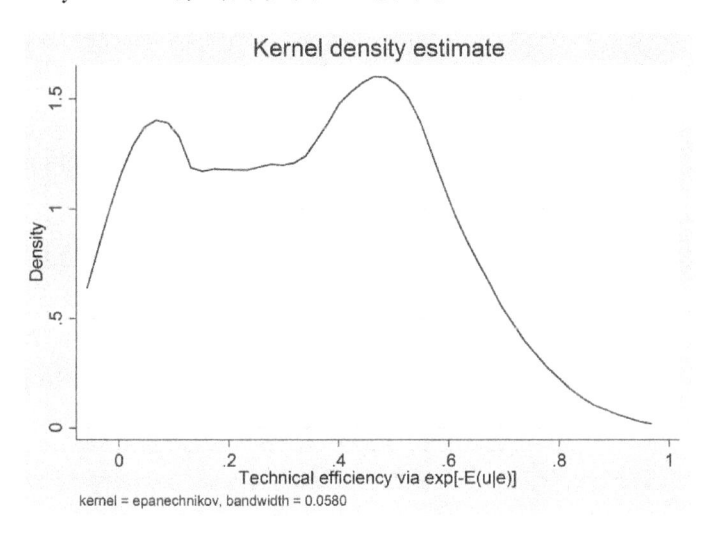

图 8-2 前孵化器运行效率核密度估计

由图 8-2 可以看出，前孵化器运行效率主要分布在双峰的区域，第一个峰为 0.1 左右，第二个峰为 0.5 左右，这说明前孵化器产出效率在广东省的分布呈现双极分布的趋势。

二、前孵化器创新效率

利用 SFA 模型，对广东省前孵化器创新效率进行评价，结果如表 8-3 所示。

表 8-3 基于 SFA 模型的前孵化器创新效率参数估计结果

	变量	Beta	t
基础服务及创业服务回归	投入－面积	0.109	1.658*
	投入－资金	0.119	3.274***
	投入－人员	−0.043	−0.584
	服务－年度服务创业团队	−0.525	−2.313***
	服务－常驻服务创业团队	0.276	1.918*
	服务－累计服务创业团队	0.389	2.033**
	服务－年度服务初创团队	−0.054	−0.254
	服务－常驻服务初创团队	0.270	1.810*
	服务－累计服务初创团队	0.166	0.906
融资及政府支持中介效应检验	投入－面积	0.098	1.544
	投入－资金	0.110	3.184***
	投入－人员	−0.036	−0.486
	服务－年度服务创业团队	−0.514	−2.269**
	服务－常驻服务创业团队	0.252	1.748*
	服务－累计服务创业团队	0.417	2.171**
	服务－年度服务初创团队	−0.065	−0.311
	服务－常驻服务初创团队	0.283	1.886*
	服务－累计服务初创团队	0.160	0.875
	中介－融资企业数	0.017	1.378
	中介－融资金额	0.000	0.885
	中介－政府支持	0.000	0.934
入驻时长中介效应检验	投入－面积	0.099	1.563
	投入－资金	0.113	3.202***
	投入－人员	−0.046	−0.619
	服务－年度服务创业团队	−0.540	−2.403**

续表

	变量	Beta	t
入驻时长中介效应检验	服务 – 常驻服务创业团队	0.259	1.816*
	服务 – 累计服务创业团队	0.414	2.176**
	服务 – 年度服务初创团队	−0.019	−0.090
	服务 – 常驻服务初创团队	0.293	1.843*
	服务 – 累计服务初创团队	0.136	0.739
	中介 – 时长1	0.033	0.208
	中介 – 时长2	−0.170	−0.937
	中介 – 时长3	0.075	0.229
融资及政府支持、入驻时长中介效应检验	投入 – 面积	0.105	1.663*
	投入 – 资金	0.112	3.234***
	投入 – 人员	−0.046	−0.629
	服务 – 年度服务创业团队	−0.537	−2.366**
	服务 – 常驻服务创业团队	0.243	1.682*
	服务 – 累计服务创业团队	0.440	2.289**
	服务 – 年度服务初创团队	−0.061	−0.283
	服务 – 常驻服务初创团队	0.295	1.965**
	服务 – 累计服务初创团队	0.145	0.788
	中介 – 融资企业数	0.016	1.302
	中介 – 融资金额	0.000	0.883
	中介 – 政府支持	0.000	1.026
	中介 – 时长1	−0.071	−0.341
	中介 – 时长2	−0.319	−1.262
	中介 – 时长3	−0.249	−0.649
创新效率均值	0.0427		

注：* 表示在10%显著水平下具有统计显著性；** 表示在5%显著水平下具有统计显著性；*** 表示在1%显著水平下具有统计显著性。对无效率项的估计模型中，各个系数表示各个变量对无效率项的影响，负的变量系数表示对效率存在正向的影响。（N=511）

由表 8-3 可知：

（1）前孵化器总面积、运营成本投入与创新效率之间呈现显著的正相关关系，投入越多，自主知识产权产出越多。服务在孵企业和创业团队方面，服务常驻的初创企业或团队与创新效率之间呈现显著的正相关关系。值得注意的是，当年服务创业团队总数方面，与创新效率呈现显著的负相关关系。

（2）加入入驻周期、市场引导和政府支持中介变量后，对创新效率的影响没有达到显著的效应。

由表 8-3 可知，前孵化器的产出效率均值为 0.0427，基于核密度估计，结果如图 8-3 所示。

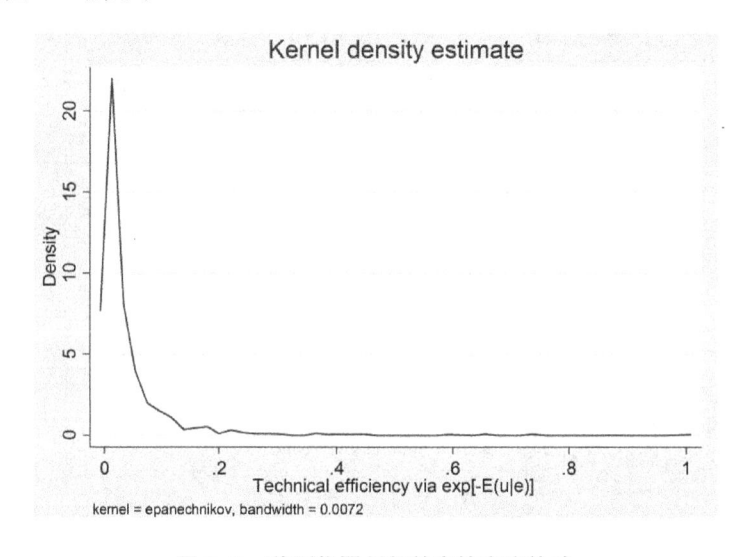

图 8-3　前孵化器创新效率核密度估计

由图 8-3 可以看出，广东省前孵化器的创新效率（自主知识产权产出率）主要分布在 0~0.1 的区间，说明效率很低，基本处于无效状态，这表明前孵化器在促进在孵企业或团队获得自主知识产权方面的工作现状不佳，需要提升；另一方面，也可能与当前前孵化器创业团队的流动性有一定关系，没有达到一定的入驻周期，前孵化器的创新支持系统没有发挥作用，等达到一定条件，又开始离开前孵化器，进入企业孵化器或高新区孵化园。

三、前孵化器创业效率

利用 SFA 模型，对广东省前孵化器创业效率进行评价，结果如表 8-4 所示。

表 8-4 基于 SFA 模型的前孵化器创业效率参数估计结果

	变量	Beta	t
基础服务与专业指导回归	投入 – 面积	0.176	4.180***
	投入 – 资金	0.103	4.427***
	投入 – 人员	−0.032	−0.646
	指导 – 导师人数	0.237	5.067***
融资及政府支持中介	投入 – 面积	0.168	3.979***
	投入 – 资金	0.102	4.427***
	投入 – 人员	−0.032	−0.632
	指导 – 导师人数	0.232	4.977
	中介 – 融资企业数	0.009	0.991
	中介 – 融资金额	−0.000	−1.512
	中介 – 政府支持	0.000	0.348
入驻时长中介	投入 – 面积	0.177	4.237***
	投入 – 资金	0.096	4.092***
	投入 – 人员	−0.038	−0.797
	指导 – 导师人数	0.241	5.152***
	中介 – 时长 1	0.253	1.552
	中介 – 时长 2	−0.049	−0.271
	中介 – 时长 3	0.112	0.341
创业效率均值		0.9966	

注：* 表示在 10% 显著水平下具有统计显著性；** 表示在 5% 显著水平下具有统计显著性；*** 表示在 1% 显著水平下具有统计显著性。对无效率项的估计模型中，各个系数表示各个变量对无效率项的影响，负的变量系数表示对效率存在正向的影响。（N=511）

由表8-4可知：

（1）前孵化器总面积、运营成本投入与创业效率之间呈现显著的正相关关系，投入越多，注册企业数量越多。专业指导方面，前孵化器的专业指导与创业效率之间呈现显著的正相关关系，前孵化器的创业导师数量越多，注册企业数量越多。

（2）加入入驻时长、融资及政府支持中介变量后，对创业效率的影响没有达到显著的效应。

由表8-4可知，前孵化器的创业效率均值为0.9966，基于核密度估计，结果如图8-4所示。

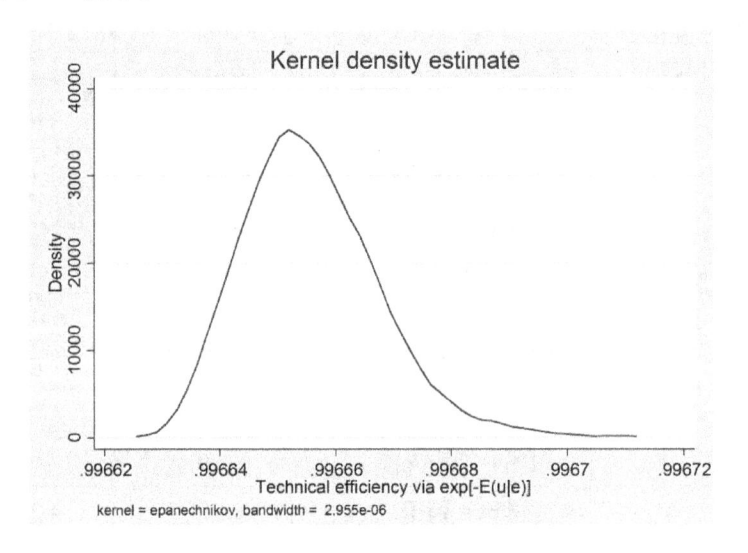

图8-4　前孵化器创业效率核密度估计

由图8-4可以看出，广东省前孵化器的创业效率主要分布在接近于1的区间，说明效率很高，基本处于理想效率状态，这表明全省前孵化器在促进在孵团队新注册企业方面做得比较好。

第四节　讨论与建议

一、基础服务能力和投融资能力是提升前孵化器运行效率的核心能力

根据模型估计结果，前孵化器的软硬件基础设施建设越好，越能推动前孵化器的产出效率提升。服务能力是前孵化器运营效率最基本的保障能力，主要体现在前孵化器软硬件建设水平之上，包括固定资产和人力资源等要素的投入情况，具体指标包括：前孵化基地的总面积、入驻且常驻团队和企业使用面积比例、服务工作人员数量、创业教育培训场次、举办创新创业服务活动场次、创业导师数量、专职导师占全部创业导师的比例等。

而根据模型结果，投融资能力起到显著的调节影响作用，同时以市场机制转化、专业化服务转型和资本投资途径转变等为基础，创业最看重的是资金、资源和配套的创业服务，因此，前孵化器的盈利水平和可持续发展主要体现在前孵化器的投融资能力上，除了获得投资总额，往后的扩展可以具体到种子资金总额、天使投资总额、ABC三轮融资构建等。

前孵化器是深化产学研合作机制创新的重要体现，前孵化器除了提供必要的技术设备、办公场地、研究支持等条件以外，还应当创新管理机制，突破固有的限制，构建专业化管理体系，组建专业的管理队伍，在法律、财务、投融资等专业领域为入驻的创新创业团队和企业提供具体、定制式的前孵化服务。同时，应当通过设立天使投资等资金项目对符合条件的孵化项目进行投资，通过股权等方式加强前孵化器与孵化项目的互动，构建共赢机制，从而实现双方的共同发展。

加强前孵化器与外部创投机构以及传统商业孵化器的对接与联系。通过与外部创投机构和传统商业孵化器的对接，可以为前孵化器中的入驻团队或项目获得更大的风投或进入传统商业孵化器的机会，从而使创新创业

团队能够得到接续孵化，使前孵化器的功能和成果得到更有效的发挥和巩固。

根据模型结果，入驻周期越长，获得政府引导资金越多，反而让总体运行效率降低。不排除有前孵化器的在孵企业或团队通过各种方式只为获得政府财政支持，因此，建议要更加强化前孵化器投融资服务，加大金融支持力度。比如大力发展创业风险投资，鼓励地方设立创业投资引导基金；支持创新企业发行各类债券；支持银行与证券、保险、信托等机构合作，为创新企业提供投融资服务等。2014 年 12 月国务院常务会议已经明确要在更大范围推广科研项目经费管理改革、非上市中小企业通过股份转让代办系统进行股权融资、扩大税前加计扣除的研发费用范围、股权和分红激励、科技成果使用处置和收益管理改革等政策，这些政策的配套需进一步结合实践，落实到前孵化器中去，促进在孵企业或团队融资能力的发展。

二、加强技术导向，提升前孵化器创新效率

模型显示，全省前孵化器的创新效率较低，体现为在孵企业或团队的自主知识产权产出低下，但服务常驻的初创企业或团队与创新效率之间呈现显著的正相关关系。这与当前前孵化器的创业团队的流动性有一定关系，没有达到一定的入驻周期，前孵化器的创新支持系统没能有效地发挥作用。

前孵化器的创业导师的投入对创业效率的提升作用明显，因此要在研究孵化和技术扩散对创新的作用基础上，加强创新文化培育和创新政策改进等，建设和创新服务供给。比如充实创新型的导师队伍，加强技术型教授和企业家资源整合，促进创业教育师资队伍的创新专业化。

完善技术支撑，整合资源加强共享。充分利用现今的科技大市场，为创新创业者提供丰富的行业技术成果信息和交易服务；建立健全技术资源整合与共享机制；鼓励高校及科研院所以及具有先进设备仪器的企业向创新创业者开放相关科研设施和文献等资源，实现资源的共享与高效利用。

建立完善前孵化器高层次技术人才分类评价体系。第一，要实行分类评

价，不同类型研究人员评价的重点各不相同。对于基础研究人员，评价应当以研究催生重大原创性成果为重点；对于应用研究人员，其评价体系应当以研发具有自主知识产权和重大技术的突破为重点；对于软科学研究人员，其评价应当侧重服务决策需求；而对于从事科技服务、技术转移等科技活动的人员，应当以实际贡献和社会经济效益为标准；对于前孵化器技术创新团队，应当考虑其所解决的重大科技问题能力与合作机制；对于前孵化器创新机构（平台、基地），应当以综合绩效和开放共享为重点；对于从事技术服务和支持的科技活动人员的评价，则以服务质量与实际效果为重点。第二，实行开放的分类评价。针对应用研究，强调要引入用户、市场和专家等相关第三方参与评价；对于基础研究，由于需要同行评价，应大力加强国际同行评价；而对于从事技术转移的人员，应当引入市场要素评价。

从市场的角度来讲，要充分发挥市场配置创新资源的决定性作用。以市场为导向，发挥市场对技术研发方向、路线选择、要素价格、各类创新要素配置的导向作用，促进技术创新要素以市场需求为主要方向。同时要搭建资源信息整合服务平台，通过聚集和整合跨区域、跨行业、跨部门的多类型创新资源，运用信息化方式为在孵企业和创业团队提供创新资源智能查询与自动推送服务，增强各创新主体对创新资源信息的获取能力，并降低信息收集成本，进而实现资源共享。

促进前孵化创新项目的健康有序发展，必须制定和健全法律法规体系以及相应的知识产权保护政策。可以学习国外先进经验，例如美国《拜杜法案》《全国竞争技术转移法案》等系列法律法规，完善我国科研成果技术转移的相关法规政策。细化及明确职务发明创造的收益分配和激励的促进制度，激发前孵化项目团队的创造力，推动重大发明的产生和生产力转化。不断加强政府、高校、科研机构、企业之间政产学研的合作，共同致力于科学研究的目标，将研究成果转化为生产力，促进技术主导型企业的创办与发展。针对商业模式等新形态创新成果，研究建立相应的知识产权保护办法。第一，为推进知识产权交易，需要加快建立全国性知识产权运营公共服务平台；第二，进一步完善知识产权快速维权以及维权援助的相关机制，从而缩短确权审查和侵权处理的周期；第三，完善权利人维权机制，对权利人举证责任进行合理划分，同时完善行政调解等非诉讼纠纷解决途径；第四，加强对反复侵权、恶意侵权等行为的处罚力度，探索合理的惩罚性赔偿制度。

三、继续强化创业导向，提升前孵化器创业效率

模型显示，全省创业效率主要分布在接近于 1 的区间，说明效率很高，基本处于理想效率状态，说明全省前孵化器在促进在孵团队新注册企业方面做得比较好。前孵化器的专业指导与创业效率之间呈现显著的正相关关系，前孵化器的创业导师数量越多，注册企业数量越多。

在此基础上，充分整合前孵化器内外协同创新平台等各类资源，探索以构建多层次知识链条、多元师资队伍链条、多阶段实践和孵化链条、多方资金链条等多个维度为重点，全过程、全链条的创新创业教育新模式与新思路，对在孵企业和创业团队进行指导。可以围绕前孵化器的专业学科领域的高层次专家的创新创业实践，建设好相应的智库顾问和补充师资团队。比如建立创新创业咨询专家委员，从理论研究和实践应用两个层面，聘请与前孵化器发展方向有重大关联的相关组织机构负责人担任咨询专家，包括政府部门负责人、著名企业家、产业界精英、创业成功人士、知名媒体负责人、著名学者等，同时利用优秀导师资源，结合资深的创业指导专家学者、成功创业的企业家，共同组建一支创新与创业相结合的创新创业导师团队，对前孵化器的创新创业实践工作进行研究、咨询和指导。

实施政府激励政策。一是加强政府财政资金支持和统筹力度，特别是各类支持小微企业发展和创业创新的资金也要覆盖到前孵化器上来，同时要加强资金使用绩效评价；同时出台相关政策鼓励制定前孵化器软硬件设施优惠政策。二是建设覆盖前孵化器各类创业项目的税收优惠体系。统筹研究前孵化器中包括天使投资在内的投资方的税收支持政策，落实扶持中小微科技企业发展的各项税收优惠政策，例如固定资产加速折旧、研发费用加计扣除，

等等，从税收角度刺激前孵化器中的科技项目落地，孵化成具有产业化生产潜力的企业。三是从政策层面加强对创业团队和创业者个人的激励和关心，通过减免社保费用、完善创业者积分落户措施等，让创新者获得对创业地的归属感和对实现事业目标的幸福感。

第九章　风险投资对前孵化器与初创企业孵化网络的影响分析

根据上一章的实证分析，投融资能力是提升前孵化器运行效率的核心能力之一，因此，前孵化器如何与初创企业一起更好地与风险投资合作，是本章探讨的问题来源。初创企业是我国国民经济的重要组成部分，是推动科技创新创业和产业转型升级的基础，在企业建立之初，会面临很多困难和问题，前孵化器的职责便是针对初创企业的问题，发挥自身的资源优势，通过提供技术咨询服务、资金融资支持、创新政策扶持以及办公条件保障等帮助，实现初创企业顺利创办、发展的目的，实现促进社会和区域创新发展的目标。自国家提出创新驱动发展战略以来，各级政府和部门积极为前孵化器的发展提供政策优惠，初创企业发展规模、数量和质量不断提升，取得了良好的工作成效。与此同时，也存在资源整合能力不够、融资规模小、合作创新有待加强等问题。本章将利用随机微分博弈理论，来探讨初创企业及前孵化器在共同维护孵化网络声誉过程中所做努力的相关问题。

第一节　孵化器与风险投资合作及影响因素相关研究

关于孵化器与风险投资合作问题，国内外学者从不同角度展开了大量研究。Rubin 等（2015）认为，孵化器的利益相关者，从知识流动的角度来看，不仅仅涉及高校，也包括前孵的团队、在孵企业和毕业企业，以及潜在的风险投资。邱国栋和马鹤丹（2010）运用系统分析等方法，通过对创新孵化与风险投资的互联研究，提出了以"孵化器+风险企业+风险"投资为主体的区域创新系统新构架，描述了区域创新系统的系统结构与系统动力机制。瞿群臻（2005）采用博弈论的方法给出了孵化器与风险投资融合决策的基本分析，阐明了两者在融合过程中信息搜寻的重要性，呼吁政府出台适应两者融合的相关法律法规并建立起融合的激励约束机制。赵黎明和曾鑫（2012）综合社会网络、行为科学和公平性等理论基本思想，探明了合作绩效的主要影响因子，并通过 Pearson 相关分析构建了影响"孵化器—风险投资—在孵企业"三方合作绩效的路径概念模型。赵武等（2015）通过建立完全信息及信息不对称条件下的博弈决策模型，寻找了孵化器和初创企业双方博弈的均衡点。Lee 等（2001）通过实证研究发现，在众多外部关联机构中，只有与风险投资联系才能对创业企业绩效产生正向影响作用。Bøllingtoft 和 Ulhøi（2005）的实证研究表明，中小企业在创业过程中，只有部分企业能够在第一年存活下来，失败原因主要在于缺乏管理技能和风险投资。Schefczyk 和 Gerpott（2001）通过对 IPO 市场上大量有风投背景的上市企业进行研究发现，对初创企业而言，风险投资能够有效提高企业管理水平和运营绩效。Chen（2009）运用回归分析方法对 122 家新创企业进行研究发现，孵化器和风险投资对于新创企业的技术商品化具有一定影响作用。

  从以上分析可以看出，在风险投资活动中，风险企业的经营活动、投资所处的市场环境以及风险投资商的投资行为是风险投资的主要影响因素。研究者们主要聚焦在风险投资对初创企业投资活动的影响，风险投资与初创企业、孵化器三者之间的博弈关系等。风投机构是否对新创企业进行投资，主要决定于孵化器的孵化能力和风险企业成熟程度，同时，孵化网络声誉和风险企业家诚信水平、初创企业成熟程度以及孵化器孵化能力等维度有着密切的关系，孵化网络声誉水平越高，风险投资家对初创企业和孵化器越有信心，初创企业就越有机会得到风险投资的支持。不足的是目前有关借助孵化网络声誉的提升来争取外部风险投资支持的讨论分析仍较少。赵黎明，刘嘉玥和刘猛（2015）研究了初创企业、孵化器协同维护孵化网络声誉做出的行动，主要是借助确定型微分博弈模型对初创企业、孵化器在合作与竞争条件下的最优努力付出水平及整个孵化网络的最优收益水平进行了研究，同时对不同条件下的反馈均衡结果进行比较分析。然而，该模型并未考虑系统中的随机干扰因素。通常来说，对于有人参与的一个复杂的系统，各种随机干扰因素会影响到成员的决策过程，主要是决策主体的自身特点，比如其性格或情绪特征、信息收集和消化能力，也包括决策主体面临的外部环境的不确定性，诸如所处行业的背景、人文因素和政治环境等。干扰因素不容易为决策主体所捕获，导致了均衡结果具有极大的不确定性，因而考虑随机因素干扰下的知识共享博弈可能更具有理论和现实意义。

基于此，本章在赵黎明，刘嘉玥和刘猛（2015）的研究基础上，重点利用随机微分博弈理论探讨初创企业及前孵化器在共同维护孵化网络声誉过程中所做努力的相关问题，基于随机微分博弈模型的构建，探讨初创企业、孵化器在合作与竞争条件下的最优努力付出水平、整个孵化网络的最优收益水平，同时比较分析不同条件下反馈的均衡结果。

第二节　研究假设与模型构建

企业孵化网络是指前孵化器在对入孵企业孵化的过程中，由政府、高校、研究机构、风险投资等参与主体共同构成的网络（胡海青等，2013）。企业孵化网络为了能够更好地发展，需要各参与主体之间的通力合作。本书集中于解决前孵化器和初创企业更好地吸引风险投资的问题，利用随机微分博弈理论构建了一个由前孵化器和初创企业组成的孵化网络模型，研究前孵化器及初创企业为提升前孵化器的网络声誉和维护孵化网络形象所付出的努力水平以及获得收益的水平。

假设前孵化器和初创企业为孵化网络声誉维护所付出的努力水平分别为

$e_{In}(t)$ 和 $e_{En}(t)$，前孵化器和初创企业为孵化网络声誉维护所付出的成本分别为 $\frac{\mu_{In}}{2}e_{In}^2(t)$ 和 $\frac{\mu_{En}}{2}e_{En}^2(t)$，其中 μ_{In} 和 μ_{En} 分别表示前孵化器和初创企业努力付出的成本系数。

由于前孵化器和初创企业的努力增加了孵化网络声誉，同时声誉也会受到外界干扰因素的影响，因此，本研究采用随机声誉模型刻画声誉 $G(t)$ 随时间的变化。

$$\mathrm{d}G(t) = [\lambda_{In}e_{In}(t) + \lambda_{En}e_{En}(t) - \delta G(t)]\mathrm{d}t + \sigma(G(t))\mathrm{d}z(t), G(0) = G_0 \geq 0 \quad (1)$$

该方程反映了博弈主体所做的努力以及外界随机因素对声誉的影响。博弈主体所做的努力对声誉的影响为确定性部分 $\lambda_{In}e_{In}(t) + \lambda_{En}e_{En}(t) - \delta G(t)$，$\sigma(G(t))\mathrm{d}z(t)$ 为不确定因素对声誉产生的影响。其中 λ_{In} 和 λ_{En} 和分别代表前孵化器和初创企业努力水平对声誉的影响程度。$\delta>0$ 表示声誉的衰减系数，这通常是由前孵化器之间的竞争造成的。$z(t)$ 为标准的维纳过程，$\sigma(G(t))$ 为随机干扰影响系数。

假设 $\pi_{In}(t)$ 和 $\pi_{En}(t)$ 分别代表前孵化器和初创企业在 t 时刻的收益，Π_{In} 和 Π_{En} 分别代表前孵化器和初创企业在全部时间的收益，那么整个孵化网络在时刻 t 的总收益 $\pi(t)$ 可以表示如下。

$$\pi(t) = \alpha e_{In}(t) + \beta e_{En}(t) + \theta G(t) \quad (2)$$

其中，α、β、θ 均是大于 0 的常数，分别代表前孵化器付出努力、初创企业付出努力和整个孵化网络声誉对孵化网络总收益的影响。

为了帮助初创企业良性发展，减轻初创企业出现的资金困难，前孵化器对初创企业会给予相应的补贴。假设补贴因子为 γ，前孵化器和初创企业根据协议分配孵化网络总收益，假设前孵化器分得的比例为 ω（$0<\omega<1$），初创企业得到 $1-\omega$。假设在整个时间范围内，前孵化器和初创企业以一个固定的折现率 $r>0$ 折现其未来收益，且双方的目标都是在无限时区内寻求让其收益最大化所需付出努力程度的最优决策，前孵化器和初创企业的目标函数分别为：

$$\Pi_{In} = E\left\{\int_0^\infty e^{-rt}\left[\omega\pi(t) - \frac{\mu_{In}}{2}e_{In}^2(t) - \gamma\frac{\mu_{En}}{2}e_{En}^2(t)\right]\mathrm{d}t\right\} \quad (3)$$

$$\Pi_{En} = E\left\{\int_0^\infty e^{-rt}\left[(1-\omega)\pi(t)-(1-\gamma)\frac{\mu_{En}}{2}e_{En}^2(t)\right]dt\right\} \quad (4)$$

基于上述式（1）~（4）建立了以声誉 $G(t)$ 为状态变量，努力程度 $e_{In}(t)$ 和 $e_{En}(t)$ 为控制变量，Π_{In} 和 Π_{En} 为目标函数的随机微分博弈模型。为了研究前孵化器和初创企业如何提升前孵化器网络声誉并有效吸引风险投资，以下主要考察 Nash 非合作博弈、Stackelberg 主从博弈及协同合作博弈三种情形下两博弈局中人的最优努力策略、所获的收益水平和孵化系统整体的最优收益水平，并对三种均衡结果进行对比。

第三节　合作及非合作条件下的博弈策略

一、Nash 非合作博弈

当前孵化器和初创企业采用 Nash 非合作博弈时，双方独立决策，选择所要付出的努力程度来实现个人收益最大化。此时，前孵化器和初创企业最优决策会达到 Nash 均衡状态。

命题1：在前孵化器和初创企业的 Nash 非合作博弈情形下，前孵化器和初创企业的 Nash 均衡策略分别为：

$$e_{In}^* = \frac{\omega}{\mu_{In}}\left(\alpha + \frac{\lambda_{In}\theta}{r+\delta}\right) \quad (5)$$

$$e_{En}^* = \frac{(1-\omega)}{\mu_{En}}\left(\beta + \frac{\lambda_{En}\theta}{r+\delta}\right) \quad (6)$$

此时，前孵化器和初创企业的最优收益分别为：

$$V_{In}^*(G) = \frac{\omega\theta}{r+\delta}G + \frac{\omega(\mu_{En}\varphi_1 + 2\mu_{In}\varphi_2)}{2r(r+\delta)^2\mu_{In}\mu_{En}},$$

$$V_{En}^*(G) = \frac{(1-\omega)\theta}{r+\delta}G + \frac{(1-\omega)(2\mu_{En}\varphi_1 + \mu_{In}\varphi_2)}{2r(r+\delta)^2\mu_{In}\mu_{En}} \quad (7)$$

其中 $\varphi_1 = \omega[\alpha(r+\delta) + \lambda_{In}\theta]^2$，$\varphi_2 = (1-\omega)[\beta(r+\delta) + \lambda_{En}\theta]^2$。

证明：利用随机动态规划方法证明，假设存在连续可微的收益函数 $V_i(G)$，$i \in (In, En)$，使得对所有的 $G \geq 0$，则下述 HJB（Hamilton-Jacobi-Bellman）方程成立。

$$rV_{In}(G) = \max_{e_{In} \geq 0} \left\{ \omega(\alpha e_{In} + \beta e_{En} + \theta G) - \frac{\mu_{In}}{2}e_{In}^2(t) - \gamma\frac{\mu_{En}}{2}e_{En}^2 \right. \\ \left. + V'_{In}(G)(\lambda_{In}e_{In} + \lambda_{En}e_{En} - \delta G) + \frac{\sigma^2(G)}{2}V''_{In}(G) \right\} \quad (8)$$

$$rV_{En}(G) = \max_{e_{En} \geq 0} \left\{ (1-\omega)(\alpha e_{In} + \beta e_{En} + \theta G) - (1-\gamma)\frac{\mu_{En}}{2}e_{En}^2 \right. \\ \left. + V'_{En}(G)(\lambda_{In}e_{In} + \lambda_{En}e_{En} - \delta G) + \frac{\sigma^2(G)}{2}V''_{En}(G) \right\} \quad (9)$$

其中 $V'_i(G)$ 和 $V''_i(G)$，$i \in (In, En)$，分别表示 $V_i(G)$ 的一阶和二阶导数。

为实现自身收益最大化，理性孵化器在 Nash 非合作博弈下不会向初创企业提供任何补贴，即 $\lambda=0$。分别对式（8）、式（9）求一阶条件可得到：

$$e_{In} = \frac{\omega\alpha + \lambda_{In}V'_{In}(G)}{\mu_{In}}, \quad e_{En} = \frac{(1-\omega)\beta + \lambda_{En}V'_{En}(G)}{\mu_{En}} \quad (10)$$

将式（10）代入式（8）、式（9），化简整理得到：

$$rV_{In}(G) = (\omega\theta - \delta V'_{In})G + \frac{(\omega\alpha + \lambda_{In}V'_{In})^2}{2\mu_{In}} + \frac{(\omega\beta + \lambda_{En}V'_{En})[(1-\omega)\beta + \lambda_{En}V'_{En}]}{\mu_{En}} \\ + \frac{\sigma^2(G)}{2}V''_{In}(G) \quad (11)$$

$$rV_{En}(G) = [(1-\omega)\theta - \delta V'_{En}]G + \frac{[(1-\omega)\beta + \lambda_{En}V'_{En}]^2}{2\mu_{En}} \\ + \frac{[(1-\omega)\beta + \lambda_{In}V'_{En}][(1-\omega)\alpha + \lambda_{In}V'_{En}]}{\mu_{In}} + \frac{\sigma^2(G)}{2}V''_{En}(G) \quad (12)$$

由式（11）和式（12）可推导出关于 G 的线性最优函数是 HJB 方程的

解，令：
$$V_{In}(G) = m_1 G + m_2 \text{ 和 } V_{En}(G) = n_1 G + n_2 \quad (13)$$

其中 m_1、m_2、n_1 和 n_2 为待定常数。将上述得出的 $V_{In}(G)$ 和 $V_{En}(G)$ 及其对 G 的导数代入方程式（11）和式（12），求得最优收益函数的参数值为：

$$m_1 = \frac{\omega\theta}{r+\delta}, \quad m_2 = \frac{\mu_{En}\omega^2[\alpha(r+\delta)+\lambda_{In}\theta]^2 + 2\mu_{In}\omega(1-\omega)[\beta(r+\delta)+\lambda_{En}\theta][\beta+\lambda_{En}\theta]}{2r\mu_{In}\mu_{En}(r+\delta)^2},$$

$$n_1 = \frac{(1-\omega)\theta}{r+\delta},$$

$$n_2 = \frac{\mu_{In}(1-\omega)^2[\beta(r+\delta)+\lambda_{En}\theta]^2 + 2\mu_{En}\omega(1-\omega)[\alpha(r+\delta)+\lambda_{In}\theta]\ \alpha+\lambda_{In}\theta}{2r\mu_{In}\mu_{En}(r+\delta)^2}$$

将 m_1、m_2、n_1、n_2 代入 $V_{In}(G)$ 和 $V_{En}(G)$，从而得到前孵化器和初创企业的最优收益函数为式（7），将式（7）对 G 的导数代入式（10），得式（5）和式（6）。证毕。

由式（5）可知，Nash 非合作模式下，前孵化器的努力程度 e_{In} 与成本系数 μ_{In}、声誉衰减系数 δ 和折现率 r 负相关，与收益分配比例 ω、努力-收益影响系数 α、努力-声誉影响系数 λ_{In} 和声誉-收益影响系数 θ 正相关。前孵化器要从自身投入产出情况、声誉水平和收益影响程度等方面综合考虑孵化网络的总体收益问题，以做出决策。

由式（6）可知，初创企业的努力程度 e_{En} 与其成本系数 μ_{En}、声誉衰减系数 δ、折现率 r 和收益分配比例 ω 负相关，与努力-收益影响系数 β、努力-声誉影响系数 λ_{En} 和声誉-收益影响系数 θ 正相关。初创企业要从自身投入产出情况、声誉水平和收益影响程度等方面进行综合考虑。

由命题 1 可知前孵化器和初创企业双方的收益和孵化网络的声誉有关，而声誉是一个随机变量，这就要对声誉的期望和方差进行探讨。将命题 1 中前孵化器和初创企业均衡的努力水平代入式（1）得：

$$dG(t) = [\Omega - \delta G(t)]dt + \sigma(G(t))dz(t), G(0) = G_0 \quad (14)$$

其中 $\Omega = \dfrac{\omega \lambda_{In}}{\mu_{In}}\left(\alpha + \dfrac{\lambda_{In}\theta}{r+\delta}\right) + \dfrac{(1-\omega)\lambda_{En}}{\mu_{En}}\left(\beta + \dfrac{\lambda_{En}\theta}{r+\delta}\right)$ 为常数，两博弈主体付出的努力水平越高 Ω 越大。为进一步分析，设 $\sigma(G(t))\mathrm{d}z(t) = \sigma\sqrt{G}\mathrm{d}z(t)$，运用随机微分方程理论，命题 2 给出了两博弈主体在 Nash 均衡策略下孵化网络声誉的期望值和方差。

命题 2：在 Nash 非合作博弈最优努力付出水平下，孵化网络声誉的期望值及其稳定的期望值为：

$$E[G(t)] = \frac{\Omega}{\delta} + e^{-\delta t}\left(G_0 - \frac{\Omega}{\delta}\right), \quad \lim_{t\to\infty} E[G(t)] = \frac{\Omega}{\delta} \qquad (15)$$

声誉的方差及其稳定的方差为：

$$D[G(t)] = \frac{\sigma^2[\Omega - 2(\Omega - \delta G_0)e^{-\delta t} + (\Omega - 2\delta G_0)e^{-2\delta t}]}{2\delta^2}, \quad \lim_{t\to\infty} D[G(t)] = \frac{\sigma^2 \Omega}{2\delta^2} \qquad (16)$$

证明：在 $G(t)$ 满足式（14）的条件下，对 $G^2(t)$ 应用 Itô 公式得：

$$\mathrm{d}G^2(t) = \left[(2\Omega + \sigma^2)G - 2\delta G^2\right]\mathrm{d}t + 2G\sigma\sqrt{G}\mathrm{d}z(t), G^2(0) = G_0^2 \qquad (17)$$

式（14）和式（17）两边同时取期望值，得到 $E[G(t)]$ 和 $E[G^2(t)]$ 满足下述两个非齐次线性微分方程。

$$\mathrm{d}E[G(t)] = \{\Omega - \delta E[G]\}\mathrm{d}t, E[G(0)] = G_0 \qquad (18)$$

$$\mathrm{d}E[G^2(t)] = \{(2\Omega + \sigma^2)E[G] - 2\delta E[G^2]\}\mathrm{d}t, E[G^2(0)] = G_0^2 \qquad (19)$$

解式（18）和（19），并取极限得式（15）和（16）。证毕。

命题 2 得到了孵化网络声誉的期望值和方差，这里需要探讨的一个问题是孵化网络声誉与其期望值和方差的关系。下面将通过数值仿真技术来说明孵化网络声誉与其期望值的关系，运用 MATLAB 得到时间段内的仿真图，如图 9-1 所示。

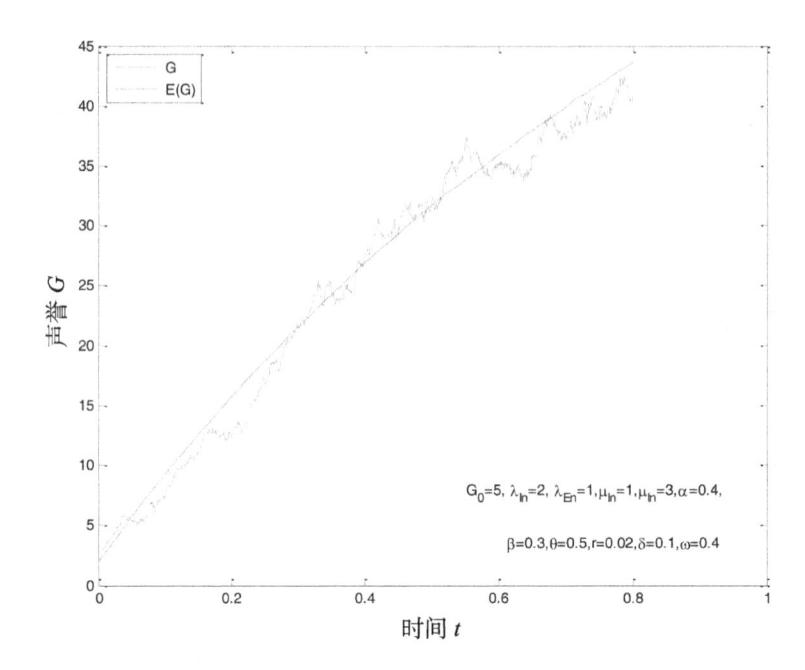

图 9-1　Nash 非合作博弈下孵化网络声誉及其期望值随时间的变化

由图 9-1 可以看出，孵化网络的声誉始终在其期望值的上下波动。

二、Stackelberg 主从博弈

在 Stackelberg 主从博弈情形下，前孵化器作为行动的领导者，初创企业作为行动的跟随者，前孵化器首先会考虑对初创企业进行一定的补贴，初创企业在看到前孵化器的行动后，再选择相应的努力水平。运用逆向归纳法可得到下述结论，结论的具体证明可参考朱怀念、刘贻新、张成科等（2017）的类似研究。

命题 3：在前孵化器为领导者、初创企业为追随者的 Stackelberg 博弈情形下，前孵化器和初创企业的反馈 Nash 均衡策略分别是：

$$e_{In}^{**} = \frac{\omega}{\mu_{In}}\left(\alpha + \frac{\lambda_{In}\theta}{r+\delta}\right) \quad (20)$$

$$e_{En}^{**} = \frac{(1+\omega)}{2\mu_{En}}\left(\beta + \frac{\lambda_{En}\theta}{r+\delta}\right) \qquad (21)$$

$$\gamma^{**} = \begin{cases} 0, & 0 \leq \omega \leq \frac{1}{3} \\ \dfrac{3\omega-1}{\omega+1}, & \dfrac{1}{3} < \omega \leq 1 \end{cases} \qquad (22)$$

此时，前孵化器和初创企业的最优收益分别为：

$$V_{In}^{**}(G) = \frac{\omega\theta}{r+\delta}G + \frac{4\mu_{En}\omega^2\psi_1^2 + (1+\omega)^2\mu_{In}\psi_2^2}{8r(r+\delta)^2\mu_{In}\mu_{En}},$$

$$V_{En}^{**}(G) = \frac{(1-\omega)\theta}{r+\delta}G + \frac{4\mu_{En}(1-\omega)\omega\psi_1^2 + (1-\omega)(1+\omega)\mu_{In}\psi_2^2}{4r(r+\delta)^2\mu_{In}\mu_{En}} \qquad (23)$$

其中 $\psi_1 = \alpha(r+\delta) + \lambda_{In}\theta$，$\psi_2 = \beta(r+\delta) + \lambda_{En}\theta$。

比较式（6）和式（21）可知，Stackelberg 主从博弈模式下，初创企业的努力程度 eEn 与收益分配比例 ω 正相关，但影响程度小于 Nash 非合作博弈模式。eEn 的其他影响因素及方向均与 Nash 非合作博弈一致。

比较式（5）和式（20）可知，Stackelberg 主从博弈模式下，前孵化器的努力程度及相关影响因素均与 Nash 非合作博弈一致。也就是说，前孵化器也要综合考虑自身投入收益率、声誉水平影响系数和收益影响系数来做出决策。式（22）说明前孵化器选择的补贴比例依赖于前孵化器获得的收益比例。当前孵化器获得的收益过小（0 ≤ ω ≤ 1/3）时，前孵化器将不会分扣初创企业的努力成本。

类似于上一节的分析，将命题 3 中前孵化器和初创企业均衡的努力水平代入式（1）得：

$$dG(t) = [\bar{\Omega} - \delta G(t)]dt + \sigma(G(t))dz(t), \quad G(0) = G_0 \qquad (24)$$

其中 $\bar{\Omega} = \dfrac{\omega\lambda_{In}}{\mu_{In}}\left(\alpha + \dfrac{\lambda_{In}\theta}{r+\delta}\right) + \dfrac{(1+\omega)\lambda_{En}}{\mu_{En}}\left(\beta + \dfrac{\lambda_{En}\theta}{r+\delta}\right)$ 为常数，两博弈主体付出的努力水平越高 $\bar{\Omega}$ 越大。为进一步分析，设 $\sigma(G(t))dz(t) = \sigma\sqrt{G}dz(t)$，运用随机微分方程理论，可得两博弈主体在 Stackelberg 主从博弈均衡策略下孵化网络声誉的期望值和方差。

命题4：在 Stackelberg 主从博弈最优努力付出水平下，孵化网络声誉的期望值及其稳定的期望值为：

$$E[G(t)] = \frac{\bar{\Omega}}{\delta} + e^{-\delta t}(G_0 - \frac{\bar{\Omega}}{\delta}), \lim_{t\to\infty} E[G(t)] = \frac{\bar{\Omega}}{\delta} \qquad (25)$$

声誉的方差及其稳定的方差为：

$$D[G(t)] = \frac{\sigma^2[\bar{\Omega} - 2(\bar{\Omega} - \delta G_0)e^{-\delta t} + (\bar{\Omega} - 2\delta G_0)e^{-2\delta t}]}{2\delta^2}, \lim_{t\to\infty} D[G(t)] = \frac{\sigma^2 \bar{\Omega}}{2\delta^2} \qquad (26)$$

命题4与命题2的证明类似，这里限于篇幅从略。运用数值仿真技术得到孵化网络声誉与其期望值的关系，如图9-2所示。

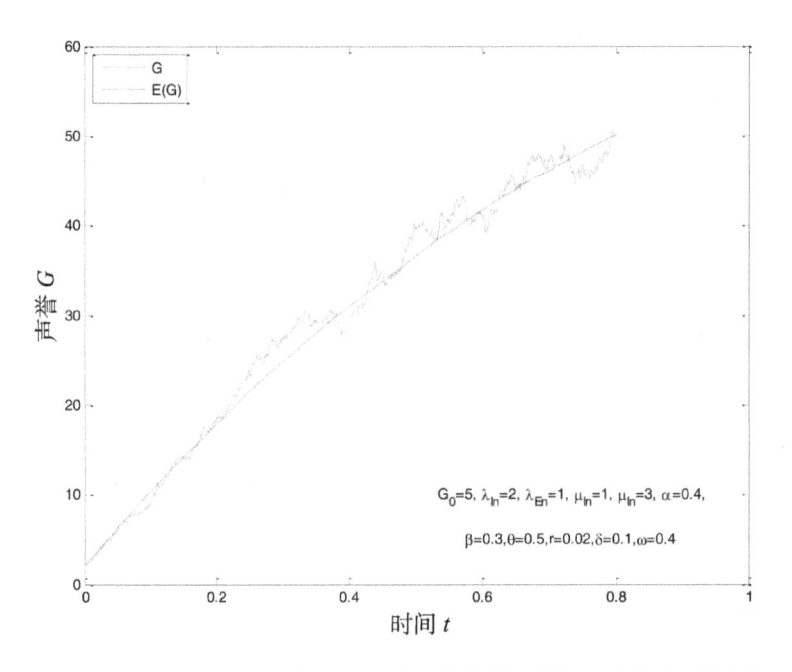

图9-2 Stackelberg 主从博弈下孵化网络声誉及其期望值随时间的变化

由图9-2可以看出，孵化网络的声誉始终在其期望值的上下波动。

三、协同合作博弈

在协同合作博弈情形下，前孵化器和初创企业为了能够最大程度地吸引风险投资，双方会共同努力提高前孵化器网络声誉水平，以整个孵化网络的总收益最大化为目标选择最优努力策略。

命题 5：在协同合作博弈情形下，前孵化器和初创企业为获取最大收益而采取的努力程度为：

$$e_{In}^{***} = \frac{1}{\mu_{In}}\left(\alpha + \frac{\lambda_{In}\theta}{r+\delta}\right) \tag{27}$$

$$e_{En}^{***} = \frac{1}{\mu_{En}}\left(\beta + \frac{\lambda_{En}\theta}{r+\delta}\right) \tag{28}$$

此时，前孵化器网络的最优收益为：

$$V^*(G) = \frac{\theta}{r+\delta}G + \frac{(1-\omega)\mu_{En}\varphi_1 + \omega\mu_{In}\varphi_2}{2\omega(1-\omega)r(r+\delta)^2\mu_{In}\mu_{En}} \tag{29}$$

命题 5 的具体证明可参考朱怀念、刘贻新、张成科等（2017）的类似研究，这里不再列出。

由式（27）和式（28）可知，在协同合作博弈下，前孵化器和初创企业为获得最大收益而采取的努力程度不再受收益分配比例影响，其他影响因素与 Nash 非合作博弈和 Stackelberg 主从博弈一致。

类似于前两节的分析，下面研究前孵化器和初创企业在进行协同合作博弈时，双方付出了最优努力情况下孵化网络声誉的期望值和方差。将式（27）和式（28）代入式（1）得：

$$\begin{cases} dG(t) = [\hat{\Omega} - \delta G(t)]dt + \sigma(G(t))dz(t) \\ G(0) = G_0 \end{cases} \tag{30}$$

其中 $\hat{\Omega} = \frac{\lambda_{In}}{\mu_{In}}\left(\alpha + \frac{\lambda_{In}\theta}{r+\delta}\right) + \frac{\lambda_{En}}{\mu_{En}}\left(\beta + \frac{\lambda_{En}\theta}{r+\delta}\right)$ 为常数，同样设 $\sigma(G(t))dz(t) = \sigma\sqrt{G}dz(t)$。

命题 6：在协同合作博弈最优努力付出水平下，孵化网络声誉的期望值及其稳定的期望值为：

$$E[G(t)] = \frac{\hat{\Omega}}{\delta} + e^{-\delta t}\left(G_0 - \frac{\hat{\Omega}}{\delta}\right), \quad \lim_{t\to\infty}E[G(t)] = \frac{\hat{\Omega}}{\delta} \tag{31}$$

声誉的方差及其稳定的方差为：

$$D[G(t)] = \frac{\sigma^2[\hat{\Omega} - 2(\hat{\Omega} - \delta G_0)e^{-\delta t} + (\hat{\Omega} - 2\delta G_0)e^{-2\delta t}]}{2\delta^2}, \lim_{t\to\infty} D[G(t)] = \frac{\sigma^2 \hat{\Omega}}{2\delta^2} \quad (32)$$

运用数值仿真技术得到孵化网络声誉与其期望值的关系,如图 9-3 所示。

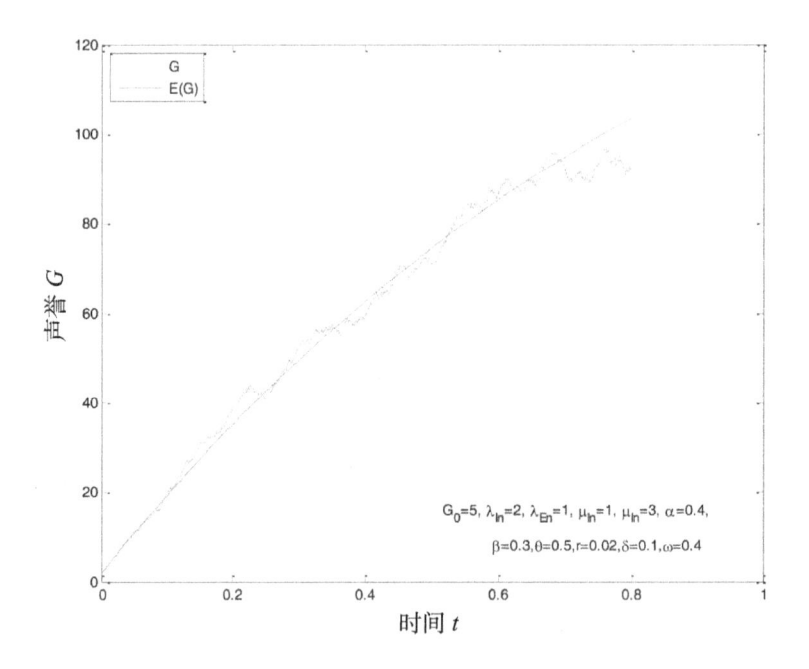

图 9-3 协同合作博弈下孵化网络声誉及其期望值随时间的变化

由图 9-3 可以看出,孵化网络的声誉始终在其期望值的上下波动。

四、均衡结果的比较分析

对 Nash 非合作博弈、Stackelberg 主从博弈、协同合作博弈三种情形下前孵化器和初创企业为获得最大收益而付出的努力以及整个孵化网络最优收益进行比较,所得到的相关研究结论分别在命题 7 和 8 中给出。

命题 7:当 $\omega>1/3$ 时,则有:①初创企业最优努力程度三者比较 $e^*_{En}<e^{**}_{En}<e^{***}_{En}$;②前孵化器最优努力程度三者比较 $e^*_{In}<e^{**}_{In}<e^{***}_{In}$;③前孵化器对初创企

业的最优补贴因子 $\gamma=\dfrac{e_{En}^{**}-e_{En}^{*}}{e_{En}^{**}}$。

命题 7 表明，当前孵化器和初创企业从 Nash 非合作博弈向 Stackelberg 主从博弈过渡时，前孵化器努力水平保持不变，而初创企业努力水平有所提高，且提高程度受前孵化器对初创企业的补贴因子的影响。当双方成员进行协同合作博弈时，两者的最优努力水平会达到最高。

命题 8：对任意的 $G>0$，$\omega>1/3$，则有：①前孵化器最优收益三者比较 $V_{In}^{**}(G)>V_{In}^{*}(G)$；②初创企业最优收益三者比较 $V_{En}^{**}(G)>V_{En}^{*}(G)$；③整个孵化网络收益比较情况为：$V^{*}(G)>V_{In}^{**}(G)+V_{En}^{**}(G)>V_{In}^{*}(G)+V_{En}^{*}(G)$。

命题 8 表明，对前孵化器和初创企业而言，当从 Nash 非合作博弈向 Stackelberg 主从博弈过渡时，前孵化器和初创企业收益水平均有提高，Stackelberg 博弈会优于 Nash 非合作博弈；但从孵化系统整体收益来看，协同合作博弈要优于前两种博弈模式；若最终收益分配方案合理可行，对于前孵化器和初创企业来说，帕累托最优的是协同合作博弈。

五、结论

本章研究了前孵化器和初创企业如何通过自身努力水平积极提升前孵化器网络声誉以更好地吸引风险投资的问题，运用随机微分博弈理论，分别考虑两者在合作和非合作博弈情况下的最优努力水平及最大收益。研究结果表明，为获得最佳收益，前孵化器和初创企业在 Nash 非合作博弈和 Stackelberg 主从博弈中的最优努力付出程度要低于协同合作博弈；从整体收益角度来看，协同合作模式要优于 Nash 非合作博弈及 Stackelberg 主从博弈模式。合作计划中所获得的收益分配可根据前孵化器和初创企业的利益分配比例确定。

本章的研究创新贡献主要有两点：①在孵化网络中引入随机声誉理论，以此反映能够吸引风险投资的成功率；②运用随机微分博弈，研究在 Nash

非合作博弈、Stackelberg主从博弈和协同合作博弈中，前孵化器和初创企业为提升孵化网络声誉的最优努力程度和最大收益，并将均衡的结果进行对比分析。不足之处在于，只考虑了孵化网络声誉对风险投资的影响，后续将继续探索前孵化器能力和自身潜力对风险投资的影响。

第十章　基于前孵化器的大学生创新创业能力培养

随着我国高等教育事业的发展以及我国高等教育由"精英化"到"大众化"模式进程的推进，我国的大学生培养也进入了跨越式发展的阶段，无论是培养单位还是大学生数量都有了大规模的增加。由此带来一个实际的问题，就是大学生面临的就业压力越来越大，大学生就业模式也逐步走向多元化分布，参与自主创业的大学生逐年增多。然而，在现有的大学生培养模式中，创新创业能力的欠缺成为不少大学生就业的软肋。而以高校为依托的前孵化器除了整合高校资源形成科研梯队，协助高校科研团队将处于初级阶段或尚不完备的产品、理念形成完整的技术路线和初步产品，打造科技型企业外，还肩负着大学人才创新创业能力培养和学科建设的功能。

首先，从创新创业能力培养的实务工作来看，高校前孵化器的服务对象是高新技术与高端人才，目标是完善技术、培养人才和催生企业。结合前孵化器的建设，将大学生创新创业能力的培养融入其中，研究如何通过有效依托前孵化器建设网络（政府、高校、科研院所、企业）的各种资源和要素，改革培养机制、创新培养模式以及建设创新创业能力培养平台，有利于形成一套高层次、高质量的创新创业人才培养体系。

其次，高校前孵化器建设，由服务高层次人才创新创业起步，依托其进行大学生创新创业能力的培养，有利于学科建设与科技企业共赢，进一步促进高校的学科建设、人才培养和科技创新。前孵化器建设与产业转化和中小微科技型企业育成发展结合起来，能够实现双方的共赢，从而拉动社会经济的发展。

最后，随着高校前孵化器建设的不断完善和普及，高校前孵化器将为专家、教授和研究人员等高层次人才提供常态化的研究实践和教学环境。在加速推动研究向产业应用转化，促进科技成果广泛应用的同时，也可以通过带领大学生进行前沿性的科研实训，引领大学生创新。通过创新成果进行创业，能提升大学生的创新创业能力，在推动前孵化器发展的同时，也为社会培养大批高层次创业型和创新型人才。

第一节　实证研究及关键因素分析

一、依托前孵化器建设的工科大学生创新创业能力培养实证研究

工科创新创业实践是工科大学生进入创新环境、接触真实工程、将所学知识运用到实践工程问题上去的教学补充方式，是学生社会创新实践的重要环节之一。本节将从创新实践环境建设现状、创新创业导师指导情况、学生参与创新实践情况和实效性反思等几个方面，对工科大学本科生创新实践情况的调查数据进行分析。

我们对基于前孵化器建设的工科大学生创新创业实践能力培养实践情况进行了调查，调查对象分为三个层面：一是大学工科学院的大学生，采取分层随机抽样的方式，从10个工科学院中参加了前孵化器创新创业实践的大学生中，按比例随机抽取样本发放问卷；二是指导创新实践以及创业团队的导师，在全校工科学院的指导老师中抽样发放调查问卷；三是创新实践基地以及创新创业孵化基地的负责人。调查共发放大学生问卷1200份，创新创业导师问卷110份，创新实践基地问卷120份。经过剔除无效问卷，共收回有效问卷如下：学生问卷1124份、导师问卷105份、创新实践基地问卷114份；有效回收率分别是93.7%、95.5%和95%。

1. 创新实践环境建设现状

对创新实践环境建设的分析，旨在了解创新实践网络能否给学生提供优良的、具有支持作用的创新环境和实践任务，这是学生进行有效实践的最好保证。

（1）实践网络的保障方面。

在调查的创新网络中，有 28.6% 是企业单位，28.6% 是事业单位，18.8% 是政府机构，此外社区和部队分别占 19.7% 和 4.5%。这些创新实践网络中，有专门的指导人员或复制部门的占 56.1%，没有的占 43.9%。其中 70.2% 的单位为创新实践者提供了物质支持，11.4% 的单位没有提供相关的物质条件，18.4% 的单位没有想过要提供相关的物质支持。

（2）实践网络的主要作用方面。

实践网络要发挥作用，最重要的是社会学习，占比 89.3% 的单位表示赞同或非常赞同需要社会学习；其次是资源共享，占比 89.3% 的单位表示赞同或非常赞同；再次是培养专业技能，72.3% 的单位表示赞同或非常赞同。

（3）实践网络的问题与不足方面。

实践网络存在的问题与不足主要有以下几个方面：一是利用率不高，有 51.6% 的参与单位对此表示认同；二是专业指导人员缺乏，有 72% 的参与单位对此表示认同；三是经常联系机制不畅，有 72.1% 的参与单位对此表示认同，认为联系机制有待完善；四是实践网络参与单位的类型不够丰富，有 72.2% 的参与单位对此表示认同；五是实践网络参与单位所在的地域分布范围不够广，有 64.8% 的单位对此表示认同。

2. 创新创业导师指导情况

创新创业导师指导主要有几个方面：影响因素、学校的配套情况、指导老师的参与和培训、创新实践基地管理、大学生个人与创新实践团队的沟通等，均采用李克特 5 分量表评估，1~5 代表程度由低到高，如表 10-1 所示。

表 10-1　参与创新实践的导师指导情况

	调查人数	极小值	极大值	总和均值	题项	均数
影响因素	102	8	40	27.1471	8	3.393388
学校配套	101	5	25	17.3168	5	3.46336
制度环境	103	4	20	14.1748	4	3.5437
导师参与	104	3	15	10.3173	3	3.4391
培训情况	103	4	20	13.2427	4	3.310675
实践基地管理	104	5	25	16.0673	5	3.21346
个人及团队沟通	103	5	25	18.068	5	3.6136

从表 10-1 可以看出，导师对创新实践活动的指导是比较正向的，接受调查的指导老师认为，大学生的自我认识对创新实践的影响较大，学校的配套情况对创新实践的影响也同样。指导老师认为，学校领导的重视、宣传、补贴、组织创新和是否将创新实践纳入课程体系，都会对大学生创新实践活动造成影响。在制度环境方面，创新实践的评价形式、考核评价体系、激励措施和保障措施等，是导师认为对大学生创新实践影响比较大的几个因素。指导老师自我知觉到的对学生的创新实践的影响，则主要集中在导师自身的参与投入情况、学校对指导老师参与创新实践的重视程度，以及是否进行了有效的专业指导。在创新创业实践基地与创业孵化基地的管理方面，指导老师认为可以满足学生需要，也有较好的管理措施，基地的覆盖情况良好，与学生的专业匹配情况一致。此外，在实践单位和学生个人的沟通交流方面，导师们认为实践单位和大学生个人的配合较好，实践单位和实践团队的合作比较稳定。

3. 学生参与创新实践情况

在接受调查的大学生中，对于创新实践的重要性方面，74.8% 的人认为参加创新实践非常有必要，21.5% 的人表示有兴趣试试，3.7% 的人认为没有实际意义。在对于是否参加了专业的创新实践活动选项上，有 51.6% 的同学参加了专业的创新实践活动，有 48.4% 的同学没有参加；其中 26.3% 的同学表示实践基地与专业十分吻合，而 58.6 的同学认为有一定的关联，14.9% 的同学认为完全不相关。

大学生参加创新创业实践活动的动机方面，有 66.6% 的大学生认为想扩宽视野，有 74.4% 学生认为是为了锻炼自己、提高个人素质，也有认为自己是出于经济目的去参加的，有 28%，认为自己是出于完成学校规定的任务而参加的，占 22.1%，认为自己是为了服务社会而参加的，占 54.8%。

在大学生喜欢的创新实践活动方面，有 46% 的同学比较喜欢参加较长时间的专业型的创新实践活动，70.5% 的同学比较喜欢参加有报酬的创新实践活动，58.7% 的同学比较喜欢参加创业活动，55.1% 的同学比较喜欢在暑期参加创新实践活动，59.6% 的同学非常愿意参加无报酬的志愿服务。

4. 实效性反思

高达 62.57% 的同学认为学校有必要成立一个专门的指导机构来进行创新实践活动的指导工作。53.2% 的同学参加过学校组织的创新实践培训活动，而 46.8% 的同学没有参加；培训内容方面，对创新实践专业应用技能知识的培训和经验总结是学生们认为比较需要的，比例分别高达 75.3% 和 72.1%，其中安全教育的比例是 54.2%、思想教育的比例是 50%。

在学生们认为的创新实践活动的不足与问题方面，44.8% 的同学认为学校开展的创新实践活动经常性不足，53.2% 的同学认为创新实践活动的参与面不够宽，58.8% 的同学认为学校社会实践的经费投入不足，50.2% 的同学认为学校对创新实践活动宣传力度不够，48.7% 的同学认为学校对学生参加创新实践活动的考核机制还有待完善。

二、依托前孵化器建设的工科大学生创新创业能力培养的关键因素分析

大学生的创新创业能力是大学生在从事理论研究、技术开发和创业实践过程中形成的一种综合能力，主要包括知识消化能力、研究设计能力、创新构思能力、前沿把握和创新思维能力等。影响大学生创新创业能力培养的因

素复杂多样，分类总结为以下几个关键因素。

1. 导师因素

大学生受教育的过程最重要的是依靠创新创业导师知识的传授、科研活动的指导、学术问题的探讨等，创新创业导师是培养大学生创新创业能力的执行者和第一责任人，因此，导师的创新思维和意识、学术水平和科研能力、教学技能和指导方式等，不仅影响大学生的学术研究，而且影响大学生的创新创业能力。导师在大学生创新创业能力培养方面具有非常重要的作用，在工科大学生的培养过程中，大学生的创新能力常常凸显在实验教学的过程中，其创业能力则体现在导师带领大学生开展高新技术研发推动技术成果转化应用的过程中。

导师的创新创业思维与意识的强弱将直接影响到大学生创新能力的培养，决定着具有较强创新创业能力的学生能否脱颖而出。因此，要提高大学生的创新创业能力，首先要求导师必须具有创新意识和创业能力。大学生培养过程不仅是学习知识的过程，更是学会运用知识、创造知识、将知识转化为创新成果的过程。导师在大学生培养过程中起到的主要作用，不仅是指导大学生确定研究方向和构建学术思想，也要指导他们在科学前沿领域进行深入而广泛的研究，并将相关的前沿研究转化为可以投入生产的科技成果。在这个过程中，必然要求导师保持创新意识以及及时转化成果的意识，对大学生具有前瞻性的创新研究和成果转化与开发提供建议。

在前孵化器中，其核心内容就是整合高校资源，结合学科发展，聘请有创业需求的"千人计划"专家和海外高端人才参与学科建设，同时为他们还处于研究早期甚至构想阶段的技术和产品，提供设备、技术配套和大学生名额等系统支持。入驻前孵化器的专家导师均为创新创业前沿的高端人才。在前孵化器的运行机制中，从高层次人才引进开始，逐步过渡到由高层次教师引领学生团队进行创新。大学生能够在导师的引领下，深入了解最前沿的科学技术，改变闭门造车的学习方式，利用社会创新资源，与创新创业型专业导师学习。前孵化器为其提供了密切的协同教育培养以及导师全面且深入的指导，补齐了学校教育过程中创新创业能力培养的短板。

2. 团队因素

大学生根据导师项目与项目成员组成创新团队，在团队中进行科研创新，不仅是大学生教育创新计划的新探索，也是大学生培养机制改革的一个创新。团队交互对大学生创新能力的培养有着积极的促进作用。团队交互是指团队成员之间的沟通与交流以及各种接触。整个团队成员之间，掌握的知识、信息具有专业性的共通性，同时由于个体成员在个性、偏好、兴趣、能力、思想观念等方面都有所不同，其学习基础、知识储备、学习风格、认知模式、智能结构都存在差异，这种内部成员的复杂性，使他们对同一问题会有不同的观念、想法与见解，更具有信息的互异性、多样化。团队成员知识信息的专业性和共通性，为创新平台团队成员的交流提供了可能性，同时，信息的差异性、多样性也使得成员知识信息的交流具有了必要性。充满异质性的个体通过彼此交流，可以获得隐性知识和创造性的启发，是培养成员创新能力的重要途径之一。通过团队交互，首先形成了学习型组织的共同体，参与学习活动的学习者（包括专家、教师及学生）围绕创新平台的共同主题，在相同的学习环境中，通过参与活动、反思、会话、协作、解决问题等形式建构了一个具有独特文化氛围和情境的动态结构，激发交流，培养大学生发现问题、探索新知的能力。例如，大家熟知的"头脑风暴法"，就是一种鼓励和发展平台团队互动的创新性思维方法。大学生创新团队成员不断地进行思想上的碰撞，产生出原始创新性想法，最后通过团队成员学科知识交叉前沿确保大学生创新团队的创新能力在这种团队氛围中得以实现。高校前孵化器入驻的项目团队以创新创业团队为主，强调团队的合作与互助，同时利用现有项目团队，招募更多的海外留学人员、青年科学家等加入团队提供技术支撑，一方面能够为大学生参与的项目团队提供不同技术思想的交流，提供创新创业资源，另一方面能够结合实践开展创新创业教育。

3. 实践因素

科学研究是当今大学生教育形成和发展壮大的基础，是大学生培养中的重要组成部分，也是社会创新的重要源泉。创新创业实践训练是培养大学生创新创业意识和思维、掌握创新创业技巧与方法的有效途径，有利于创新成果的完成，并在此过程中锻炼提升大学生在团队当中的创新与协作能力。大学生的创新创业能力培养目标必须通过创新创业实践训练才能实现，创新创业实践训练对大学生的成长成熟、创新成果的涌现与转化具有重大意义。

由于近年来大学扩招致使大学生数量剧增，在师资和硬件条件并没有得到显著改善的情况下，工科大学生的实验条件和学习条件落后于大学生教育的快速发展，也达不到大学生创新创业能力培养的目标。根据教育部直属高校大学生参与科研实践情况的数据统计显示，大学生参与课题不够广泛，参与科技服务实践活动也明显不足。因此，要培养大学生的创新创业能力，除了导师日常在课堂和实践中的启发、训练外，最重要的是还要为大学生提供一个真正与社会接轨的实战平台。高校前孵化器恰好为工科大学生创新创业能力的培养提供了实践训练的条件。前孵化器承担着创新创业教育的功能，并通过加速科技成果转化、增加就业机会、加强导师与研究团队力量、带领大学生进行科研实训等方式来实现。前孵化器能够通过建设相应的智库顾问和补充师资团队，创设创新创业咨询专家委员会，聘请与前孵化器发展方向有重大关联的相关组织机构负责人担任咨询专家，包括著名企业家、产业技术精英、创业成功人士、学科领域的著名学者以及政府负责人等，对创新创业实践工作进行研究、咨询和指导。借助前孵化器加强大学生创新创业实践训练，通过创新成果进行创业，在推动前孵化器发展的同时，也能够培养大批高层次创业型和创新型人才。

4. 环境因素

为了培养大学生的创新创业精神，可以通过高校前孵化器营造良好的创新创业环境。不少大学生具有较强的创造发明能力，已经做出成果并且拥有专利。部分学生通过参加"挑战杯"等科技发明竞赛或者直接与企业对接进行成果转化，产生了客观的经济效益。同时，大学生具有较高的创业积极性，又具备创业的可能性。对于那些拥有发展前景较好的新创意、新设计、新产品的在校大学生，需要借助高校前孵化器的政策制度环境，支持其开展研究和成果转化。

此外，大学生创新创业能力的培养需要营造良好的多元文化环境。而高校前孵化器所营造的多元文化环境包括几个方面的内容：一是能够利用自身的软硬件资源，开展以创新为主体的文化活动，例如邀请国内外知名专家做学术报告，开展各类创新、创业竞赛以及产学研合作和学术成果评选活动，组建创新团队、创新实验室和创新基地等。二是具备鼓励竞争、尊重个性的人际氛围。竞争是创新行为的外部动力，良性竞争氛围能够激发大学生的创新欲望，强化其创新行为。

大学生创新创业能力的培养还与高校外部的社会环境密切相关。培养大学生的创新创业能力，培养创新创业型人才，其主要目的之一是促进社会创新意识的提高。高校前孵化器通过科技苗圃、创新或创业学院、高校协同创新平台等，能够整合社会创新资源，为人才培养提供助力和支持。对于缺乏实践经验的大学生来说，在创新创业过程中容易遭受挫折和失败，只有在一个对待失败更为宽松的环境里，才能鼓励大学生不惧风险、大胆尝试、勇于创新。高校前孵化器为大学生提供了这样的机会与环境。只要大学生愿意参与到创新研究和创业实践中，就能申请加入前孵化器的科研团队和项目中，并得到来自社会企业和政府部门的服务与指导。

三、依托前孵化器建设的工科院校大学生创新创业能力状况及其影响因素分析

在大众创业、万众创新的时代大背景下，全社会的创新创业活动蓬勃兴起，各高校也在积极推进创新创业教育，培养大学生的创新创业能力。大学生创新创业能力是大学生运用掌握的科学文化知识和周围资源，创造和改进新事物并将其转化为对个人或社会发展有益的经济价值、社会价值、文化价值等的能力，多体现在创新创业初级阶段。大学生创新创业能力培养不仅是推进高校创新创业教育改革的重要着力点，而且是创新创业型人才培养成败的关键。加强大学生创新创业能力培养是国家创新体系建设的迫切需要，是推进创新驱动战略实施的根本基础，是推进高等教育改革、促进高校毕业生更高质量创业就业的重要举措。

目前尚缺乏依托前孵化器建设的工科院校大学生创新创业能力状况及其影响因素的研究，在创新创业能力培养过程中，准确识别影响大学生创新创业能力的关键因素，就能更有针对性地开展大学生创新创业能力培养的工作。因此，本研究对工科院校大学生的创新创业能力进行调查，并分析前孵化器能否显著提高工科大学生创新创业能力，以便为进一步的创新创业教育提供依据，现将结果报告如下。

1. 研究对象

我们于 2021 年 3—4 月，采用分层随机抽样方法，选取广东工业大学 1006 名学生进行问卷调查，剔除无效问卷后得到有效问卷 837 份，有效率为 83.2%。研究对象纳入标准：在校学生，具有学生证，年龄 ≥ 18 岁；剔除标准：短期进修学生、非全日制研究生。本研究进行时，获得了调查单位和研究对象的知情同意。

2. 基本情况调查

采用自行设计的《基本情况调查表》调查研究对象的性别、年级、专业类别、学习成绩、独生子女情况、父母学历、家庭所在地、家庭经济情况、个人创业经历等。

3. 大学生创新创业能力调查

采用杨晓慧于 2015 年编制的《大学生创新创业能力自评量表》调查研究对象的创新创业能力情况。该量表包含基本创业能力、核心创业能力、创业人格、社会应对能力四大维度，共 43 道题目。该量表采用 5 点计分法，从 1（非常不符合）到 5（非常符合），量表总分为 43～215 分，得分越高表明大学生创新创业能力水平越高。以量表总分为 43～85 分者为低水平组，86～128 分为中低水平组，129～172 分为中高水平组，173～215 分为高水平组。本研究中该量表的 Cronbach's α 系数为 0.965，4 个维度的 Cronbach's α 系数依次为 0.836、0.912、0.894 和 0.879，表示其具有良好的信度。

4. 质量控制

这次调查由经过统一培训的调查员向研究对象阐明调查内容、意义及填写要求，研究对象知情同意后匿名填写，独立完成，当场收回。问卷回收后及时复核，对填写不完整者予以剔除。

5. 统计学分析

采用 SPSS21.0 软件进行统计分析。计数资料率的比较采用 Pearson 卡方检验；计量资料经正态性检验符合正态分布者，以 $\bar{x}\pm s$ 描述，两组组间均数比较采用 t 检验，多组组间均数比较采用完全随机设计资料的方差分析，组间两两比较采用 LSD 法；计量资料经正态性检验不符合正态分布者，以中位数和第 25、75 百分位数 [M（P25，P75）] 描述，两组组间 M 比较采用 Wilcoxon 秩和检验，多组组间 M 比较采用 Kruskal-Wallis H 检验，组间 M 两两比较以数据排序后的秩次进行 SNK 检验；使用多重线性回归分析大学生创新创业能力的影响因素；检验水准 $\alpha = 0.05$（双侧）。

6. 基本情况

本次调查共回收有效问卷 837 份。研究对象中男性 522 名（占 62.4%），女性 315 名（占 37.6%）；大学本科生 774 名（占 92.5%），硕士研究生 55 名（占 6.6%），博士研究生 8 名（占 1%）；文史类专业 209 名（占 25%），理工类专业 549 名（占 65.6%），其他类专业（含艺术和体育）79 名（占 9.4%）；独生子女 216 名（占 25.8%），非独生子女 621 名（占 74.2%）；来自农村 271 名（占 32.4%），来自乡镇 157 名（占 18.8%），来自县城 146 名（占 17.4%），来自地级市 174 名（占 20.8%），来自省会城市 89 名（占 10.6%）；家庭经济困难学生 157 名（占 18.8%），非家庭经济困难学生 680 名（占 81.2%）。

7. 依托前孵化器建设的工科院校大学生创新创业能力得分情况

工科院校大学生创新创业能力总分为 152.36±22.98 分，具有低水平创新创业能力的大学生有 5 名（占 0.6%）、中低水平的有 88 名（占 10.5%），中高水平的有 635 名（占 75.9%）、高水平的有 109 名（占 13%）。

将工科院校大学生根据其是否曾在前孵化器进行学习，分为前孵化器组和非前孵化器组。其中，前孵化器组的创新创业能力总分为 173.4±12.42 分，具有低、中低、中高、高水平创新创业能力的大学生分别有 0 名（占 0%）、0 名（占 0%）、213 名（占 66.1%）、109 名（占 13.9%）；非前孵化器组的创新创业能力总分为 139.2 ± 17.66 分，具有低、中低、中高、高水平创新创业能力的大学生分别有 5 名（占 1%）、88 名（占 17.1%）、422 名（占 81.9%）、0 名（占 0%）。前孵化器组的创新创业能力得分及其基本创业能力、核心创业能力、创业人格、社会应对能力维度，均显著高于非前孵化器组。结果如表 10-2 所示。

表 10-2　依托前孵化器建设的工科院校大学生创新创业能力的描述性分析（分）

类别	人数	创新创业能力得分	基本创业能力	核心创业能力	创业人格	社会应对能力
工科院校大学生	837	152.36 ± 22.98	30.95 ± 5.33	40.08 ± 27.31	47.56 ± 7.17	33.77 ± 4.93
前孵化器组	322	173.4 ± 12.42	35.61 ± 3.08	46.7 ± 4.43	53.43 ± 4.17	37.66 ± 2.93
非前孵化器组	515	139.2 ± 17.66	28.03 ± 4.26	35.94 ± 5.48	43.89 ± 6.14	31.33 ± 4.32

8. 不同人口学特征组的工科院校大学生创新创业能力差异分析

差异分析结果显示，是否为学生干部、是否参加过创新创业社团、是否参加过创新创业比赛、是否学习过创新创业课程、是否参加过创新创业讲座、是否有创业经历、是否有过实习或兼职经历、家庭成员是否有创业经历、父母是否支持创业、是否了解国家创业政策、是否曾在前孵化器学习的大学生创新创业能力均存在显著差异（$p < 0.05$）。结果如表 10-3 所示。

表 10-3　不同人口学特征组的工科院校大学生创新创业能力得分比较（分）

组别	人数	构成比（%）	大学生创新创业能力总分（$\bar{x}±s$）	F/t 值	P 值
性别				−0.46	0.65
男性	522	62.4%	152.1 ± 24.8		
女性	315	37.6%	152.8 ± 19.7		

续表

组别	人数	构成比（%）	大学生创新创业能力总分（$\bar{x}\pm s$）	F/t 值	P 值
学历				1.12	0.33
大学本科生	774	92.5%	152.1 ± 23.1		
硕士研究生	55	6.5%	156.8 ± 22		
博士研究生	8	1%	150.1 ± 22.1		
专业类别				1.26	0.29
文史类	209	25%	154.1 ± 20.5		
理工类	549	65.6%	151.4 ± 23.9		
其他类	79	9.4%	154 ± 22.9		
是否独生子女				−0.03	0.98
是	216	25.8%	152.3 ± 24.2		
否	621	74.2%	152.4 ± 22.6		
家庭所在地				0.65	0.63
农村	271	32.4%	151.1 ± 22.7		
乡镇	157	18.8%	153.2 ± 22.9		
县城	146	17.4%	151.7 ± 26.7		
地级市	174	20.8%	154.4 ± 21.3		
省会城市	89	10.6%	151.8 ± 20.6		
是否经济困难学生				−0.39	0.7
是	157	18.8%	151.7 ± 24.1		
否	680	81.2%	152.5 ± 22.7		
是否为学生干部				4.95**	0.000
是	379	45.3%	156.6 ± 22.3		
否	458	54.7%	148.8 ± 23		

续表

组别	人数	构成比（%）	大学生创新创业能力总分（$\bar{x}\pm s$）	F/t 值	P 值
是否参加过创新创业社团				13.35***	0.000
是	113	13.5%	176.7 ± 19.5		
否	724	86.5%	148.8 ± 21.1		
是否参加过创新创业比赛				19.51***	0.000
是	244	29.2%	169.1 ± 11.9		
否	593	70.8%	145.5 ± 22.9		
是否参加过创新创业课程				11.01***	0.000
是	353	42.2%	161.5 ± 17.2		
否	484	57.8%	145.7 ± 24.3		
是否参加过创新创业讲座				3.65***	0.000
是	607	72.5%	154.3 ± 21.5		
否	230	27.5%	147.3 ± 25.9		
是否有创业经历				2.26*	0.02
是	270	32.3%	161.8 ± 29.3		
否	567	67.7%	152 ± 22.7		
是否有实习或兼职经历				3.6**	0.000
是	321	38.4%	161.2 ± 15.9		
否	516	61.6%	146.9 ± 24.9		
父母最高学历				1.12	0.34
初中及以下	341	40.7%	150.7 ± 21.8		

续表

组别	人数	构成比（%）	大学生创新创业能力总分（$\bar{x}±s$）	F/t 值	P 值
高中（含中专）	251	30%	154.1 ± 23.7		
大学（含大专）	231	27.6%	152.7 ± 22.9		
研究生（含硕士、博士）	14	1.7%	154.1 ± 35.9		
家庭成员是否有创业经历				3.23***	0.000
是	275	32.9%	156 ± 21.7		
否	562	67.1%	150.6 ± 23.4		
父母是否支持你创业				16***	0.000
是	468	55.9%	162.2 ± 19.7		
否	369	44.1%	139.8 ± 20.6		
是否了解国家创业政策				5.1***	0.000
是	96	11.5%	163.5 ± 23.4		
否	741	88.5%	150.9 ± 22.5		
是否曾在前孵化器学习				32.85***	0.000
是	322	38.5%	173.4 ± 12.4		
否	515	61.5%	139.2 ± 17.6		

注：*$P<0.05$，**$P<0.01$，***$P<0.001$，下同。

9. 工科院校大学生创新创业能力的影响因素分析

以大学生创新创业能力总分为因变量、社会人口学资料为自变量，进行逐步回归分析（进入水准 $α=0.05$，剔除水准 $β=0.10$），结果显示：是否曾在前孵化器学习（1=是，2=否）、父母是否支持创业（1=是，2=否）、是否参加过创新创业社团（1=是，2=否）、是否有过实习或兼职经历（1=是，

2=否）、是否学习过创新创业课程（1=是，2=否）、是否有过创业经历（1=是，2=否）、是否了解国家的创业政策（1=是，2=否）等7个变量进入回归方程，可解释工科院校大学生创新创业能力总分64.4%的变异；其中，是否在前孵化器学习（1=是，2=否）变量可解释工科院校大学生创新创业能力总分52.5%的变异。结果如表10-4所示。

表10-4　工科院校大学生创新创业能力影响因素的逐步回归分析

步次	影响因素	B	SE	Beta	t值	P值	R^2
1	是否曾在前孵化器学习	−25.32	1.13	−0.54	−22.32***	0.000	0.525
2	父母是否支持创业	−9.23	1.06	−0.20	−8.68***	0.000	0.57
3	是否参加过创新创业社团	−11.88	1.5	−0.18	−7.89***	0.000	0.606
4	是否有过实习或兼职经历	−6.21	1.03	−0.13	−6.06***	0.000	0.625
5	是否学习过创新创业课程	−4.67	1.04	−0.1	−4.49***	0.000	0.635
6	是否有过创业经历	10.21	2.67	0.08	3.82***	0.000	0.641
7	是否了解国家的创业政策	−4.18	1.48	−0.06	−2.83*	0.005	0.644

注：仅列出有统计学意义的结果。

10. 讨论

随着"十九大"对国家"新时代"的定位，建设创新型国家成为国家强大的必由之路，创新创业型人才培养成为"十三五"期间高校的重要任务。本研究聚焦于工科院校大学生的创新创业能力状况及其影响因素，并分析前孵化器能否显著提高工科大学生创新创业能力，可为高校有针对性地开展创新创业教育，提高工科院校大学生创新创业能力提供理论支持，具有显著的实际意义。培养高校大学生创新创业能力也能够更好地鼓励、引导学生创业，实现以创业带动就业，有效促进高校毕业生多渠道就业，解决结构性就业矛盾，有利于我国向创新型国家和人力资源强国的快速转型。

本调查结果显示，工科院校大学生创新创业能力得分（152.36±22.98）处于中等偏高水平。近年来，国家倡导并支持大众创业、万众创新，各高校也相应制定政策支持鼓励大学生进行创新创业活动，大学生在面临严峻的就业形势压力下，尤其是受疫情冲击，也开始转变就业观念，尝试创业的可能性，而本研究高校又处于经济发达的广州市，故大学生创新创业能力得分较高。

差异分析和影响因素分析表明，是否曾在前孵化器学习、父母是否支持创业、是否参加过创新创业社团、是否有过实习或兼职经历、是否学习过创新创业课程、是否有过创业经历、是否了解国家的创业政策的大学生创新创业能力均存在显著差异（$P < 0.05$），且上述7个变量是工科院校大学生创新创业能力的影响因素，共同解释了64.4%的变异，其中，是否曾在前孵化器学习是最大影响因素，可解释52.5%的变异。前孵化器作为一种新的研发组织，凭借市场化的管理和运行机制、专业化的研发和服务体系，已成为"产学研用金"深度融合的"黏合剂"、高端人才的集聚地、科技型企业的孵化器和区域创新崛起的新生力量。因此，曾在前孵化器学习或实习过的同学，能够更多地接触和了解前沿创新创业知识，跟随团队一起研发新型产品，可以激发更多的创新创业想法，故其创新创业能力得分较高，也成为创新创业能力的最大影响因子。父母是否支持创业能直接影响大学生的创新创业意愿。钟云华的研究也发现，性别、家人或亲戚创业、家庭积蓄支持是大学生创业能力的主要影响因素，父母支持大学生进行创业，能更好地激发大学生的创新创业热情，大学生可以更好地在父母的精神或经济支持下进行创新创业，施行自己的创业想法，故其创新创业能力得分较高。参加过创新创业社团、课程的大学生，了解过国家创业政策的大学生创新创业能力得分较高，高校的创新创业教育能让学生更好地了解国家关于创新创业的支持政策、哪些领域存在较大的创新空间、如何更好地进行创新创业、可以通过哪些方式方法进行创业，进而提高大学生的创新创业能力。大学生作为一个特殊的创业群体，高校、政府、企业和社会的良好支持和服务能够有效提高大学生的创业能力。

综上所述，建议可从以下方面来培养工科院校大学生的创新创业能力。第一，高校应深化"政校行企"合作模式，建立多种形式的平台，比如创业实践基地、创业孵化中心、产学研平台等，充分利用前孵化器来培养工程科技创新人才。第二，高校在大学生创新创业能力培养的过程中，首先要构建完善的"双创"教育体系，将创业教育融入高校教学与管理，通过创业教育与创业技能培训，培养大学生积极的创业态度，提升创业能力和创业自我效能，激发其创业意向，提高大学生的创新逻辑思维能力。第三，政府应对大学生的创新创业活动提供硬件建设与政策支持，不断优化创业环境，通过规划大学科技园、建设创业公共服务平台等为大学生创新创业开辟绿色通道。

本调查也存在一些不足之处。一是本调查采用的是横断面研究，今后可以进行纵向跟踪研究来揭示工科院校大学生创新创业能力的影响因素；二是调查对象仅为单一的工科院校大学生，故调查研究结论推广到全国大学生群体时生态学效度较低，今后可以扩大被试群体进行研究。

四、前孵化器创新创业团队的管理与创新绩效实证研究

由于创新技术项目涉及不同利益群体，因此，在前孵化器的创新创业团队中，创新技术项目网络管理的作用与地位显得尤其重要。在创新技术发展沿革过程中，前孵化器通过网络管理对项目利益关系人（群体）进行管理。结合实践而言，随着项目中的关键因素协作与互动及其各自职能发挥效率的提高，创新技术向成熟技术转化的成功率也会相应提高。通过网络管理，前孵化器打破了管理部门与在孵企业、中介机构、研究开发人员和用户之间的交流互动壁垒，实现了各利益群体的高效信息交流和沟通，提高了资源的有效利用率。

前孵化器的网络管理对象包括平台和成员，因此要通过网络平台管理和网络成员管理两个指标，对前孵化器的网络管理能力进行评估。

网络平台是创新技术项目成员进行信息交流的协作互动平台，主要包含了各项公共性、整体性信息，是各网络成员进行沟通的基础性建设。目前国外相关网络平台主要以建立专项团队、跨组织协同等方式，保障与创新技术项目的紧密联系与互动。前孵化器所搭建的网络平台面向所有正在进行核

心技术开发的创新技术项目,因此,其主要建设内容是"共性"的管理服务。前孵化器通过提供各项目共用的基础设施与服务等,提高了资源的利用效率,降低了各项重复建设成本。同时,网络平台也是各项目团队与其他部门协作互动的载体,有利于提高项目效率。网络平台管理指标反映了网络平台的整体运行能力,对于网络平台的管理,主要涉及网络平台所承载的工作内容。

前孵化器网络平台的搭建主要服务于前孵化器内部的创新创业团队或初创企业,同时也涉及不同利益相关群体,双方共同构成平台主体。网络成员管理指标是对机构内企业与网络成员间的关系反映,是管理部门对于网络成员管理协调能力的体现。网络成员间所形成的网络关系根据对象不同,主要包括:①前孵化器内部创新创业团队或初创企业之间;②前孵化器内部创新创业团队或初创企业与外部科研院所、高校之间。前孵化器致力于孵化新技术并使之转化为成熟技术,使其得到进一步发展利用,因此,只有在高产业聚集度、具备全链路渠道的条件下,才能完成新技术的孵化与发展,全面的网络成员有利于前孵化器的发展,同样,前孵化器的发展也能加深各成员间的联系,促进各成员的共同发展。前孵化器产学研合作程度越深,平台社会网络关系就越稳定,前孵化器内、外成员联系也越密切。

前孵化器的组织学习过程是前孵化器中的重要一环,内容上涉及技术元素、设计规范、市场偏好、文化意义、象征性、基建和网络维护、产品与产业链、法规政策及人文社会与自然环境的影响等;方式上采用了经验反思、设计、建立和刺激实验以及成果共享等。因此,需要针对创新技术项目发展,进行专业的学习管理,包含各项针对学习过程的管理活动。前孵化器通过对创新技术项目发展进行学习管理,科学地为企业或团队的学习目标提供了指引和学习交流渠道,有利于增强在孵企业、团队和科研机构等对创新技术的嗅觉与探索能力,同时也有助于提高学习创新效率。针对创新技术项目的学习管理,其主要管理内容按照阶梯分段,主要包括一阶学习和二阶学习,通过前孵化器对一阶学习和二阶学习的管理,可以较大程度地反映出前孵化器的学习管理能力。一阶学习主要以内部学习的形式开展,前孵化器内部企业收集自身相关信息进行分析和加工，了解当前市场整体生产制造工艺与技术水平，提升对于市场情况的把握能力。在一阶学习的过程中，企业可以明确自身定位，更加深刻地把握自身在研发、生产等多方面的优劣势，从而更有效地规划创新技术项目，加速研发进程。一阶学习的市场导向性提高了管理难度，因此前孵化器管理部门的工作主要以方向指引或目标设定为主。设定目标可以有效加强一阶学习管理，推进SNM进程。前孵化器的主要目的是孵化创新技术，并实现其向成熟技术的转化，推向市场，新技术作为其孵化核心推进力，必须接轨时代，不断进行知识学习与创新。而要进行知识学习与创新，必须首先对目标进行设定。通过设定学习目标，前孵化器可以根据自身发展需求与目标，协调产业关系，规划前孵化产业技术发展路线，有利于在孵企业、团队等根据目标进行高效学习，高质量推进发展进程，实现资源合理配置，保障创新效率。

二阶学习，即指前孵化器内部创新创业团队或初创企业以外部学习的形式，吸收国内外有关自身项目的知识与信息，为完善自身提供参考的过程。外部学习主要依靠的是信息检索应用平台以及企业自身的知识和信息处理、加工与利用能力。综合实践经验而言，二阶学习管理主要是前孵化器对于信息检索与应用平台的建设和管理。就前孵化器自身而言，在二阶学习管理过程中，应当建设有关技术学习、基础设施、相关法规政策、市场动向、社会文化信息等的交流平台，为前孵化器内部企业、团队等提供创新技术项目孵化全链路配套服务。前孵化器通过提供公共类服务，可以降低在孵企业、团队等的重复研究成本，提高创新效率。

基于上述理论背景，我们参考韩莹的研究，自编《前孵化器创新创业团队管理与创新绩效问卷》，围绕团队网络构建、组织学习和创新绩效等维度开展了随机抽样的数据采集，通过问卷与访谈相结合的方式，对前孵化器内的创新创业团队或初创企业负责人进行了调查，共计采集回收355份问卷。

研究使用SPSS25.0对量表的信度与效度进行分析。使用R语言可视化分析平台R studio进行基于前向选择的冗余分析（Redundancy Analysis，RDA）和方差分解（Variance Decomposition），分别用于分析显著影响创新绩效的变量因素以及各维度类别对这种影响的大小程度。

1. 信度与效度检验

研究使用 SPSS25.0 对量表各测量项目的 Cronbach's α 系数进行了一致性检验。由分析结果可知，量表 Cronbach's α 系数为 0.980，各题项删除项后的克隆巴赫（信度）Alpha 值未出现大于 0.980，且 CTIC（修正后的项与总计相关性）均大于 0.6，表明本研究采用量表的各测量项目的内在一致性较高，可靠性较强，量表信度良好，不需要删除题项。

在量表的效度分析上，研究所用量表的巴特利特球体检验的显著性 Sig. 为 0.000，同时 KMO 值为 0.948，表明量表适合进行因子分析，量表整体的结构效度极好，各测量项的标准化因子负荷最小值为 0.687，亦满足效度要求。此外，研究使用主成分分析的最大方差旋转法进行因素提取，提取 3 个因子的旋转后载荷平方后累计方差贡献率为 78.48%，表明 3 个维度公因子即能有效表征整体量表效度。由旋转成分矩阵结果可知，量表题目 1-11、15-19、24-25 可归为维度一，命名为"网络构建"；题目 12-14、20-23 可归为维度二，命名为"组织学习"；题目 26-28 可归为维度三，命名为"创新绩效"。

在此基础上，研究还对各维度构面进行验证性因素分析，分析各维度构面是否具有足够的区分效度和收敛效度。其中，网络构建（维度一）的平均方差提取值和组合信度值分别为 0.639 和 0.969；组织学习（维度二）的平均方差提取值和组合信度值分别为 0.559 和 0.899；创新绩效（维度三）的平均方差提取值和组合信度值分别为 0.639 和 0.841。由此可知，问卷的各维度构面的平均方差提取值大于 0.5，说明问卷满足收敛效度要求，而组合信度值均大于 0.8，表明满足区分效度要求，即量表具有较好的收敛效度和区分效度。综上所述，探索性因子分析结果如表 10-5 所示，结合验证性因子分析结果，表明本研究所用量表具有较好的结构效度，满足分析的要求。

表 10-5 变量因子分析与信度效度检验表

变量维度	题序	题项	分析中所用缩写	因子载荷	Cronbach's α	累计方差贡献率
网络构建	1	我们团队在面对新的挑战时，有信心能利用团队现有资源找到可行的解决方案	Resource	0.864		
	2	我们团队与其他团队相比，能利用现有资源应对更多的挑战	Challenge	0.843		
	3	我们团队善用任何现有资源以应对创业中的新问题或机会	Chance	0.871		
	4	我们团队通过整合团队现有资源与政府扶持资源以应对新挑战	Reply	0.737		
	5	我们团队面对新的问题或机会时，假设能找到可行的解决方案并采取行动	Action	0.867		
	6	我们团队通过整合团队现有资源，能成功应对任何新的挑战	Succeed	0.830		
	7	我们团队面对新的挑战时，通过团队现有资源组合可行的解决方案	Solve	0.853		
	8	我们团队通过整合原本并非用于这一计划的资源以成功应对新的挑战	Conformity	0.848		
	9	我们团队与机构的其他团队心存感激之情	Thankful	0.714		
	10	我们团队与机构的其他团队有着密切的社会关系	Society	0.757		
	11	我们团队与机构的其他团队形成一种"互惠互利"的关系	Benefit	0.773		
	15	我们团队寻找信息以改进解决问题的常用方法和思路	Thinking	0.835		
	16	我们团队寻找可以良好实施的想法和信息，以确保生产力	Productivity	0.827		
	17	我们团队为产品开发问题寻找通用方法和解决方案	Exploit	0.779		

续表

变量维度	题序	题项	分析中所用缩写	因子载荷	Cronbach's α	累计方差贡献率
网络构建	18	我们团队采用信息获取的方法（例如调查现有的客户和竞争对手）以帮助了解和更新团队现有的市场经验	Update	0.807		
	19	我们团队使用与我们现有经验相关的知识	Knowledge	0.687		
	24	我们团队在收集新信息的过程中学习到了新的东西	Course	0.757		
	25	我们团队经常对现有的产品/服务做一些小的调整	Adjustment	0.700		
组织学习	12	我们团队与机构的其他团队专业领域差异较大	Difference	0.737		
	13	我们团队与机构的其他团队有各种不同的背景和经验	Experience	0.711		
	14	我们团队与机构的其他团队拥有相辅相成的技能和能力	Ability	0.722		
	20	在信息搜寻过程中专注于获取高市场风险的知识	Risk	0.729		
	21	我们团队更喜欢在没有明确的市场战略需求的情况下收集信息	Information	0.808		
	22	我们团队通过进入新的学习领域以获取知识	Study	0.752		
	23	我们团队收集了超越我们目前市场和技术经验的新颖信息和想法	Pioneer	0.770		
创新绩效	26	我们团队不断提高产品/服务的生产效率	Enhance	0.766		
	27	我们团队不断增加现有的市场规模	Scale	0.751		
	28	我们团队经常为现有的客户扩展服务	Serve	0.875		

2. 团队创新绩效的冗余分析

本书基于 R 语言大数据分析平台，对团队创新绩效进行了基于前向选择的冗余分析，以可视化的形式分析网络构建（维度一）和组织学习（维度二）的 25 个变量中对团队创新绩效有显著影响的变量。由图 10-1 可知，信息获取的方法（Update）、是否心存感激（Thankful）、是否互惠互利（Benefit）、是否获取高市场风险知识（Risk）、专业领域差异（Difference）、是否具有相辅相成的能力（Ability）、是否学习新事物（Course）、是否调整产品服务（Adjustment）、确保生产力（Productivity）、是否组合可行资源（Solve）、是否改进方法（Thinking）、是否实行可行方案（Action）、是否找到可行方案（Resource）、是否能应对挑战（Challenge）、是否学习新领域获取知识（Study）等 15 个变量才是显著影响创新绩效的变量，而诸如是否收集了新颖信息和想法（Pioneer）、是否寻找产品开放通用方法（Exploit）等10 个变量对团队创新绩效并没有显著影响。

创新绩效冗余分析

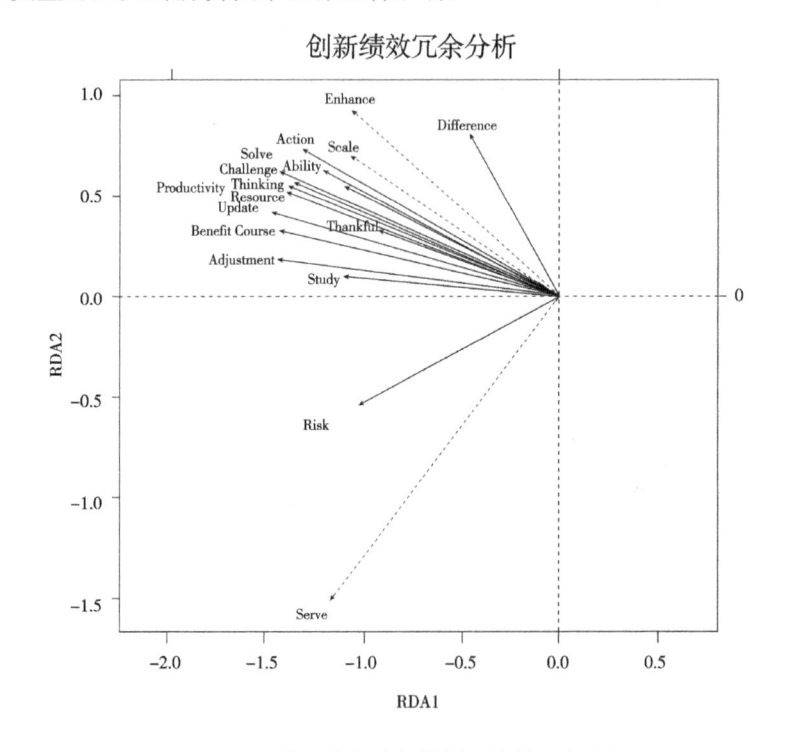

图 10-1　基于前向选择的创新绩效冗余分析

在显著影响创新绩效的 15 个变量中，分属于网络构建（维度一）的变量有 11 个，而分属于组织学习（维度二）的变量为 4 个，要远远少于网络构建维度，表明网络构建维度是影响团队创新绩效的主导因素。同时，团队创新绩效下属的生产效率（Enhance）、市场规模（Scale）、客户服务（Serve）均与筛选出的 15 个变量成正相关关系，创新绩效的提高具体表现在不断提高的生产效率、不断提高的市场规模、不断拓展的客户服务上。

3. 团队创新绩效的方差分解

对团队的创新绩效差异进行方差分解，可以了解不同维度变量对创新绩效的影响程度大小。由方差分解可知（见图 10-2），组织学习维度（X1）和网络构建维度（X2）对创新绩效影响程度的贡献率分别为 23.5% 和 38.6%，45.9% 的团队创新绩效差异是由团队组织学习和组织学习决定的。

同时，网络构建维度（X2）对创新绩效差异的影响和贡献程度要大于组织学习维度（X1），说明网络构建维度才是主导一个团队创新绩效产生差异的原因。而这一结果，与基于前向选择的冗余分析的结果一致。

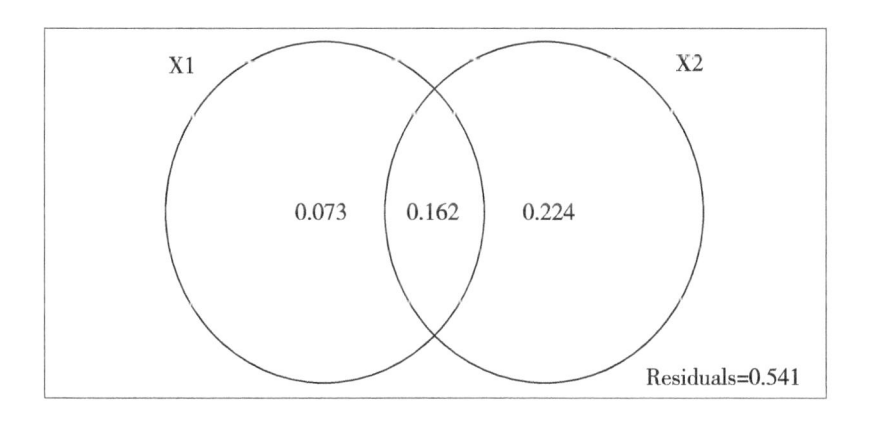

图 10-2　创新绩效的方差分解

4. 假设与概念模型

使用 AMOS24.0 软件对量表模型整体进行拟合优度检验（见图 10-3），根据模型的整体拟合指标来检验理论模型与数据的拟合度情况，其中，模型一为独立模型，即假设所有指标之间相互独立；模型二为默认模型，假设学习维度与网络构建相互独立，且分别作用于创新绩效；模型三为饱和模型，假设学习维度与网络构建并非相互独立而存在中介效应，对创新绩效带来影响。

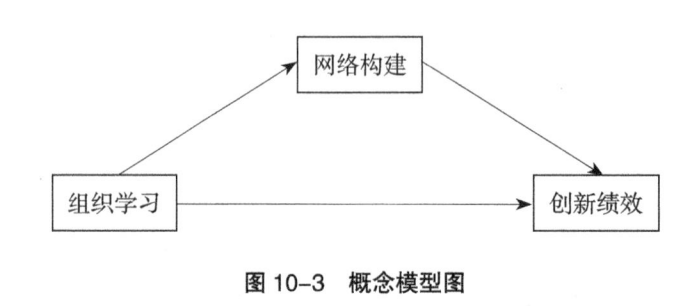

图 10-3　概念模型图

由表 10-6 的多模型整体拟合度情况可知，饱和模型的各项绝对拟合度指标要优于独立模型和默认模型。其中，饱和模型的期望复合指数（EVCI）值最小，表明饱和理论模型具有预测效度，即此模型能够用于不同的样本。同时，饱和模型的 NFI/IFI/BFI 值均大于 0.9，表明饱和模型具有优良的拟合度，为最优模型。

表 10-6　多模型整体拟合度情况

Model	NCP	AIC	EVCI	CAIC	BIC	GFI	NFI	IFI	CFI
独立模型	474.866	483.866	1.367	498.482	495.482	0.534	0	0	0
默认模型	237.697	248.697	0.703	273.057	268.057	0.754	0.5	0.502	0.499
饱和模型	0.000	12	0.034	41.233	41.233	1	1	1	1

由多模型整体拟合度指标情况可知，饱和模型即组织学习与网络构建并非相互独立，而且存在中介效应对创新绩效带来影响。实际上，这种中介效应在方差解析（见表 10-6）中具体表现为存在共同方差，这与创新绩效的方差解析结果相互印证。

5. 结论与建议

（1）团队创新绩效的评价问卷。

团队创新绩效是衡量团队管理实效的重要表征，具有良好信效度与稳定性的团队创新绩效评价是关键环节。我们面向初创企业经理或创业已具规模的主要负责人进行了随机抽样的数据采集，结合既有文献与现实访谈设置了包含 28 道子项题的量表问卷。通过一致性检验分析可知，量表问卷的 Cronbach's α 系数与 CTIC（修正后的项与总计相关性）均符合稳定性要求，表明量表各测量项目的内在一致性较高，可靠性较强，量表信度良好。此外，还对量表的效度进行了分析，量表通过了巴特利特球体检验，表明适合进行因子分析，量表整体的结构效度极好。在确认量表适合因子分析的基础上，基于最大方差旋转法的主成分分析进行公因子维度提取，3 个维度公因子即能有效表征整体量表效度，依据旋转成分矩阵结果设置"网络建构""组织学习"和"创新绩效"等 3 个维度，且各维度构面的验证性因素分析提示量表具有较好的收敛效度和区分效度。同时，由方差解析结果可知，问卷中的网络构建维度与组织学习维度能够对 45.9% 的团队创新绩效差异进行解释，同样印证了问卷的因应效果良好。因此说明研究所用问卷具有良好的信效度与稳定性，可以在多个维度对目标团队的创新绩效进行测量，可在团队创新绩效评价研究中适用推广。

（2）团队创新绩效的因素解析。

并非全部因素均能对团队创新绩效产生影响，同一维度下不同变量对于团队绩效影响存在显著性差别。由基于前向选择的冗余分析可知，信息获取的方法、是否心存感激、是否互惠互利、是否获取高市场风险知识、专业领域差异、是否具有相辅相成的能力、是否学习新事物、是否调整产品服务、确保生产力、是否组合可行资源、是否改进方法、是否实行可行方案、是否找到可行方案、是否能应对挑战、是否学习新领域获取知识等 15 个因素是能够对团队创新绩效产生影响的显著因素。这表明在管理者进行团队创新绩效管理时，应首先关注以上归属于网络建构维度的 15 个因素，围绕确保团队生产力的目标，通过改进信息获取方法、优化可行资源配置、调整产品服务等措施来提升团队创新绩效。同时，对于剩余的 10 个非显著影响变量可以减少团队投入，这样可以提高团队整体的管理效能。

此外，由多模型整体拟合结果可知，饱和模型为最佳拟合模型，多模型整体拟合度指标情况显示，组织学习维度和网络构建维度并非独立存在，两者间存在中介效应对创新绩效带来共同影响，这种共同的影响在方差解析中具体表征为网络建构和组织学习共同影响的团队绩效差异，且这种共同作用能够影响 16.2% 的团队创新绩效。

（3）团队创新绩效的提升进路。

对团队创新绩效有显著影响的因素主要来自团队的网络构建维度，表明团队创效绩效主要是高效管理的结果。由前述的冗余分析可知，实际上在 15 个显著影响团队创新绩效的因素当中，分属于网络构建维度的变量有 11 个，而分属于组织学习维度的变量为 4 个，要远远少于网络构建维度，表明网络构建维度是影响团队创新绩效的主导因素。这启示我们在进行团队创新绩效管理时，应更加注重团队内部或内外部之间的网络构建而不是团队的组织学习，有效的团队内部或内外部机构之间的资源整合与畅连关系要比团队自身的知识背景与经验技术更加重要。团队绩效在一定程度上主要是团队管理结果，即资源最大化配置的作用结果，而不是团队自身能力素质的结果，也不是团队创新绩效的决定性影响因素。同时，团队创新绩效下属的生产效率、市场规模、客户服务均与筛选出的 15 个变量成正相关关系，表明创新绩效的表征实际上具体表现在不断提高的生产效率、不断提高的市场规模、不断拓展的客户服务上。这启示我们在检视团队绩效或对其进行评估时，可以从生产效率、市场规模和客户服务等视角进行，凡不能提高生产效率、扩大市场规模和拓展客户服务的团队行为，均是团队绩效提升的"无效"动作。因此，建议在实际的团队创新绩效管理中，当资源投入有限的情况下应优先考虑网络构建维度的各要素投入。

此外，我们还对团队的创新绩效差异进行了方差分解，发现网络建维度对团队创新绩效的贡献率（38.6%）要大于组织学习维度的贡献率（23.5%），这表明网络建构维度才是主导团队绩效差异的维度，即网络构建能更好地表征团队创新绩效的差异,而这一结果与基于前向选择的冗余分析的结果一致。需要特别注意的是,由网络建构和组织学习共同贡献的团队绩效差异仍有16.2%,表明组织学习维度虽然相比没有网络构建维度的贡献大,但实际上仍然占有一定的比率,团队的创新绩效仍有组织学习维度带来的贡献率,较高的团队创新绩效同样离不开组织学习,建议在团队创新绩效的管理中也不应弱视组织学习要素对于团队创新绩效的贡献。

第二节 依托前孵化器建设的工科大学生创新创业能力培养运行机制和平台建设研究

高校前孵化器是具有中国特色的创新模式、高校体制内的组成部分,以高新技术与高端人才为服务对象,以推动研究向产业应用转化为宗旨,以完善技术、培养人才和催生企业为目标,是科技产品和科技型企业的"催生器"。依托前孵化器的工科大学生创新创业能力培养与传统的工科大学生培养方案有一定的差异,其运行机制和培养平台打破了以往的工科大学生"填鸭式"、过于注重学术型人才培养、课程设置和课程教学滞后于社会发展的培养现状,在借助前孵化器协同创新、科技研发、创新创业团队建设等条件下,培养工科大学生创新创业能力。

一、依托前孵化器建设的工科大学生创新创业能力培养运行机制

依托前孵化器建设,工科大学生创新创业能力的培养能够以前孵化器为载体,共享软硬件资源,让工科大学生参与前孵化器的项目开展,在团队交流中实现对学术前沿知识和创新实践应用的把握。它主要有以下运行机制。

1. 创新创业环境支持

工科大学生创新能力既受主体自身因素,例如创新思维、创新意识和创

新精神等主观因素影响，又受到一系列外部环境的制约。营造良好的创新创业环境，营造完整的物质环境、制度环境、文化环境和社会环境共同作用的氛围，形成一个完整、开放、富有创新活力的环境，不仅能够充分发掘工科大学生的自身潜力，也能够对工科大学生创新创业能力的培养起到重要作用，促进创新型工科大学生的健康成长。高校前孵化器具备集"众创众筹、前孵化、孵化、加速、产业园"于一体的孵化育成体系，具有良好的创业生态系统，能够高效整合高新技术、创业服务、创业人员、投资企业等创新创业资源，为工科大学生提供检验创意与思想碰撞交锋的空间。同时，前孵化器还能够通过创客教育文化交流课程、创新创业教程等活动，培养善于动手、勇于创新的新型社会人才，营造良好的创新创业环境，培养高素质、高技能、创业型的工科大学生。

2. 社会关联系统

高校为工科大学生创新创业能力培养所提供的各种资源是非常有限的，为了拓展工科大学生的视野以及提供更多的机会，应当通过高校前孵化器积极寻找并整合集成各种社会资源，充分利用这些社会资源为工科大学生创新创业能力的培养提供资源平台。在高校前孵化器中，能够结合政府、开展创新研究的企业、各类科研团队、科技企业前孵化器等资源，并通过与这些部门建立联系，解决工科大学生培养过程中科研经费紧张、实验实践条件限制等问题，而且能够积极推动工科大学生参与科研实践，鼓励工科大学生创业，培养工科大学生的创新素质、竞争意识和团队协同等各方面的创新创业能力。

3. 服务支持系统

高校前孵化器一般由政府投资、高校管理、企业对接，并且有专业的运营者对接创业者和企业，提供服务和经验，并从众多资源中筛选出不同项目所匹配的资源。同时，国内外高水平重量级科研师资和创业导师能够加盟前孵化器，提供相关的技术指导和顾问，建立起多主体协同一体的智能服务公共平台，为工科大学生参与项目、展开研究、启发创新思维和指导创业方向奠定了牢固的服务基础。高校前孵化器能够提供丰富的信息服务、咨询服务、培训服务、协调服务以及创业指导与扶持服务等，该服务支持系统为工科大学生提供了参与创业和创新的丰厚条件。

4. 政策制度保障体系

高校前孵化器有效运行有赖于完善的政策制度保障。国家和各地方政府相继出台了一系列的指导政策及可供参考的操作办法，进一步地规范前孵化器的运作模式，极大地促进了前孵化器的发展。而完善的政策制度保障也能为参与前孵化器项目研究或者参与相关创新创业教育课程的工科大学生提供相应的保障。工科大学生作为大学培养的高层次人才，其创新创业教育是国家创新体系中最重要的组成部分。工科大学生创新创业能力的培养，也迫切需要各种政策的扶持和落实。依托高校前孵化器，能够借助相关创新项目有利的政策条件，让有创业意向的具有较强创新能力的专家教授，带领其工科大学生团队和创新项目入驻前孵化器，由高层次、掌握先进技术的导师引领工科大学生团队进行创新和前沿性的科研实训，提升工科大学生的创新创业能力，培养创新创业人才。

二、依托前孵化器建设的工科大学生创新创业能力培养平台建设

在高校前孵化器项目开展中，导师和指导者可以根据孵化项目创新的需要，对工科大学生科研活动进行大量的指导协作，这种方式让工科大学生获得了在传统的班级教学中所无法获得的隐性知识。导师和其他成员在进行孵化项目的讨论、解释、指导等，都向工科大学生传递着有关创新的隐性知识，在专题讨论中工科大学生就可以发现导师以及他人的思考方式从而加以借鉴学习。在孵化项目进行科研成果转化，最终形成微小企业时，工科大学生可以直接观察到创新创业的实践操作技能，直接作用于其创新创业活动。通过高校前孵化器，工科大学生的创新创业能力提升得益于以下几个平台的建设。

1. 研究能力培养平台

研究是工科大学生创新创业教育的本质特征，是工科大学生素质和能力

的核心,也是工科大学生最主要的学习方式。在传统的工科大学生教育方案与计划中,工科大学生通过导师带领其参与自己的研究项目或者向其布置研究任务等方式,进入科学研究领域,从而提高自身的研究和探索能力。然而,在现实的培养过程中,学生在导师课题研究过程中能够担当的角色有限,甚至部分工科大学生仅仅被安排处理项目的事务性工作,例如报销发票等,能够真正参与到研究的机会有限。即使他们主动申请某些科研项目和课题,由于研究条件和资源的缺乏,其研究往往也仅限于面上研究,致使其创新想法没有条件付诸实践。高校前孵化器依托高校建设的场地,综合科研院所和企事业单位的优质资源,可以提供场地、实验室、办公设备等资源保障。同时,依托高校前孵化器建设的研究能力培养平台,更多的是与产业链对接,代表着专业领域所在区域经济社会发展的方向,是培养引领产业技术创新发展人才的平台。工科大学生能够通过加入前孵化器的创新创业技术团队,研究已经入驻前孵化器的技术产品,与相关技术人员一起研究、开发、完善已经在前孵化阶段的科学技术,通过更加前沿性和实务性的研究,补充现有工科大学生教育计划中滞后于社会发展需求的部分,与时俱进,掌握最前沿的研究技术和方式,提升研究能力。

2. 职业素质培养平台

在传统的工科大学生培养过程中,导师是根据教学计划重点培养工科大学生的研究能力和创新能力。然而,在工科大学生学习研究毕业后,能够继续坚持科研工作、攻读博士或者进入研究所工作的毕竟相对属于少数,大多数工科大学生均面临找工作的问题,将通过就业择业走上工作岗位。随着工科大学毕业生人数逐年增多,其就业竞争也在逐年加大。在日益严峻的就业形势面前,工科大学生毕业时的职业素养高低直接影响到其就业、择业以及今后职业生涯的发展。工科大学生具备较高的职业素养并不是一天就能练就的,需要在其就读大学期间培养。但正如前文所描述的,传统工科大学生的培养计划中对工科大学生的职业素质培养缺乏重视,更多的是提高工科大学生的科研能力和专业技能,忽略了对学生职业意识、行为习惯、沟通能力、职业道德等职业素养的培养。培养工科大学生的创新创业能力,也应当积极探索搭建工科大学生职业素养培养的平台。高校前孵化器以高校的人力资源、物力资源和科技资源为依托，在资源共享的基础上，为高端人才和高新技术提供一系列的服务。前孵化器的资源丰富性不仅仅表现在提供项目研发资金，也体现在有关未来孵化企业所需人才基本职业素质的相关资源积累上，最终积累成适合工科大学生自身发展的职业素质。应当依托前孵化器的资源共享平台，鼓励工科大学生进入前孵化器项目组，参与项目的研发，在项目运作过程中，提前了解企业的孵化流程，掌握技术产业化市场的状况，熟悉企业的管理机制和模式，并在创业团队的带领下，掌握一定的创业和就业技能，提升自身职业素养。

3. 创新创业实训平台

依托高校前孵化器，打造工科大学生创新创业实训平台，强调创新创业实训与专业学术研究的渗透与融合，在其中学生可以感知领悟到基于专业学术能力的创业知识和过程，是引导全校把创新创业实训放在整个人才培养体系框架中来的一个示范平台。在高校前孵化器中，让工科大学生跟随教授团队参与到科研创新项目的孵化当中，能够促使工科大学生将理论与实践充分结合，为工科大学生提供更加广阔的实践训练平台，也为工科大学生接触社会、了解社会提供了更为广阔的舞台。对于有创业倾向的工科大学生，可以从其创新创业项目中遴选出具有一定技术创新水平的项目，给予资金扶持，在配备校内导师进行技术指导的同时，鼓励工科大学生创新项目入驻前孵化器，组建更加坚固的团队，促进组建企业并实现自主创业。在这个平台上，工科大学生不仅可以通过前孵化器这个窗口与各类企业、科研机构合作，促进高新技术成果的转化，实现产学研的有效结合，促进工科大学生了解实践并从实践中发现创新机会，提高工科大学生的创新创业意识，也可以促使工科大学生在创业过程中感受来自市场的竞争，并不断提高自身项目的创新能力和核心竞争力。由此，工科大学生能够充分运用所学知识，并掌握最新的专业研究动态，在创新中创造创业机会，在创业中潜心钻研促进科研成果转化，并提高创新能力。

第三节　案例研究：广工大数控装备协同创新研究院的实践探索

佛山市南海区广工大数控装备协同创新研究院（以下简称广工大佛山研究院）是在国家大力推动创新驱动、转型升级发展战略的形势下，由广东省科技厅、佛山市人民政府、南海区人民政府、佛山高新区管理委员会和广东工业大学共同建设的数控装备技术研发、成果转化及孵化、人才培养与引进的开放式、网络化、集聚型的公共服务平台。该平台建设是学校学科资源优势和社会市场深度融合的重要体现，在实践中形成了具有地区特色的发展模式。

广东省佛山市以制造业发达闻名于世，并且坚持实体产业发展，本土内生的制造型企业较多，在新时代经济发展背景下，佛山市积极探索以智能制造为主攻方向，着力发展先进装备制造产业，抢占智能制造的技术制高点。装备制造产业的发展离不开高端核心技术的有效支持，因此，广工大佛山研究院应运而生。

广工大佛山研究院是广东省首批前孵化器之一，建设首期由南海区人民政府提供 1.2 亿元建设资金、2 万平方米建设场地及各种优惠政策支持，广东工业大学负责经营管理。研究院属于第三类事业单位，按企业化形式运作。

研究院立足于佛山市南海区向高端制造业转型的产业发展需求，以建设先进装备制造产业带创新引擎为重要发展目标，重点建设了精密装备、工业机器人、3D打印、人工智能、软件开发、前孵化器等创新创业中心及项目，并密切加强与广东工业大学、华中科技大学、香港科技大学等高校及科研机构的高端人才队伍、重大科研成果对接，创建"工匠创客汇"众创空间，培育科技型企业，推动行业龙头与创业团队结成战略合作伙伴，发挥龙头企业强大的经济实力，引导研发团队解决实体经济发展的难点问题，突破行业关键技术和产品，推动企业和行业技术创新，建设集技术研发、成果转化、企业孵化、人才引进、人才培养为一体的开放式创新研发实体和公共服务平台，打通了从基础研究到应用研究，再到产业孵化和成果市场化的通道。

研究院实行理事会领导下的院长负责制，即由广东省科技厅、佛山市人民政府、南海区人民政府、佛山高新区管理委员会和广东工业大学组成研究院最高决策机构理事会，下设院务委员会以及精密装备、机器人、3D打印、智能制造等创新创业中心、发展公司、基金公司。[1] 目前研究院建成七大公共服务平台、四大创新创业平台和三大实验室，引进200多名国内外高新技术人才，引入培育100多个创新创业团队，已成功孵化超过100家科技型企业，服务地方企业、高校等单位超3000家，实现技术服务收入10亿元，带动新增产值50亿元，为推动佛山市产业转型升级提供了有力的支持。

一、广工大佛山研究院的发展路径及主体互动模式

前孵化器是开放式的创新系统，其开放性体现为其发展路径是朝着不同的方向延伸的。同时，在前孵化器中多主体有其独特的互动模式，相互协调，保持平衡的互动状态，进而致力于完善前孵化器的保障机制，使研发机构能够充分发挥其核心功能。

1. 前孵化器的发展路径

前孵化器的发展路径向三个方向延伸：一是向上延伸，即立足于国际科技前沿，努力集聚高端新兴技术的研发资源，汇聚高层次高水平人才；二是向下延伸，即立足于地方的市场需求和传统行业的转型升级需要，聚焦核心技术研发与突破，促进成果转化，多角度对接地方产业转型、技术升级重大需求，构建"点、线、面、体"四维一体的服务模式；三是向内横向延伸，即整合共享优质和优势资源，加强产学研政在人才培养和团队培育方面的合作，推动学科建设和人才培养，为后续科技创新发展蓄力，同时充分发

---

[1] 佛山市南海区广工大数控装备协同创新研究院组织架构[EB/OL].http://www.fsggdcnc.com/zzjg.htm.2019-4-2.

挥前孵化器在创新创业教育方面的有效作用，从源头上为机构项目开发与技术研发注入源源不断的动力。广工大佛山研究院引入广东工业大学、香港科技大学、华中科技大学等高端人才团队，并依托一批国家级或省级技术及装备重点实验室，向上延伸实现人才汇聚效应。在立足制造业转型升级综合改革方面，广工大佛山研究院聚焦精密装备技术、数控运动控制技术、机器人技术、3D打印技术、快速样机制造等技术研发，有效地解决了精密装备设计和加工的国产化问题，提升了区域行业的整体技术水平。在横向人才培养方面，一是广工大佛山研究院与广东工业大学校内大学生创新创业孵化基地合作，建立学生创新基地、科学家团队、企业对接的众创模式，聚集高校学生、大学生为主的青年创客群体；二是通过"科技券""人才券"以及大学生各类创新创业项目对接等形式，吸引一批高水平博士、硕士生加入创新创业团队。

2. 前孵化器的主体互动模式

一般来说，前孵化器是一种旨在促进创新要素高速汇聚和高效率利用的开放式组织，其开放性决定了其投资主体可能包括高校、政府、企业、行业协会或者个人等。因此，前孵化器不同于事业单位，而采用理事会领导下的院长负责制；不同于企业，而着眼于创新成果的孵化和市场化，孵化科技型企业，在发展经济效益的同时兼顾社会效益；不同于传统的科研院所，而更加注重科技成果转化后的产业化发展和企业的孵化。

前孵化器采取的是混合型组织形式，主体之间以契约联结，相互关联又相互独立，根据主体的特点和专业化进行分工与协作，保持一种相对平衡和稳定且具有长期性的主体互动模式。在广工大佛山研究院中，学校、地方政府、行业协会、企业等主体共同确定降低技术研发成本和管理成本、提高技术创新效率的共同目标，由学校高新技术领军人物携研发团队、国家级重点实验室为依托，研制适合广东省、佛山市产业需求的具有知识产权的创新技术，引入行业龙头企业进行制造生产和技术推广。在技术研发成熟阶段，引导技术核心团队成员孵化科技型企业。在技术团队及科技型企业需要补充相关专业人才时，则又可以向高校招聘相关专业技术人才，形成创新、研发、成果转化、企业孵化和人才培养的良性互动和循环。

二、前孵化器的核心功能体系

在我国创新驱动发展新阶段的时代背景下，前孵化器应需而生，在产业转型升级阶段，有效地解决了科技与经济的断裂问题，并发挥着重要的核心功能。

1. 创新价值链的整合功能

创新价值链是价值链概念在创新领域的延伸和发展。创新是包括创意诞生、技术研发、技术成果转化、企业孵化、人才培养的过程性、系统性的行为。整合创新价值链，才能更加有效地实现创新的商业价值和经济价值。前孵化器着眼于创新价值链的整合，衔接创新科技与产业发展，全过程地服务创新行为。

一是推动创新技术研发。广工大佛山研究院围绕佛山市地方支柱产业需求和地方经济发展需要，重点发展领域的前沿技术、新兴产业关键共性技术，突破传统产业转型的核心技术，解决产业发展过程中的技术瓶颈，为地区提供创新驱动发展的支撑。二是推动科技成果转化。广工大佛山研究院积极贯彻落实科技成果转化政策，完善成果转化体制机制，构建专业化技术转移体系，加快推动科技成果市场化发展，并结合地方产业需求，开展创新技术服务。三是做好科技企业孵化培育。广工大佛山研究院联合国内顶尖创客运营团队等创新资源创建"工匠创客汇"这一国家级众创空间，以"多维协同、智造未来"为发展理念，激活创新链，以技术成果为纽带，开展科技型企业孵化和培育，推动龙头企业与初创企业合作，将创新科技成果应用到重点产业中，推动佛山传统制造业向高新技术的智造业进行升级调整。四是做好高端技术人才集聚与培养工作。广工大佛山研究院与广东工业大学等高校、入驻团队等单位合作，建立人才联合培养基地，涵盖本科生、硕士生、博士生和企业技术人才的联合培养，并在人才培养过程中积极完善人才培养方案，重点培育高技能、高素养、创业型的具有较强专业操作能力的专业人才。

2. 创新全过程的动态管理功能

创新技术和新兴产业的诞生和发展不是一蹴而就的，在技术发展的过程中，从技术到市场发展往往存在一道不可逾越的鸿沟，也就是人们常说的"死亡之谷"。传统的研发机构侧重于新理论的发展，但忽略了市场需求，所以一项新技术常常还未投入市场产业化发展，就可能因为不具有市场发展前景而被搁置。对此，前孵化器创新全过程提供了一种新的管理理念和思维，对创新过程进行动态管理。运用 SNM 理论是前孵化器创新管理的有效途径。SNM 理论结合目标愿景来匹配新技术的研发，并组成完整的网络体系，提供真实的实验场所，检验新技术是否符合市场发展预期和产业发展要求；通过对网络的管理，形成研究者、生产者、社会团体和政府政策制定者在内的主体之间的有限互动，从而形成知识发现、技术创新、产业市场化发展的完整体系。广工大佛山研究院实际上为创新技术构建了一个受到保护且又真实的场所，推动技术生态位向市场生态位发展。通过对创新各阶段的管理，推动有益于技术成长的政策制度落地，最终形成技术回应市场需求、政策扶助技术发展的良性动态管理状态。

3. 创新各阶段的辅助服务功能

在创新过程中提供优质的配套服务，是前孵化器的重要功能之一。投资主体的多元化，决定了前孵化器能够发挥较之于传统研发部门更为完善到位的创新服务功能。在政策方面，地方政府大力支持前孵化器的创立和发展，并出台了相应的政策保障创新目标的实现。例如，佛山市出台《佛山高新区研发机构扶持实行办法》，推动前孵化器的创立和研发，并对前孵化器的扶持范围、扶持政策等进行了规定，而且从政策层面上规定了扶持的标准和数额，为前孵化器的发展指明了明确的标准和依据。在技术层面上，前孵化器的创建意义之一就是推动创新技术发展和成果产业化。广工大佛山研究院以创新创业团队为核心建立研发机制，重点突破地方产业转型过程中的技术难题，汇聚美国科学院、麻省理工学院等国际创新资源，并联合广东工业大学、香港科技大学、华中科技大学等重要创新团队和重点实验室，探索建设各类新兴产业技术服务中心。在产业融合方面，广工大佛山研究院以佛山制造业转型升级打造"智造业"的需求为导向，积极开发精密装备技术、数控运动控制技术、机器人技术等关键技术和产品，与当地龙头企业对接，将成熟的技术投入市场发展，并反哺在孵企业和团队。在人才培养方面，广工大佛山研究院一是采用柔性引才机制，即依托技术、创新项目、创业平台、校企合作、校地合作等方式吸引人才；二是以科技创新领军人物为核心组件创新高端团队。目前广工大佛山研究院以国内外知名教授和学者为核心组建高端研发队伍40余个。三是通过大学生创新创业中心这一前孵化器的实习实践，拓展学生创新创业思维和创新创业能力，为佛山产业转型升级提供源源不断的动力。

三、前孵化器的保障机制

前孵化器的有效运作及健康发展，需配套建立一套完整的运行保障机制，对多方主体利益进行协调，积极保护创新技术的知识产权，推动政策落地和体制机制建设，从而激发研发人员的积极性和创造力。

1. 利益协调机制

前孵化器由高校、地方政府、企业以及行业协会等多主体投资建设而成，既具有市场化特征的营利性质，也具有提高产业发展效益、促进地方社会发展转型等公益性质。前孵化器的投入建设涉及多方利益主体，在运行过程中，各主体对前孵化器的利益期望回报不尽相同。如果忽略主体利益这一根本的驱动力，将导致前孵化器的建设流于形式，不能切实地服务于科技创新改革。因此应当构建一套完整的利益协调机制，兼顾多方利益主体的根本利益诉求，避免因收益成果分配问题，导致效率偏下、决策程序烦琐等问题。广工大佛山研究院创新推出合作共赢的利益协调机制和收益成果分配制度。一方面，地方政府联合社会资本对重点项目以及重点技术工程进行投资，为技术项目提供充足的资金支持。研发人员可以以技术出资或者以成果入股，并按股份进行分红，极大地激发了科研人员的创造活力和积极性。另一方面，高校能够通过研究院的大学生创新创业中心，以佛山本地的新型产业为创业基础，进行创新创业教育，培育创新创业人才，将大学生创业与企业资金接洽、科技成果转化、科技企业孵化等相结合，为高校创新创业教育提供实践实训场所，同时为大学生的创新技术和创意想法提供培育和前孵化的空间。

2. 知识产权保护和归属协调机制

知识产权是创新技术市场发展的命脉。只有保护好创新技术产品的知识产权，才能维护前孵化器技术产出的长期经济利益。广工大佛山研究院对于创新技术的研发，积极提倡知识产权申报，目前，研究院已申请专利600多件，有效地确保技术的知识产权。知识产权的归属问题也是前孵化器技术产出过程中的重要问题。由于利益主体涉及多方，知识产权可能存在归属不明确的风险，因此，前孵化器应确定相应的知识产权归属协调机制，落实知识产权保护制度。一般来说，前孵化器的知识产权可以由研发团队和机构双方持有，这样能够保证知识产权归属明确，减少纠纷，确保创新成果顺利落地。

3. 政策落地和体制建设机制

一方面，要贯彻落实地方政策，切实做好前孵化器的建设工作。地方政府一方作为前孵化器建设的主导者和提倡者，在支持推动前孵化器发展的过程中，要贯彻落实科技创新政策，积极促进前孵化器高质量发展，推进前孵化器这一经济发展新业态的健康发展。在实践过程中，要避免用传统的理念对待前孵化器以及免税政策、成果转化奖励落实不到位的问题。应当建立健全完善的前孵化器发展扶持办法。为统筹做好前孵化器的建设工作，广东省政府出台《关于支持前孵化器发展的试行办法》，佛山市政府深入贯彻落实该政策，同时颁布《佛山市扶持前孵化器发展试行办法》，鼓励引导政府、企业、高校、科研机构和社会团体等社会各方力量参与前孵化器建设，并在研发投入、硬件设备仪器等方面给予支持。

另一方面，前孵化器要建立健全创新资源管理制度和项目成果转化责任制度。一是要对创新资源进行优化管理，及时筛选淘汰落后项目，推陈出新，使新技术能够得到充分的支持和推广。二是要加强项目研发人员研发成果转化的责任落实，切实将创新成果产品化、市场化，增强创新科技研发项目的产品性能和推广性，实现研发的目标和经济效益。

4. 激励机制

前孵化器突破了传统事业单位或社会团体的体制局限，采用市场化的激励机制，能够充分激发科技创新人员的积极性。在用人机制方面，前孵化器实行市场化运作，以聘用制的方式挑选研究人员，具有相对灵活的自主选择权。在工作人员晋升方面，大胆任用具有创新意识或者具备领先技术研发能力的青年人才，并不以学历、学位以及年龄来衡量人才的能力，有能即有可为的平台，更加有效激发了创新团队的创新意识。广工大佛山研究院还采用科技创新券制度。创新券由创新券和人才券组成。[1] 科技创新券制度将奖励机制通过事前申报领取、完成任务达标后兑奖的形式予以落实。一方面，利用科技券引入科技团队为佛山市知名企业进行技术服务和提供技术成果；另一方面，通过人才券吸引更多的高端技术人才入驻研究院，建立工作站或者工作室，并为当地人才培育进行指导和服务。

四、小结

广工大佛山研究院坚持立足地方产业转型升级需求，积极发挥资源集聚、技术研发、成果转化、人才培养的重要作用，平台效益显著，是地方创新驱动发展的重要"加速器"。总结其实践成果，主要有以下实践经验。

1. 一体化的发展体系

前孵化器的设置以及发展路径是沿着向上、向下、向内三个方向延伸的，具有明确的方向性。在广工大佛山研究院的发展过程中，以市场需求和解决地区产业发展困境为导向，以汇聚创新资源为手段，以新型机制运作管理为手段，以培养创新创业人才为根本，着力建设理论研究、技术开发、成

---

[1] 罗嘉文，谢耀雯，张光宇. 广东工业大学"工匠创客汇"前孵化器运行模式研究 [J]. 科技管理研究，2017（15）：123-129.

果应用、产品市场化、企业孵化、人才培养于一体的创新创业链条。研究院有着相当明确的研发导向以及创新目标，从而形成政产学研用一体化、研发产业一体化、创新创业一体化的发展体系，实现了创新价值链条、产业发展生产链条、资本投融资链条的有机融合，大幅度地提高了科学研究的应用性和社会效益。

2. 国际视野的创新方式

前孵化器较为明显的特色在于其开放式的创新方式。通过较少限制的开放合作，将国内外优质创新创业资源汇聚起来，并建立良好的政产学研用多维一体的基础创新生态，串联完整的创新价值链，实现创新的可持续发展。广工大佛山研究院面向全球范围公开招募创新人才，招聘具有国际前沿技术的领军人物。既依托广东工业大学、华中科技大学、哈尔滨工业大学等具有相对影响力的国内高校，也与日本安川电机有限公司、德国 EOS 公司旗下的技术研发平台合作，以多方协同的力量推动创新项目攻关，实现自上而下的创新研发合作，并推送自下而上的产业转型升级发展，成为国际科研创新及产业合作的领先者。

3. 仍需不断完善的管理体制

前孵化器兴起于南方，目前已扩散至全国，足以见得其盎然的生命力以及对创新科技发展和产业调整改革的重要作用。以广工大佛山研究院的实践情况来看，作为一项新兴科技平台，新兴研发机构仍需在实践过程中不断完善。一方面，要注重对研发团队和项目的监测评估，对项目的发展进行动态的监控，对已经不符合地方发展要求的项目，应当建立退出审查机制进行管理。对于新兴的更有前景的项目，也应当及时给予相应的政策倾斜，从个体项目上把关，从而推动前孵化器整体水平发展，增强研发机构的活力。

第四节 新型研发机构创新创业教育评价体系

前孵化器创新创业教育评价体系主要由创新创业投入要素、创新创业过程要素、创新创业产出要素构成。从创新创业生态系统构成要素出发，投入要素主要包括主体投入与环境要素投入两个部分，过程要素主要包括产学研合作程度、企业支持力度，产出要素主要包括创新创业企业产出、新型研发机构产出、高校与科研院所产出以及中介机构产出（见图10-4）。前孵化器创新创业教育的主要流程是：①进行创新创业教育投入；②经历创新创业教育发展过程；③实现创新创业教育产出。

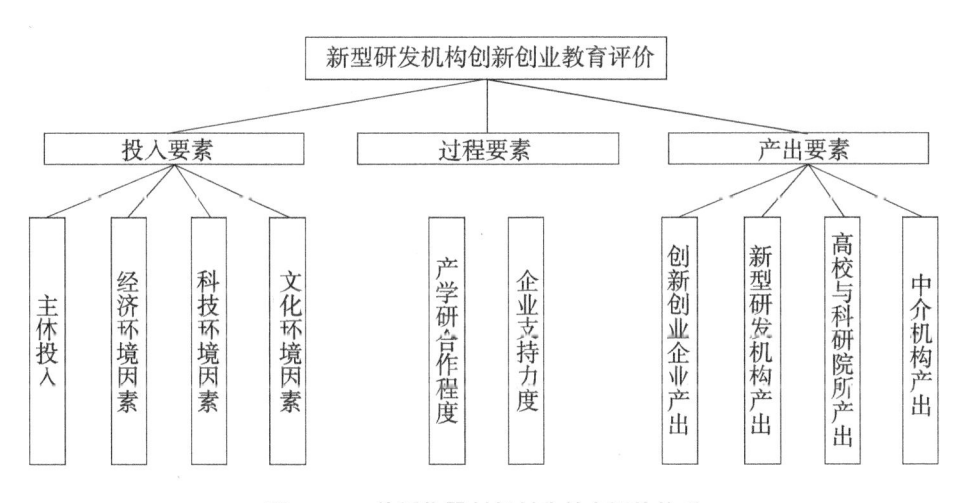

图 10-4　前孵化器创新创业教育评价体系

一、投入要素

该指标包含主体投入与环境要素投入两部分，投入要素与创新创业教育效果直接挂钩，通过对创新创业教育投入要素进行评价，可以有效反映前孵化器的创新创业教育发展情况。

1. 在孵企业投入

在孵企业对于创新创业及其教育的投入，是企业创新创业意识的直接表现，可以有效反映前孵化器的创新创业教育发展情况。可以通过以下三级指标进行反映：企业科研经费投入情况、企业科研人员投入情况、企业管理投入情况。

2. 前孵化器投入

前孵化器投入要素是机构内部对于创新创业教育重视程度的体现，也是创新创业教育发展情况的直观反映。可以通过以下三级指标进行反映：公共服务平台发展情况、创新创业教育经费投入、创新创业教育管理人员投入、外聘专家人数、创新创业教育活动开展情况、基础设施建设情况、机构场地面积。

3. 高校、科研院所投入

高校与科研院所在前孵化器内的投入主要以自身经费与人才投入为主。可以通过以下三级指标进行反映：科研经费投入情况、专家投入情况、学生入驻情况。

4. 中介机构投入

中介机构作为部分企业孵化必要服务的提供者，是前孵化器不可缺少的一部分。可以通过以下三级指标进行反映：咨询服务机构发展情况、金融机构贷款情况。

5. 政府投入

通过政府投入指标，可以直接反映当地前孵化器开展创新创业教育受支持的程度。该指标主要通过以下三级指标进行反映：财政支持力度、政策优惠力度、知识产权保护力度、政府服务质量。

6. 科技环境

前孵化器的科技环境，可以反映创新创业教育的开展条件。该指标主要通过以下三级指标进行反映：机构内人均受教育程度、高端人才数量。

7. 经济环境

创新创业需要大量资金支持，前孵化器要开展创新创业教育，必须具备良好的经济环境，该指标反映了前孵化器对创新创业教育投入的能力。可以通过以下三级指标进行反映：前孵化器营收情况、在孵企业融资情况、融资平台发展情况。

8. 文化环境

创新创业的文化环境是前孵化器内为在孵企业提供协作、秩序、目标的组织条件，该指标可以侧面反映前孵化器内创新创业教育发展情况。可以通过以下三级指标进行反映：创新创业文化氛围、创新创业教育部门发展情况。

二、过程要素

创新创业教育自投入至产出，需要经历一定的时间和过程，通过控制过程要素，可以有效监控创新创业教育效果，对创新创业教育做出合理调整。该指标反映了前孵化器对创新创业教育的调整修正能力。通过产学研合作程度、企业支持力度，可以有效反映过程要素。

1. 产学研合作程度

创新创业教育需要产学研共同合作、深度共创，前孵化器的产学研合作程度，可以体现其创新创业教育深度，同时有利于及时解决过程中产生的问题，推动创新创业教育高效发展。可以通过以下三级指标进行反映：创新创业合作情况、创新创业活动反馈情况。

2. 企业支持力度

前孵化器创新创业教育面向的主要对象是机构内在孵企业，因此，企业对于创新创业教育的支持，反映了前孵化器开展创新创业教育的能力。可以通过以下三级指标进行反映：创新创业活动参与情况。

三、产出要素

创新创业教育的目的是推动创新创业发展，促进企业孵化。通过产出要素，可以直接展示创新创业成果，在一定意义上可以衡量创新创业教育发展情况。产出要素主要包含：企业产出、机构产出、高校与科研院所产出以及中介机构产出。

1. 企业产出

企业产出作为二级指标，可以直观反映企业创新创业发展情况，凸显前孵化器创新创业教育效果。可以通过以下三级指标进行反映：各级各类创新创业竞赛获奖情况、科研成果、企业收入情况。

2. 机构产出

前孵化器主要服务于创新技术开发项目，帮助企业完成孵化工作，企业能否成功进行创新创业，可以作为前孵化器的作用的衡量标准之一。此外，前孵化器具有自负盈亏的特点，因此，营收情况也是机构的重要产出之一。可以通过以下三级指标进行反映：企业孵化情况、机构营收情况。

3. 高校与科研院所产出

高校与科研院所作为学科前沿人才聚集地，主要目的是借助前孵化器开展的创新创业教育产出知识产权与培养人才。可以通过以下三级指标进行反映：知识产权数量、人才培养情况。

4. 中介机构产出

中介机构作为服务提供商，以帮助企业进行技术成果转移，实现盈利为目的。可以通过以下三级指标进行反映：技术合同登记数量、技术合同成交金额、金融机构营收情况。

表 10-7　前孵化器创新创业教育评价指标体系

一级指标	二级指标	三级指标	定性/定量
投入要素	在孵企业投入	企业科研经费投入情况	定量
		企业科研人员投入情况	定性
		企业管理投入情况	定性
	前孵化器投入	公共服务平台发展情况	定性
		创新创业教育经费投入	定量
		创新创业教育管理人员投入	定量
		外聘专家人数	定量
		创新创业教育活动开展情况	定性
		基础设施建设情况	定性
		机构场地面积	定量
	高校、科研院所投入	科研经费投入情况	定量
		专家投入情况	定量
		学生入驻情况	定量
	中介机构投入	咨询服务机构发展情况	定性
		金融机构贷款情况	定量
	政府投入	财政支持力度	定性
		政策优惠力度	定性
		知识产权保护力度	定性
		政府服务质量	定性
	科技环境	机构内人均受教育程度	定性
		高端人才数量	定量
	经济环境	前孵化器营收情况	定量
		在孵企业融资情况	定量
		融资平台发展情况	定性
	文化环境	创新创业文化氛围	定性
		创新创业教育部门发展情况	定性

续表

一级指标	二级指标	三级指标	定性/定量
过程要素	产学研合作程度	创新创业合作情况	定性
		创新创业活动反馈情况	定性
	企业支持力度	创新创业活动参与情况	定量
产出要素	企业产出	各级各类创新创业竞赛获奖情况	定量
		科研成果	定量
		企业收入情况	定量
	机构产出	企业孵化情况	定量
		机构营收情况	定量
	高校与科研院所产出	知识产权数量	定量
		人才培养情况	定量
	中介机构产出	技术合同登记数量	定量
		技术合同成交金额	定量
		金融机构营收情况	定量

第五节　依托前孵化器建设的工科大学生创新创业能力培养的对策建议

根据对现有校企合作教育模式下工科大学生培养存在的问题和影响因素、国内外典型的校企联合培养人才的成功经验的深入分析，以及提出的基于前孵化器建设、面向开放式创新的工科大学生培养模式的实践反馈结果，对如何通过前孵化器建设平台来培养高质量的工科大学生提出以下政策建议，为教育部相关管理部门和高校提供参考和借鉴。

一、重视前孵化器自身的发展与建设

创业教育强调实践性、探索性、过程性以及体验性，急需一个载体和平台为学生提供参与实践的机会。因此，前孵化器作为培养开放式创新的工科大学生的重要平台，其自身建设与发展十分重要。

1. 借助政府的优惠政策

政府在促进前孵化器健康可持续发展过程中扮演着重要的角色，应明确各项奖励政策，给前孵化器的发展增加助力。建立一种政府服务的快速通道，政府各类服务机构对于入孵平台的各种需求能够快速响应，例如税务登记、人才引进、劳动用工等。

2. 建立多渠道的投融资服务体系

前孵化器要充分利用自身的优势，拓宽招资融资渠道，多方面吸引投融资项目。除利用和享受有关政策外，还可吸收各种风险投资机构、社会企业、民营资本、贷款等作为孵化资金的来源。值得注意的是，目前作为前孵化器孵化经费来源之一的风险投资机构、民营资本等，对于进入大学科技园还存在着一定的疑虑，主要原因是对项目的孵化缺乏深入的了解。前孵化器应深入宣传，让有关投资人详尽地了解当前项目进展情况、发展前景、盈利能力等，使投资人能够大胆投资、放心投资。

3. 加强咨询机构建设

在孵化过程中会遇到许多问题和困难，应借助学校学科、人才、实验条件等的优势加以解决。这就有必要成立有关的咨询机构，对资金投入、项目评估、市场预测、项目中的难点问题等进行咨询服务，使孵化工作顺利进行。

4. 加强对前孵化器的管理

充分利用高校的文化环境、学术氛围、科技创业实践等，并将其融入前孵化器管理，创造浓郁的文化学术氛围，建设和形成一种鼓励创新、正确面对失败的环境，形成独特的前孵化器文化。其构筑路径可浓缩为"一体双责三延伸"，其中，"一体"是指前孵化器建设集学科、科研、人才于为一体，集产、学、研为一体，集人才培养与人才就业为一体；"双责"是指面向地方与学校、前孵化器与学科、科学研究与学生培养三个层面实行双向负责；"三延伸"是指有效推动前孵化器建设向上（立足国际前沿，多模式聚集高端学术资源与高层次人才）、向下（立足关键技术研发与成果转化，多角度对接地方产业转型、技术升级重大需求，构建"点、线、面、体"四维一体的服务模式）、向内（立足优势资源整合共享，大规模培养"顶天立地"的创新创业人才）三个方向实现延伸。

5. 开启前孵化器自办企业模式

自办企业模式是指前孵化器所在高校利用其自有的科技成果，以高校现有的政策和环境为依托，创造条件，兴办企业，实现科技成果的转化。这是科技成果转化中较为简单易行的一种模式。自办企业模式的优点在于：第一，高校研发人员对于本企业的技术优势、产品定位和企业发展方向有更加清楚的了解；第二，自办企业减少了技术人员的前期技术培训等环节，直接减少了交易成本，降低了企业成本；第三，自办企业为前孵化器培养优秀学生提供了更多实践机会和操作平台，有利于实用型人才的培养。

6. 不断完善前孵化器保障支撑体系

首先是物理空间的保障。如广东工业大学搭建了创客空间，为广大创新创业人才提供了强有力的场地保障，且创客空间还在不断完善升级中。其次是机构设置的保障。高校应成立专门的机构负责前孵化器的运营，从学校各部门选调能胜任此项工作的人员，保障创新创业工作不受内部限制，极大地发挥前孵化器在人才培养方面的作用。再次是制度的保障。高校应制定相关管理办法，推动前孵化器更好地为人才培养服务，包括创新创业人才培养方案、创新创业激励办法、创客空间管理办法等。最后是经费的保障。如广东工业大学每年投入资金超过1000万元，构建创新创业项目资助体系，并引进创业风投基金超过1亿元。

二、充分挖掘前孵化器在人才培养方面的功能

早在 2002 年,联合国教科文组织就强调要通过加强高校与前孵化器的联结来实现产学研一体化,高校前孵化器在孵化企业、培养创新创业人才方面的功能愈益突出。不过,在以往前孵化器的发展历程中,多数专家学者将孵化企业的成功率作为衡量孵化绩效的指标,而忽视了孵化过程中其自身所发挥的对人的教育和培养功能。

1. 深度挖掘高校前孵化器的教育功能

前孵化器的出现,极大地改善了我国大学生通理论、乏实践,只会纸上谈兵的现状。随着高校成为其发展的温床,前孵化器这一概念缓慢起飞。20 世纪 80 年代,前孵化器的功能主要集中在提供场地等基础设施方面。经过长期的发展,现代的前孵化器更加重视孵化过程,这意味着:①通过依靠现代化的通信技术,前孵化器是可以虚拟的;②前孵化器同样也很重视培训、指导和营造学习环境。以硅谷模式为例,硅谷之所以受到广泛关注,除了其对社会科技进步和高新技术企业发展做出的巨大贡献,更重要的是它使大批学生在良好的孵化环境中得到了系统的创业训练。由此可见,前孵化器在以高校为主体的创业生态系统中,发挥了极其显著的教育功能。

2. 实现前孵化器理论教学与案例教学对接,建设立体化实践平台

在高校前孵化器中存在着大量的实例,无论是成功的还是失败的,都可以剖析其成果的创意和原理,演示其生产制造或运营管理流程,把策划的思路和创业的历程提炼整理成具有启迪性的教案。在案例中提炼理论,可以实现案例教学与理论教学的对接,使二者相互渗透、相互融合,在丰富理论教学内容的同时,加强学生对创业过程的认知,并通过这样的直面教育,帮助学生汲取成功的经验,总结失败的教训。还要处理好理论教学与实践教学的关系。理论教学更多的是让学生获取知识,使学生拥有扎实的功底、广博的视野和合理的知识结构。而实践教学更多的是让学生锻炼能力,让其学会灵活运用所学知识和理论,练就在各种实践活动中不断提供具有效益价值的新

方法和新发明的能力。

以前孵化器为中心建设立体化实践平台，其主要内容包括：①完善校内公共实践平台，例如公共实验室、工程实践教育中心、实验教学示范中心、联合实验室等，增加学生参加公共实践平台的覆盖率，提高学生基本的动手能力。②打造校内创新创业实践平台，设立专项基金为学生的创业项目提供资金支持，鼓励创业项目入驻前孵化器。在高校设立"创新班"，即在本科学习2.5或3年后，就可以加入前孵化器内导师的项目，在校内或导师的企业内继续完成学业。③充分利用社会实践平台。前孵化器的项目要充分考虑企业创新的需求，在此基础上建立校企合作的长效机制，进一步加深产学研融合，鼓励学生根据企业需求开展创业项目，实现前孵化器与企业实际运作的良好对接。④搭建"项目—竞赛—初孵—深孵"四位一体的创业实践平台，引导优质创业团队与市场对接，实现科研成果的产业转化。

3. 实现教师与专家对接，感悟必备的创业技能

要使前孵化器真正实现对创新精神和实践能力双结合的创新创业人才的培养，教师素质水平的提高是必需的。我们应摒弃"纯理论"的单向授课，鼓励教师进行实际的创业实践（在园区内建立实验室、研究中心或自己创办企业），将教学地点由课堂转移到园区内的实践基地，通过师生关系在业主与雇工、法人与员工、债权人与债务人之间的转换，启发师生的创业思路，提升师生的实际操作技能。如英国剑桥科学园为了加强大学和企业的协作，20世纪70年代提出大学教师中应有相当一部分人兼任企业的顾问和理事；大学工科教师3/4以上、工程技术学院教师90%以上都应具有一年企业工作的经验。当然，在鼓励教师"走出去"的同时，也应该积极执行专家（企业家、咨询师、创业投资家等）"请进来"的策略，让学生在"理论者"与"实战者"的双重指导与启发下，感悟创业必备的精神和能力，同时在掌握企业和社会最新发展动态的基础上，提高学生的自适应性。

4. 从前孵化器出发构建多层次、模块化课程体系

高校的创新创业课程应为前孵化器提供有力支撑，因此要以培养学生创新创业意识、提高学生创新创业能力为目标，从理论知识、创新创业训练、创新创业实践三个层次构建基础课程、实践课程、专业课程和隐性课程四大模块体系。

（1）基础课程旨在实施普及化的创新创业教育，应对基础课程进行细分，为学生提供完整的创新创业知识体系。高校创业教育并非教育每个大学生都当创业者，而是注重对其创业意识的培养和创业精神的熏陶，以适应知识经济时代对人才规格的要求。因此，基础课程主要是满足这方面的需求。

（2）开设专门的创新创业实践课程，增强学生的动手能力。依托前孵化器开设实践课程，从入驻前孵化器的人员中选拔经验丰富的创业人员担任讲师，加强学生在创业操作层面的训练。

（3）与专业课程相结合，将创新创业教育融入各门学科，将有助于大学生利用自己的专业背景去寻找创业机会。高校应注重在原有专业课程的基础上开发具有创新创业教育特色的专业课程，实现创新创业课程与专业课程的高度融合。

（4）隐性课程旨在营造良好的创新创业氛围，通过建设大学生创业专题网站，让学生了解更多创业资源；通过创业论坛、创业沙龙让创业校友走进校园，使学生可以学习创业经验；通过创业简报、创业专栏大力宣传创业政策和创业事迹，激发学生的创业热情。

5. 利用前孵化器打造专业化专兼职师资队伍

对创新创业教育而言，师资队伍是有力保障，而专业化的师资队伍既要有扎实的理论知识，又要有丰富的实践经验。前孵化器既为在校教师提供创新创业实践机会，也为企业人士提供走进高校的渠道。因此，打造专业化师资队伍，一方面要鼓励专业教师入驻前孵化器，建立对高校教师从事创新创业实践的激励机制，丰富专业教师的创新创业经验；另一方面要聘请具有丰富创业经验的企业人士担任兼职教师，长期为学生讲授创新创业实践课程，并指导学生依托前孵化器项目提高创新创业实践能力。为了保证师资队伍的专业化水平，高校可以成立相应的委员会对专兼职师资队伍进行定期考核，以此来激励师资队伍不断提高自身的专业技能。

围绕前孵化器专业学科领域高层次专家的创新创业实践，应建设好相应的智库顾问和补充师资团队，并利用前孵化器的氛围环境，带动研究生和研究团队参与到研发创新过程，并参与创新项目落地孵化出科技企业的过程。可以建立创新创业咨询专家委员会，从理论研究和实践应用两个层面，聘请校内外与前孵化器发展方向有重大关联的相关组织机构负责人担任咨询专家，包括政府部门负责人、著名企业家、产业界精英、创业成功人士、知名媒体负责人、著名学者等。同时利用校内优秀师资，结合校外资深创业指导专家学者、成功创业校友，共同组建一支教学与实训相结合、创新与创业相结合、校内外相结合的师资团队，对前孵化器的创新创业实践工作进行研究、咨询和指导。

6. 前孵化器与政府区域联动，培养满足产业和社会需求的人才

（1）前孵化器与政府对接，增强前孵化器的人才培养力度。

高校创业前孵化器作为创业教育的载体，承载着培养高素质创新创业人才的功能。而创新创业人才是社会进步、经济发展、科技创新的源泉与保障，因此政府应更加重视前孵化器在人才培养方面的功能，将前孵化器数量和效果直接挂钩，并制定优惠的政策，投入专项资金支持学生创业，对学生创办的企业实行信贷、工商、税务等特殊政策，对于为学生创业实践提供风险投资或其他便利条件的企业实行税收减免或补贴政策。例如，美国政府以税收优惠和低利率贷款的方式，联合私人基金会、企业等其他机构加强对前孵化器的金融支持；英国政府虽然没有专门为科学园制定特殊的政策，但其发表的《高等教育机构和商务机构的白皮书》也明确提出，政府政策应优先支持源于大学的新创科技型企业。政府通过践行这样一系列的外部引导及体制创新等措施，在不断激发学生创业激情的同时，增强了个体及组织抵御风险的能力。

（2）前孵化器与加速器对接，实现学生的可持续发展。

我国有很多高校创业前孵化器虽然帮助学生解决了创业初期"从0到1"的难题，但往往忽视了入孵对象的后续发展，进而导致其毕业后深陷"生存难"的尴尬境地。因此，我们应该不断加强高校创业前孵化器与加速器的有效对接，使其在协同合作的过程中，实现入孵对象"从弱到强"的可持续发展，让创业者在企业不断发展壮大的同时，继续提升自身的技术、管理以及市场运营能力，最终实现创业者和企业的协同发展。

（3）前孵化器与城市发展对接，帮助学生找准创业领域的落脚点。

要最终实现创业者及其企业的可持续发展，就必须将高校创业前孵化器与城市的发展方向及优势产业进行对接。以上海为例，"后世博"催生的创意文化以及市场需求的变化，极大程度地影响了上海青年对创业领域的选择，据《上海青年发展报告》的统计数据显示，上海青年对创业领域的选择前三位分别为文化娱乐领域、设计创意领域和教育培训领域。因此，为了避免资源、经验有限的大学生盲目创业，我们应积极加强高校创业前孵化器与整个城市布局的对接，帮助园区学生找准"落脚点"，在培养学生创业精神与实践能力的同时，实现其未来的可持续发展。

三、落实工科高校创新创业工作的主体作用

1. 落实高校在高层次人才引进工作中的主体作用

当前中央和各省市出台了多项政策文件，对高层次人才引进工作进行激励、引导和规范。本书所探讨的高校前孵化器是以高校高层次人才为依托的，要想真正发挥这类高校前孵化器的作用，必须将中央和省市的政策规定落地生根，结合实际工作情况，制定高校自己的高层次人才引进政策和服务制度。目前广东省很多学校已经做了尝试探索，中山大学早于2001年就制定了"百人计划"，广东工业大学也于2010年制定颁布"百人计划"和"青年百人计划"，从国内外招揽高水平人才。

需要注意的是，当前部分高校的人才引进计划具有相当大的临时性。这种临时性的举措有两方面的不良后果：一是影响人才引进的稳定性和长效性，可能出现由于人事变动导致相关工作前后不一致的情况；二是服务保障制度跟不上，难以发挥引进人才的预期目的，更有甚者导致人才得而复失，增加进一步开展人才引进工作的难度。因此，为充分体现高校在人才引进中的主体作用，发挥高层次人才在高校前孵化器发展中的核心作用，各高校必

须制定自己的中长期人才引进计划，建设完善各种人才服务的保障制度。

2. 实施科研制度改革，完善校内利益分配政策

2015年3月颁发的《中共中央 国务院关于深化体制机制改革加快实施创新驱动发展战略的若干意见》提出：高校要完善成果转化激励政策，例如科研人员成果转化收益比例从不低于20%提到不低于50%；系统构建更加高效的科研体系；构建创新培养、用人引人机制等。与此相呼应，财政部、自然科学基金委联合修订发布了《国家自然科学基金资助项目资金管理办法》，取消劳务费占项目经费最高15%的限制，研究生、博士后和临时聘用人员均可支出劳务费。国家相关政策的变化，有利于高校前孵化器科研人员合理分配自己的项目经费，调动团队成员的创新积极性，加强人才和团队建设；有利于调动科研人员将科研成果进行实用转化，更好地发挥科研成果的经济社会效益。学校应该本着激励创新创业、激励科研的原则，利用国家新政策、新规定提供的契机，制定本校具体的科研成果利益分配和国家自然科学项目经费使用办法，结合实际、改革创新，引领高校科研和成果转化的发展。

3. 以培养高质量学生为目标，构筑多层次、多样化人才培养体系

面向高层次人才的高校前孵化器摆脱不掉人才培养的根本目标。《中共中央 国务院关于深化体制机制改革加快实施创新驱动发展战略的若干意见》指出，高等院校不再新办企业，校企可联合招生、联合培养人才。根据这一指导思想，高校必须以培养高质量学生为目标，改革原有的教学培养模式，改变教学评估、教务管理、考试管理、教材管理等传统模式，建立起多层次、多样化人才培养体系，破除一切束缚学生成才的制度障碍，帮助学生全方位成长，让每个有创业意愿的学生拥有自主创业的空间和获得相关支持，为高校前孵化器的发展营造良好的氛围。

4. 建立完善高层次人才分类评价体系

《教育部关于深化高等学校科技评价改革的意见》针对人文社会学科、自然学科、应用学科、基础学科等的不同特点，完善不同层次和不同专业的人才评价制度。一是要实行分类评价，不同类型研究人员评价的重点各不相

同。例如，基础研究人员的评价以催生重大原创性成果为重点，应用研究人员的评价以具有自主知识产权和重大技术突破为重点，软科学研究人员的评价以服务决策需求为重点，等等。二要实行开放评价。针对应用研究，强调要引入用户、市场和专家等相关第三方参与评价；基础研究以同行评价为主，需要大力加强国际同行评价；从事技术转移人员要引入市场要素评价。高层次人才分类评价改革的目的，就是要最终实现李克强总理提出的"改革人才评价体系，让潜心研究的人心无旁骛、厚积薄发，让创新创业的人有施展空间、无后顾之忧"的目标要求。

5. 建立以创新创业为导向的评价体系

（1）创新创业教育的参与方都需要对人才的培养做出评价。政府、企业、大学以及前孵化器的专家都可以对高校创新创业人才的培养做出评价，提出改进建议。

（2）创新课程考核方式。打破传统的以闭卷为主的考试形式，以考核学生创新创业能力为导向，灵活采用论文、研究汇报、小组展示、创业项目等多种形式，增强学生的自主性。

（3）完善学生综合素质评价标准。由于传统的课程考试只是考查了学生对知识的掌握程度，而对于学生的能力和素质也应建立相应的评价标准。有研究显示，高校如何围绕学生的个人兴趣提升学生素质是创新创业教育的核心问题。因此，学生综合素质的评价要考虑如何激发学生的兴趣。可以将创业计划书、商业策划书、企业调研报告等作为考核内容，考核的形式可以多样化，入驻前孵化器的项目可以折算为实践课程的分数。

四、健全政府创新创业政策支持体系

1. 建立健全政府的高校前孵化器政策体系

高校前孵化器作为一个新生事物，其发展过程中还有诸多问题需要进一步的探索，各级地方政府应该在一些纲领性文件的指导下，通过广泛征求意见出台一系列具体的操作办法，从而不断建立健全促进高校前孵化器发展的政策体系，并保障其能够有效地实施落地。

2. 创造宽松的财政税收政策

第一，完善执行税收减免政策，将适用于科技企业前孵化器的税收优惠政策覆盖到高校前孵化器。一是落实扶持小微企业发展的各项税收优惠政策，例如研发费用加计扣除、固定资产加速折旧等；二是完善创业投资企业享受70%应纳税所得额税收抵免政策；三是对包括天使投资在内的投向高校前孵化器的投资，统筹研究相关税收支持政策。国家自主创新示范区税收试点政策已在中关村实施，应抓紧向全国推广。

第二，实施政府激励政策。一是加强政府财政资金支持和统筹力度，特别是各类支持小微企业发展和创业创新的资金也要覆盖到高校前孵化器上来，同时要加强资金使用绩效评价；同时出台相关政策鼓励制定高校前孵化器用水、用能、用网等软硬件设施优惠政策。二是以创业者入户落户、社保缴纳减免为主要内容，从政府层面上加强对创业者个人的激励、关心力度，让每一位创业者获得心理上的归属感。

3. 完善金融支持政策

第一，建立多渠道融资平台。支持符合条件的高校前孵化器通过上市、发行票据等途径进行融资，或者通过债券市场筹集资金。

第二，加快推进全国中小企业股份转让系统向高校前孵化器试点。进一步完善资本市场规则，规范发展服务于高校前孵化器的区域性股权市场，并将区域性股权市场的股权登记与工商登记部门对接，支持股权质押融资。

第三，支持符合条件的发行主体发行适合高校前孵化器的债券创新品种。鼓励银行与其他金融机构加强合作，不断通过创新组织架构、管理方式和金融产品，提高针对高校前孵化器的金融服务专业化水平。

第四，引导和鼓励众筹融资平台规范发展，支持保险资金参与高校前孵化器发展，丰富完善创业担保贷款政策，加强完善知识产权金融业务的发展。

4. 制定高校前孵化器知识产权保护政策

第一，健全法律法规体系。根据《中华人民共和国知识产权法》和教育部颁布的《高等学校知识产权保护管理规定》等相关法律法规的规定，明确细化职务发明创造的收益分配和激励促进制度，推动重大发明产生和生产力转化。此外，借鉴美国《拜杜法案》《史蒂文森－怀德勒技术创新法案》和《全国竞争技术转移法案》等的经验，完善高校科研成果技术转移的相关法律法规。加强政府、高校、企业三者之间的合作，共同致力于科学研究，将研究成果转化为生产力，促进技术主导型企业的创办与发展。

第二，针对商业模式等新形态创新成果，研究建立相应的知识产权保护办法。一是为推进知识产权交易，需要加快建立全国性知识产权运营公共服务平台；二是进一步完善知识产权快速维权以及维权援助的相关机制，从而缩短确权审查和侵权处理的周期；三是完善权利人维权机制，对权利人举证责任进行合理划分，同时完善行政调解等非诉讼纠纷解决途径；四是加强对反复侵权、恶意侵权等行为的处罚力度，探索合理的惩罚性赔偿制度。

第十一章　结论及展望

新一轮科技革命和产业变革正在孕育兴起，创新驱动发展是大势所趋。传统意义上的基础研究、应用研究、技术开发和产业化的边界日趋模糊，科技创新链条更加灵巧，技术更新和成果转化更加快捷，产业更新换代不断加快，科技创新活动不断突破地域、组织、技术的界限，迫切需要研发组织形式的突破。高端创新人才成为各个国家和地区竞相争夺的热点，前孵化器成为吸引创新人才、推动产学研结合、解决产业关键共性技术、加快成果产业化的重要平台。

本书紧扣国家创新发展的时代需求，扎根于前孵化器发展过程中存在的界定模糊、评价缺失、制度有待完善以及协同提升发展仍有空间等理论和现实问题，在深度调研基础上，运用定性和定量等多种方法，在生态位理论、技术变革的演进理论的基础上，结合科技孵化器、企业孵化器到前孵化器的发展演变过程，引进国际前沿的创新管理方法和政策分析工具——SNM理论，研究前孵化器的内在运行机制，从新技术的成长空间，到如何跨越"死亡之谷"，搭建研究群落和商业群落的桥梁，并最终实现技术、市场、产业的共生效能，为把握科技创新和成果转化深度融合的规律以及科学制定孵化器发展政策提供了新的思路和视角。

（1）运用SNM理论阐释前孵化器、生态位等内涵，探索基于SNM理论的前孵化器发展路径和全程孵化管理等运行机理，并构建基于SNM理论的前孵化器发展的开放式创新模型，拓展前孵化器研究范畴。

（2）基于SNM的研究基础，探索SNM评价指标体系的构建，提出SNM

评价的程序、指标选择原则及评价指标体系构建的思路,并在此基础上构建基于 SNM 的前孵化器评价指标体系,为 SNM 效果测量和前孵化器实践提供指导支撑。

(3)通过实证研究,验证前孵化器发展路径与内在运行机理,并通过前孵化器运行效率、前孵化器和风险投资合作机理的研究,进一步丰富和完善了 SNM 理论体系和应用范围。

一、基本结论

(1)SNM 理论研究涉及技术的产生到产业化全过程,是一个规范的政策性工具,同时也是操作性较强的战略规划工具,为借助前孵化器进行新技术的推广、应用和成果转化提供了一种新的分析模型。

在管理应用上,SNM 理论一是围绕新技术的萌芽、孵化、推广和商业化这个从产生到成功走向市场的全过程展开研究,即研究技术生态位的过程管理;二是聚焦点由技术培育转到技术体制的变革,更加详尽地阐述和分析生态位与前孵化器的相互作用,即通过 SNM 倡导的技术全过程(从技术研发到孵化,再到市场化和产业化)保护,按照技术成长各个时期的特点予以关注和推动。从 SNM 理论出发,前孵化器支持在孵企业和创业团队的生存与发展,包括资源的获取、资源的配置和资源的消化吸收,通过构建一个保护生态位的空间,用实验的方法为技术的产生、发展和控制提供保护,通过持续的试验和行为者网络(由生产者、研究者、用户、政府及其他组织共同构成)中的学习过程,进一步地发展潜在技术并投入应用。SNM 理论鼓励社会的广泛参与、鼓励创新体系多元化协同合作,应用到前孵化器创新网络的交互学习、不断的实验和改进、不同阶段的市场培育等理念,可以更好地整合创新资源对技术进行研发、孵化和市场化,既符合前孵化器内在运作的宗旨,又弥补了实践过程中出现的技术生命周期短、产业化程度不高、知识产权创造能力不足等问题。

(2)基于 SNM 理论的前孵化器管理具有全过程的特征,从生态位和技术扩散战略匹配出发，前孵化器技术的"选择、研发—培育、孵化—市场化、产业化"全程管理，需要重心前移，建立知识发现、技术创新和成果转化三位一体的管理体系及平台。

从 SNM 的理论视角出发，前孵化器管理是涉及技术成长全过程的，分别从前后延伸管理范畴，对应包括了新技术的知识发现、创意创造、技术创新形成阶段，特别是通过生态位保护空间的技术生态位时期对技术的培育和保护，获得相应的技术创新优势。前孵化器管理部门要围绕知识的发现及创新，从有发展前景的颠覆性技术出发，结合区域和国家产业规划，形成管理部门、产业和企业认同的基础性的发展愿景，同时制定相应的管理制度，如导向性的区域、产业或企业技术发展战略规划。具体来说，一是要积极引导创新资源和要素的集聚，为提升技术创新为核心的知识发现及创新能力，选择一些能获得组织保障和资金投入的研发项目，达到以通过前孵化器引领技术创新资源进行倾斜的目标。二是应根据重点领域、重点产业和重大专项发展的要求，以获取高质量自主知识产权为目标、以高新技术产业化为重点，积极引导、支持和促进技术创新成果的知识产权化、标准化和产业化。三是需要根据已有的相关专利或知识产权进行选择，确定未来技术创新的路径和方向，注意引进高层次的创新人才，实现引领技术创新的目标。

（3）基于 SNM 理论的前孵化器技术生态保护空间，是一个多元化的主体参与的空间。通过博弈论的方法，在完全开放式的创新模式下，当大学等科研机构、中介服务机构和用户参与到前孵化器的创新孵化中时，参与的创新主体的各自收益及总体收入最高。

在完全开放的创新模式下，前孵化器创新主体已经由传统的高校—企业—政府三螺旋结构，逐渐演变为高校—企业—政府—中介服务机构—客户多螺旋结构，因此促使网络构建多元化，整合各自的资源和优势，如以研究型大学和科研机构为核心的知识创新系统、以企业和研发机构为核心的技术创新系统、以各类高校和职业培训机构为主的知识传播系统、以企业和社会为主体的知识应用系统，以便在推动在孵企业或创业团队的科技项目实施过程中，按照 SNM 制定制度化的管理程序，针对国家创新战略需求、科技项目、共性技术以及生产实际中遇到的关键问题和重大问题，为了在科研开发和技术创新上实现较大突破和进展，进行技术创新和孵化协同。

（4）针对前孵化器战略生态位管理进行的绩效评估，可以以前孵化为核心，围绕推进战略生态位发展的五个要素，即愿景、网络、学习、市场培育与保护，构建基于 SNM 理论的管理评价指标体系。

SNM 理论分析为前孵化器的实践应用提供了基础，管理评价指标体系的逻辑演进为：第一步，以技术生态位、市场生态位和范式生态位等三个生态位阶段为线索，即从选择技术或创意到甄别参与成员，再到构建互动网络，并最终实现统一体系的过程，构建设计具有 12 个一级指标、36 个二级指标的二维评价指标体系的 SNM 评价体系；第二步，根据前孵化器的管理实际，在 SNM 评价体系的基础上，构建包含 5 个一级评估指标、12 个二级评估指标和 47 个三级评估细项的前孵化器 SNM 评价体系。

（5）根据实证研究结果，基础服务能力和投融资能力是提升前孵化器运行效率的核心能力，前孵化器的创新效率仍需加大力气提升，而创业导师的作用非常明显，能有效促进前孵化器创业效率的提升。

针对前孵化器如何与其初创企业一起更好地与风险投资合作的问题，运用随机微分博弈理论研究结果表明：在 Nash 非合作博弈和 Stackelberg 主从博弈中的最优努力付出程度要低于协同合作博弈；从整体收益角度来看，协同合作模式要优于 Nash 非合作博弈及 Stackelberg 主从博弈模式。

二、政策建议

（1）建立开放式的前孵化系统。

在创新群落中，前孵化器，特别是高校和科研机构高层次人才为主的前孵化器，可以通过学术交流实现技术转移，但是对产品技术的市场前景进行调查和预判的能力较差。而与走在创新实践前沿的企业相比，前孵化器对市场需求的认知和对产品的市场前景预估存在较大的认知势差。为弥补前孵化器入驻团队与项目在技术创新方面的市场认知缺口，减少创新创业的风险，前孵化器必须与急切寻求开放性创新且占据较大市场份额的企业展开合作，主动打破内部运作的边界，以实现资源的有效整合。一方面，可利用市场化手段，通过技术转移，积极参与到市场化竞争中，以项目为纽带，为开拓新创企业争取更多的发展成本；另一方面，也可与实施开放式创新战略的企业组成研发共同体，通过技术合作研发，充分发挥各自优势，从而缩短研发周期、降低研发成本、提高研发效率、提升创新技术，改进产品质量。值得一提的是，在开放创新的环境下，知识产权的保护工作会更加复杂。因此，为避免项目后续进入企业孵化器组成企业后与合作的企业发生知识产权冲突，在建立开放式前孵化系统的过程中，需同步建成多层次多样化的知识产权服务队伍，既可为科研人员提供原始创新的增值服务，同时也可保护相关知识技术产权等的正当权利。

（2）主动承接企业的创新项目进驻前孵化器。

目前，我国的大部分前孵化器主要承接高校和科研机构的高科技项目及高端人才，而当前占据较大市场份额的大企业对创新成果的孵化需求却往往被忽略。同时，企业在科技创新的实践过程中，也需要与前孵化器合作。因此，在建设前孵化器的过程中，应把握好企业对实施开放式创新战略的需求，积极承接企业研究项目，引进相关领域具有创业意愿的科技创新人才入驻前孵化器，助力解决企业内部难以突破的技术壁垒，结成更加紧密的创新联盟，以切实提高团队与项目研究成员的资金、项目保障，有效降低前孵化项目的失败率。

（3）打破创新创业的合作壁垒。

利用前孵化器，打破学校与企业、教授与学生、科研与市场创新创业的合作壁垒，建立企、院、校联动开放式的孵化机制。推进落实与优秀大企业、行业协会、风投机构等共建前孵化器的模式，最大限度地发挥前孵化器组织部门内各级创新实践平台的孵化功能，提高前孵化器孵化成功的概率，更好地实现以创新带动创业。引入市场化运作模式与管理机制，对于具备初期创意的项目进行孵化与立体化的前期培育；引进社会资金，完善投融资体制机制，更好地支持前孵化器创新创业建设。

（4）鼓励人才聘用和培养的改革。

建立科学完备的前孵化项目进出、人员聘用等的评估机制，积极鼓励和引导高端科技人才携技术团队或创新项目入驻前孵化创业。利用高校前孵化器进行创新创业实践班建设，邀请企业负责人和技术负责人为学生开设创新创业课程，在学生创意与商业机会的寻找、企业运营、管理能力等多方面开展培训，以期培养出一批大学生创新创业的领军人物及一批高水平创新创业团队，并鼓励师生共同创业。

（5）完善前孵化器的服务体系。

前孵化器建设包括了硬件与软件两个方面。在硬件方面，各前孵化器基本能够满足创新创业者对创业环境及设备方面的要求。而在软件方面，仍需大力提升前孵化器的服务水平，为创业者在商业服务、产业咨询等方面提供优质的"软环境"。另外，应当建立创新创业专家咨询委员会，聘请与前孵化器发展方向有着重要关联的相关机构负责人担任专家顾问，如知名企业家、创业成功人士、行业技术精英、学科领域的专家学者及政府部门的相关负责人等，做好相应的智库顾问和补充师资团队建设，为前孵化器在创新创业的实践过程提供研究、咨询及指导服务。

三、研究展望

尽管本书运用国际前沿的创新管理理论和政策分析工具——SNM 理论，对前孵化器运行及效率这一现实问题进行了详细的理论研究、逻辑推理和实证研究，并提出了相关的对策和建议。但是，由于 SNM 理论是近 20 年才兴起的国际理论，目前在国内的研究和应用较为薄弱，加之笔者水平有限，因此，在研究过程中还存在很多不足，有待于进一步的探讨和进行后续的研究。具体包括：第一，前孵化器是新生事物，相关的研究较少，实证研究更是缺乏，本书对其运行机制和效率的研究，理论上更多的是借鉴企业孵化器和科技孵化器的研究，具有片面性；第二，实证分析数据，也由于前孵化器为新生事物，对其考核评价还处于起步阶段，因此未能收集到连续多年的数据，横截面研究的结果，有待今后更多的数据支持以进行更深入的定量分析研究验证。第三，在孵化网络中引入随机声誉理论，只考虑了孵化网络声誉对风险投资的影响，后续将继续探索前孵化器能力、风险投资自身潜力对风险投资的影响。第四，无论是基于 SNM 理论的管理评价体系，还是前孵化器 SNM 评价体系，都有待更深入的案例和实证研究。

参考文献

[1] Dickson A.Pre-incubation and the New Zealand business incubation industry. Retrieved [EB/OL]. [2005-5-13].http://www.incubators.org.nz/content/news/news4.

[2] Kirby D A.Entrepreneurship education and incubators: Pre-incubators, incubators and science parks as enterprise laboratories [R].14th Annual IntEnt Conference, 2004.

[3] 谭文.深化产学研合作的创新机制——华南理工大学前孵化器的理论和实践[N].科技日报, 2012-09-14.

[4] Hoogma R.Exploiting technological niches: Strategies for experimental introduction of electric vehicles [M].Enschede: Twente University Press, 2000.

[5] Rip A, Schot J W.Constructing transition paths through the management of niches [C] // Garud R, Karn?eP.Path dependence & creation.Mahwah: Lawrence erlbaum associates Publishers, 2001: 269-299.

[6] Schot R.The implementation of sustainable technology as a Strategic Niche Management problem [R]. ScienceDirect, 1996.

[7] 陈粟.世界企业孵化器理论研究的最新进展[J].技术与创新管理, 2006（5）: 12-17.

[8] 郝利, 张树平, 蒋和平.我国农业科技企业孵化器运行机制分析——沈阳辉山农业科技企业孵化器案例研究[J].农村经济, 2007（4）: 100-103.

[9] 殷群.企业孵化器研究热点综述[J].科研管理,2008(1):157-163.

[10] 谢艺伟,陈亮.国外企业孵化器研究述评[J].科学学与科学技术管理,2010,31(10):125-130.

[11] 李宇,刘美玉.基于预孵化的产学研一体化实践教学模式创新[J].现代教育管理,2012(6):75-79.

[12] Timmons J A, Spinelli S.New venture creation: Entrepreneurship for the 21st century [M]. 北京:人民邮电出版社,2014.

[13] USINE (University Start-up of International Entrepreneurs).Retrieved [EB/OL].[2005-5-11].http://www.usine.uni-bonn.de/.

[14] Pittaway L, Hannon P, Gibb A, et al.Assessment practice in enterprise education [J].International Journal of Entrepreneurial Behavior & Research, 2009, 15(1): 71-93.

[15] Mwasalwiba E S.Entrepreneurship education: A review of its objectives, teaching methods, and impact indicators [J].Education & Training, 2010, 52(1): 20-47.

[16] Markman G D, Phan P H, Balkin D B, et al.Entrepreneurship and university-based technology transfer [J].Journal of Business Venturing, 2005(20): 241-263.

[17] Akcomak I S.Incubators as tools for entrepreneurship promotion in developing count ries [R].UNU-WIDER working paper, 2009(52): 1-22.

[18] Sherman H, Chappell D S. Methodological challenges in evaluating business incubator outcomes [J].Economic Development Quarterly, 1998, 12(4): 313-321.

[19] Pena I. Business incubation centers and new firm growth in the basque country [J].Small Business Economics, 2004(22): 223-236.

[20] 张帏.中关村留学人员创业企业发展的瓶颈调研[J].中国软科学,2007(8):116-122+130.

[21] 黄涛.论政府在科技企业孵化器建设和发展中的职能［A］.湖北省行政管理学会、武汉科技大学文法与经济学院."经济转型与政府转型"理论研讨会暨湖北省行政管理学会2010年年会论文集（下）［C］.湖北省行政管理学会、武汉科技大学文法与经济学院，2011：7.

[22] 钱平凡，李志能.孵化器运作的国际经验与我国孵化器产业的发展对策［J］.管理世界，2000（6）：78-84.

[23] 赵佳宝，卢锐，盛昭瀚.西方企业孵化器理论研究［J］.管理工程学报，2003（4）：100-102.

[24] 张炜，王重鸣.企业孵化器创业机制的理论研究［J］.科技进步与对策，2004（11）：110-112.

[25] 爱迪思，赵睿.企业生命周期［J］.当代电力文化，2015（04）：101.

[26] Rustam Lalkaka，张明莲.技术转移：策略评论与方案选择［J］.科技进步与对策，1987（5）：56-59.

[27] 张钢，牛志江.基于生命周期视角的创业政策关键要素探究［J］.科学学与科学技术管理，2009，30（5）：68-72.

[28] 焦磊，韩映雄.高等学校"第四职能"研究综述［J］.高校教育管理，2008（4）：89-92.

[29] 罗亚非，韩文玲.从生态位的角度分析我国汽车产业发展存在的问题［J］.工业技术经济，2007，26（3）：81-85.

[30] Elton C S Animal Ecology［M］.Chicago, Illinois: University of Chicago Press, 1927.

[31] 奥德姆.生态学基础［M］.北京：人民教育出版社，1981.

[32] G Evelyn Hutchinson.A treatise on limnology.Vol 1: Georgraphy, Physics and Chemistry［M］.New Jersey: John Wiley & Sons, 1957.

[33] Freeman J H, Hannan M T.Niche width and the dynamics of organizational populations［J］.American Journal of Sociology, 1983（88）: 16-45.

[34] Freemanand J, Hannan M T.Setting the record straight on organizational ecology: Rebuttal to young［J］.American Journal of Sociology, 1989,

95（2）：425-439.

［35］Hannan M T, Polos L, Carroll G R.Cascading organizational change［J］. Organization Science, 2003, 14（5）：463-482.

［36］Hannan M T, Freeman J H.The Population Ecology of Organizations［J］. American Journal of Sociology, 1977（83）：929-984.

［37］Péli G, Masuch M.The logic of propagation strategies：Axiomatizing a fragment of organizational ecology in first-order logic［J］.Organization Science, 1997, 8（3）：310-331.

［38］Carroll G R.Concentration and specialization：Dynamics of niche width in populations of organization［J］.American Journal of Sociology, 1985, 90（6）：1262-1283.

［39］Nelson R R.An evolutionary theory of economic change［M］.Cambridge, MA：Harvard University Press, 1982.

［40］Weber M, Hoogma W, Lane B, et al.Experimenting with sustainable transport innovations. A workbook for Strategic Niche Management［J］. Journal of Clinical Biochemistry & Nutrition, 1999（29）：153-162.

［41］Schot J, Geels F W.Strategic Niche Management and sustainable innovation journeys：Theory, findings, research agenda, and policy［J］.Technology Analysis & Strategic Management, 2008, 20（5）：537-554.

［42］张光宇，张玉磊，谢卫红，等.技术生态位理论综述［J］.工业工程，2011（6）：12-13.

［43］张光宇，李华军，张玉磊，等.战略生态位管理（SNM）理论研究现状述评及展望［J］.科技管理研究，2012（2）：168-169.

［44］Heiskanen E, Jalas M, Rinkinen J, et,al.The local community as "low-carbon lab"：Promises and perils［J］.Environmental Innovation and Societal Transitions, 2015（14）：149-164.

［45］Smith A, Kern F, Raven R, et al. Spaces for sustainable innovation: Solar photovoltaic electricity in the UK［J］. Technological Forecasting & Social

Change, 2014, 81(1):115-130.

[46] Bakker S, Leguijt P, Lente H V.Niche accumulation and standardization-the case of electric vehicle recharging plugs [J].Journal of Cleaner Production, 2015（94）: 155-164.

[47] Dries L T Hegger, Jenneke Van Vliet, Bas J M Van Vliet.Niche management and its contribution to regime change: The case of innovation in sanitation [J].Technology Analysis & Strategic Management, 2007, 19（6）: 729-746.

[48] Verbong G.Strategic Niche Management for biofuels: Analysing past experiments for developing new biofuels policy [C] //SPIE Optical Engineering Applications.2015: 92060E.

[49] Verbong G, Christiaens W, Raven R, et al.Strategic Niche Management in an unstable regime: Biomass gasification in India [J].Environmental Science & Policy, 2010, 13（4）: 272-281.

[50] Hommels A, Peters P, Bijker W E.Techno therapy or nurtured niches? Technology studies and the evaluation of radical innovations [J].Research Policy, 2007, 36（7）: 1088-1099.

[51] 魏江, 叶波.企业集群的创新集成: 集群学习与挤压效应 [J].中国软科学, 2002（12）: 40-41.

[52] 石惠, 甘仞初.高技术企业核心技术能力的寿命周期研究 [J].科技进步与对策, 2006（7）: 20-22.

[53] 刘军.传统产业高技术化的生态运行机理理论与实证研究 [J].经济管理, 2007（4）: 72-73.

[54] 安同良, 魏巍.创新目标、前景与企业技术创新行为: 江苏的实证 [J].产业经济研究, 2009（1）: 34-36.

[55] Caniëls M C, Romijn H A.Actor networks in Strategic Niche Management: Insights from social network theory [J].Futures, 2008, 40（7）: 613-629.

[56] Smith A.Environmental policy and technological innovation: Why do firms adopt or reject new technologies? [J].Journal of Economic Psychology, 2003, 24 (4): 577-579.

[57] Ieromonachoua P, Pottera S, Enochb M.Adapting Strategic Niche Management for evaluating radical transport policies——the case of the durham road access charging scheme [J]. International Journal of Transport Management, 2004, 2 (2): 75-87.

[58] Sushandoyo D, Magnusson T.Strategic Niche Management from a business perspective: taking cleaner vehicle technologies from prototype to series production [J].Journal of Cleaner Production, 2014, 74 (7): 17-26.

[59] Li H.An innovation trajectory in an emerging industry under a Strategic Niche Management perspective [M].Singapore: Springer, 2016.

[60] Kivimaa P.Government-affiliated intermediary organisations as actors in system-level transitions [J].Research Policy, 2014, 43 (8): 1370-1380.

[61] Baum J A C, Singh J V.Organizational niches and the dynamics of organizational founding [J].INFORMS, 1994, 5 (4): 483-501.

[62] Agnolucci P, McDowall W.Technological change in niches: the auxiliary power unit and the hydrogeneconomy [J].Technological Forecasting and Social Change, 2007 (74): 1394-1410.

[63] Davison L, Enoch M, Ryley T, et al.Identifying potential market niches for Demand Responsive Transport [J].Research in Transportation Business & Management, 2012 (3): 50-61.

[64] Mulley C, Nelson J, Teal R, et al.Barriers to implementing flexible transport services: An international comparison ofthe experiences in Australia, Europe and USA [J].Research in Transportation Business & Management, 2012 (3): 3-11.

[65] 许箫迪, 王子龙.基于生态位的高技术产业演化结构分析 [J].技术经

济与管理研究, 2010（5）: 35-41.

[66] 张玉磊. 基于SNM的电动汽车产业技术管理研究[D]. 广州: 广东工业大学, 2011.

[67] 孙冰, 袭希, 余浩. 网络关系视角下技术生态位态势研究——基于东北三省新能源汽车产业的实证分析[J]. 科学学研究, 2013（4）: 518-527.

[68] 李华军, 张光宇, 刘贻新. 基于战略生态位管理理论的战略性新兴产业创新系统研究[J]. 科技进步与对策, 2012, 29（3）: 61-64.

[69] 张晟剑, 胡仁杰, 谢卫红. 社会网络理论视角下的产学研联盟生态位及其治理机制研究[J]. 南昌航空大学学报（社会科学版）, 2013, 15（2）: 48-52.

[70] 区洁容. 基于SNM理论的社会网络与市场生态位关系研究[D]. 广州: 广东工业大学, 2012.

[71] 谭丹丹. 基于SNM理论的试验学习与市场生态位关系研究[D]. 广州: 广东工业大学, 2012.

[72] Schot J, Hoogma R, Elzen B. Strategies for shifting technological systems: The case of the automobile system[J]. Futures, 1994, 26（10）: 1060-1076.

[73] Eijck J V, Romijn H. Prospects for jatropha biofuels in Tanzania: An analysis with Strategic Niche Management[J]. Energy Policy, 2008, 36(1): 311-325.

[74] 郭政, 季丹. 基于组织生态学视角下的后发企业破坏性创新战略研究[J]. 当代经济管理, 2011（9）: 34-37.

[75] 阮珍. 关系视角下品牌市场生态位的划分与开拓[J]. 市场研究, 2008（5）: 27-30.

[76] 葛志远, 杜惠娟. 北京市制造业市场生态位研究[J]. 中国经贸导刊, 2012（35）: 16-18.

[77] Hoogma R, Kemp R, Schot J, et al. Experimenting for sustainable

transport: The approach of Strategic Niche Management [J].Technology Analysis & Strategic Management, 2002, 23 (4): 517-518.

[78] Vernon Ehlers.Unlocking our future: Towards a new national science policy [C].Committee on Science, U.S.House of Representatives One Hundred Fifth Congress, 1998.

[79] Caniëls M C, Romijn H A.Actor networks in Strategic Niche Management: Insights from social network theory [J].Futures, 2008, 40 (7): 613-629.

[80] Hoogma R, Kemp R, Schot J, et al.Experimenting for sustainable transport: The approach of Strategic Niche Management [M].London: Routledge, 2005.

[81] Brown H S, Vergragt P J, Green K, et al.Bounded socio-technical experiments (bstes): Higher order learning for transitions towards sustainable mobility'system innovation and the transition to sustainability [J]. Theory, Evidence and Policy, 2004: 191-219.

[82] Kivisaari S, Saari E, Lehto J, et al.System innovations in the making: Hybrid actors and the challenge of up-scaling [J].Technology Analysis & Strategic Management, 2013, 25 (2): 187-201.

[83] Kemp R, Schot J, Hoogma R.Regime shifts to sustainability through processes of niche formation: The approach of Strategic Niche Management [J].Technology Analysis & Strategic Management, 1998, 10 (2): 175-198.

[84] 孙圣兰, 夏恩君. 突破性技术创新对传统创新管理的挑战 [J]. 科学学与科学技术管理, 2005 (6): 72-76.

[85] Raven R.Strategic Niche Management for biomass [M].Saarbrücken: VDM Verlag Dr.Müller, 2005.

[86] Chesbrough H.The era of open innovation [J].MIT Sloan Management Review, 2003, 44 (3): 35-41.

[87] Chesbrough H.Managing open innovation[J].Research Technology Management, 2004, 47 (1): 23-26.

[88] Chesbrough H.Why companies abould have open business models[J]. MIT Sloan Management Review, 2007, 48 (2): 22-28.

[89] Hastbacka M A.Open innovation: What's mine is mine…What if yours could be mine, too?[J].Technology Management Journal, 2004 (9): 1-4.

[90] Kirschbaum R.Open innovation in practice[J].Research Technology Management, 2005, 48 (4): 24-28.

[91] Baldwin C, Hienerth C, Von Hippel E.How user innovations become commercial products: A theoretical investigation and case study[J]. Research Policy, 2006, 35 (9): 1291-1313.

[92] Lettl C, Herstatt C, Gemuenden H.Users' contributions to radical innovation: Evidence from four cases in the field of medical equipment technology[J].R&D Management, 2006 (3): 251-272.

[93] Schmitt C, Kai F, Schoder D.Enabling open innovation in a world of ubiquitous computing[C]//International Workshop on Advanced Data Processing in Ubiquitous Computing.ACM, 2006.

[94] 胡承浩, 金明浩.论开放式创新模式下的企业知识产权战略[J].科技与法律, 2008 (2): 49-53.

[95] Henkel J.Selective revealing in open innovation process: The case of embedded Linux[J].Research Policy, 2006, 35 (7): 953-969.

[96] 孙海, 许正权.开放式创新推动自主创新的路径——基于煤制油技术创新的案例研究[J].科技与经济, 2009, 22 (2): 7-10.

[97] 王圆圆, 周明, 袁泽沛.封闭式创新与开放式创新: 原则比较与案例分析[J].当代经济管理, 2008, 30 (10): 39-42.

[98] Van de Vrande V, Lemmenns C, Vanhaverbeke W.Choosing governance modes for external technology sourcing[J].R&d Management, 2006, 36

(3): 347-363.

[99] Laursen K, Salter A.Open for innovation: The role of openness in explaining innovation performance among UK manufacturing firms [J]. Strategic management journal, 2006, 27 (2): 131-150.

[100] Nieto M J, Santamaria L.The importance of diverse collaborative networks for novelty of product innovation [J].Technovation, 2007, 27 (6): 367-377.

[101] Mansfield E.Academic research and industrial innovation: An update of empirical findings [J].Research policy, 1998, 26 (7): 773-776.

[102] Cohen W M, Nelson R R, Walsh J P.Links and impacts: The influence of public research on industrial R&D [J].Management Science, 2002, 48 (1): 1-23.

[103] Das T K, Teng B S.A resource-based theory of strategic alliances [J]. Journal of management, 2000, 26 (1): 31-61.

[104] Rigby D, Zook C.Open-market innovation [J].Harvard Business Review, 2002, 80 (10): 80-93.

[105] Leydesdorff L, Meyer M.Triple Helix indicators of knowledge-based innovation systems: ntroduction to the special issue [J].Research Policy, 2006 (35): 1441-1449.

[106] Carayannis E G, Campbell D F J.Mode 3 knowledge production in Quadruple Helix Innovation Systems [M]. New York: Springer, 2012.

[107] Corsaro D, Cantu C, Tunisini A.Actor's heterogeneity in innovation networks [J].Industrial Marketing Management, 2012, 41 (5): 780-789.

[108] Arranz N, de Arroyabe J C F.The choice of partners in R&D cooperation: An empirical analysis of Spanish firms [J].Thchnovation, 2008, 28 (1): 88-100.

[109] Belderbos R, Carree M, Diederen B, et al.Heterogeneity in

R&D cooperation strategies [J]. International Journal of Industrial Organization, 2004, 22 (8): 1237-1263.

[110] Van Beers C, Berghall E, Poot T.R7D internationalization, R&D collaboration and public knowledge institutions in small economies: Evidence from Finland and the Netherlands [J].Research Policy, 2008, 37 (2): 294-308.

[111] von Raesfeld A, Geurts P, Jansen M, et al.Influence of partner diversity on collaborative public R&D project outcomes: A study of application and commercialization of nanotechnologies in the Netherlands [J]. Technovation, 2012, 32 (3): 227-233.

[112] Miotti L, Sachwald F.Co-operative R&D: Why and with whom? An integrated framework of analysis [J].Research Policy, 2003, 32 (8): 1481-1499.

[113] Klevoricjk A K, Levin R C, Nelson R R, et al.On the sources and significance of tnterindustry differences in technological opportunities [J]. Research policy, 1995, 24 (2): 185-205.

[114] Rondinelli D A, London T.How corporations and environmental groups cooperate: Assessing cross-sector alliances and collaborations [J].The Academy of Management Executive, 2003, 17 (1): 61-76.

[115] Jiang R J, Tao Q T, Santoro M D.Alliance portfolio diversity and firm performance [J]. Strategic Management Journal, 2010, 31 (10): 1136-1144.

[116] 彭纪生.论技术创新网络中的介组织 [J].自然辩证法研究, 2000, 16 (6): 50-52.

[117] Tether B S, Tajar A.Beyond industry-university links:Sourcing knowledge for innovation from consultants, private research organizations and the public science-base [J].Research Policy, 2008, 37 (6): 1079-1095.

[118] Trippl M, Toedtling F, Lengauer L.Knowledge sourcing beyond buzz

and pipelines' evidence from the Vienna software sector [J] .Economic Geography, 2009, 85 (4): 443-462.

[119] Ehrlich S B, De Noble A F, Moore T, et al.After the cash arrives: A comparative study of venture capital and private investor involvement in entrepreneurial firms [J] . Journal of Business Venturing, 1994, 9 (1): 67-82.

[120] Hsu D H.Venture capitalists and cooperative start-up commercialization strategy [J] . Management Science, 2006, 52 (2): 204-219.

[121] Elango B, Fried V H, Hisrich R D, et al.How venture capital firms differ [J] .Journal of Business Venturing, 1995, 10 (2): 157-179.

[122] Urban G L, Von Hippel E. Lead user analyses for the development of new industrial products. Management Science, 1988, 34(5), 569-582.

[123] 吴贵生,谢伟.用户创新概念及其运行机制 [J] .科研管理, 1996, 17 (5): 14-19.

[124] Schemmann B, Herrmann A M, Chappin M M H, et al.Crowdsourcing ideas: involving ordinary users in the ideation phase of new product development [J] .Research Policy, 2016, 45 (6): 1145-1154.

[125] Robert B Tucker.Driving growth through innovation: How leading firms are transforming their futures [M] .2nd Ed.San Francisco: Berrett-Koehler Publishers, 2002.

[126] Urban G L, Von Hippel E.Lead user analyses for the development of new industrial products [J] .Management Science, 1988, 34 (5): 569-582.

[127] Von Hippel E.Horizontal innovation networks by and for users [J] . Industrial and Corporate Change, 2007, 16 (2): 293-315.

[128] 周伊莎.企业外部创新要素异质性对创新绩效的影响 [D] .浙江: 浙江大学, 2012.

[129] Poot T, Faems D, Vahaverbeke W.Toward a dynamic perspective on open innovation: A longitudinal as-sessment of the adoption of internal

and external innovation strategies in the Nteherlands [J].International Journal of Innovation Management.2009, 13 (2): 177-200.

[130] 陈钰芬, 陈劲. 开放式创新: 机理与模式 [M]. 北京: 科学出版社, 2008.

[131] Pollitt C.Bouckaert G.Public management reform: A compatative analysis [M].Oxford: Oxford Press, 2000.

[132] Van mierlo G J, Den boer A T, Medema J P, et al.Cd40 Stimulation Leads to Effective Therapy of Cd40-Tumors Through Induction of Strong Systemic Cytotoxic T Lymphocyte Immunity [J].Proceedings of the National Academy of Sciences, 2002, 99 (8): 5561-5566.

[133] Geels F W.Technological transitions as evolutionary reconfiguration processes: A multi-level perspective and a case-study [J].Research Policy, 2002, 31 (8): 1257-1274.

[134] Voss J P, Bauknecht D, Kemp R.Reflexive governance for sustainable development [M].Williston, VT: Edward Elgar Pub, 2006.

[135] Aigner D J, Lovell C A K, Schmidt P.Formulation and estimation of stochastic frontier production functions models [J].Journal of Econometrics, 1977 (6): 21-37.

[136] Kumbhakar S C, Lovell C A K.Stochastic frontier analysis [M].UK: Cambridge University Press, 2003.

[137] 唐德祥, 李京文, 孟卫东.R&D 对技术效率影响的区域差异及其路径依赖——基于我国东、中、西部地区面板数据随机前沿方法（SFA）的经验分析 [J]. 科研管理, 2008, 29 (2): 115-121.

[138] 韩晶. 中国高技术产业创新效率研究: 基于 SFA 方法的实证分析 [J]. 科学学研究, 2010, 28 (3): 467—472.

[139] 钟卫东, 孙大海, 施立华. 企业孵化器投资的动机与模式: 一个探索性案例研究 [J]. 中国科技论坛, 2008, (6): 46-50.

[140] Alen D.N, McCluskey R.Structure, Policy, Services and Performance in

the business incubator industry [J].Entrepreneurship Theory & Practice, 2015, 13 (2): 61-77.

[141] 孙大海, 乐文, 施立华. 我国专业孵化器的发展轨迹与路径选择 [J]. 中国高新区, 2009, (11): 89-93.

[142] 赵黎明, 朱禾申, 付春满. 科技企业孵化器发展探讨 [J]. 天津大学学报 (社会科学版), 2009, 11 (1): 1-4.

[143] Grilo A, Santos J.Measuring efficiency and productivity growth of new technology-based firms in business incubators: The portuguese case study of Madan Parque [J].The Scientific World Journal, 2015, 22 (15): 15-21.

[144] Hernández, Roberto, G Carrá.A conceptual approach for business incubator interdependencies and sustainable development [J]. Agriculture & Agricultural Science Procedia, 2016 (8): 718-724.

[145] Rubin T H, Aas T H, Stead A.Knowledge flow in Technological Business Incubators: Evidence from Australia and Israel [J]. Technovation, 2015 (41): 11-24.

[146] 邱国栋, 马鹤丹. 创新孵化与风险投资互联的区域创新系统研究 [J]. 中国软科学, 2010 (2): 97-106.

[147] 瞿群臻. 论孵化器与风险投资融合的博弈决策 [J]. 运筹与管理, 2005, 14 (6): 149-154.

[148] 赵黎明, 曾鑫. "科技企业孵化器—风险投资—在孵企业"三方合作绩效影响因素的路径分析 [J]. 科学学与科学技术管理, 2012, 33 (2): 67-73.

[149] 赵武, 李晓华, 孙永康, 等. 企业孵化器与风险投资的融合机制——基于博弈决策模型 [J]. 科技管理研究, 2015 (12): 101-105.

[150] Lee C, Lee K, Pennings J M.Internal capabilities, external networks, and performance: A study on technology-based ventures [J].Strategic Management Journal, 2001, 22 (6-7): 615-640.

[151] Bøllingtoft A, Ulhøi J P.The networked business incubator-leveraging entrepreneurial agency? [J].Journal of Business Venturing, 2005, 20 (2): 265-290.

[152] Schefczyk M, Gerpott T J.Management support for portfolio companies of venture capital firms: An empirical study of German venture capital investments [J].British Journal of Management, 2001, 12 (3): 201-216.

[153] Chen C J.Technology commercialization, incubator and venture capital, and new venture performance [J].Journal of Business Research, 2009, 62 (1): 93-103.

[154] 赵黎明,刘嘉玥,刘猛.基于孵化网络声誉的科技企业孵化器与初创企业动态合作策略研究 [J].科技进步与对策, 2015, 32 (10): 59-64.

[155] 胡海青,张宝建,张道宏.企业孵化网络成因解析:脉络梳理与研究展望 [J].研究与发展管理, 2013 (1): 94-103.

[156] 朱怀念,刘贻新,张成科,等.基于随机微分博弈的协同创新主体知识共享策略 [J].科研管理, 2017, 38 (7): 17-25.

附录一 "工匠创客汇"前孵化器定量指标评价表

基本数据（单位）	优	良	中	差
管理人员的配备情况（人）	30以上	20～30	8～29	8以下
专兼职导师数量（人）	50以上	30～50	10～29	10以下
场地面积（平方米）	1万以上	500～800	100～499	100以下
进入运营的中介服务机构数量（个）	5以上	3～4	1～2	0
省级以上研发机构数量（个）	5以上	3～4	1～2	0
在孵企业或团队总数（个）	60以上	40～60	20～39	20以下
高新技术企业数量（个）	5以上	3～4	1～2	0
有合作关系的高校、科研院所数量（个）	20以上	10～19	5～9	5以下
产业技术联盟数量（个）	4以上	2～4	1	0
专项资金拨付情况（相关政府部门）（元）	800万以上	500万～800万	50万～499万	50万以下
在孵企业与国外企业、高校的合作情况（个）	10以上	5～9	1～4	0
研发经费总额占产品销售收入的比例（%）	35以上	20～34	5～19	5以下
研发人员占劳动力总数的比重（%）	20以上	15～19	5～14	5以下

续表

基本数据（单位）	优	良	中	差
专利申请数量（个）	500 以上	200～499	50～199	50 以下
专利授权数量（个）	200 以上	100～200	30～199	30 以下
注册商标数量（个）	20 以上	15～19	5～14	5 以下
登记版权数量（个）	10 以上	6～10	1～5	0
技术合同登记数量（个）	500 以上	200～499	80～199	80 以下
技术合同成交金额（元）	5000 万以上	1000 万～5000 万	200 万～999 万	200 万以下

附录二 "工匠创客汇"前孵化器定性指标专家打分表

您好：

　　非常感谢您在百忙中对"工匠创客汇"前孵化器的评审，请您根据简介材料和负责人介绍的实际情况，对各项指标进行打分，若认为做得很好，优秀，请打4分；良好，请打3分；中等，请打2分；较差，请打1分。具体分值只需在相应的表格中打"√"即可。

广东工业大学前孵化器评价指标体系调研组
2017年9月

评 估 项 目	优	良	中	差
制定发展战略情况	4	3	2	1
主导产业的技术发展方向	4	3	2	1
管理机构的设置情况	4	3	2	1
管理人员的培训活动	4	3	2	1
人才、税收、资金等扶持性政策的制定与实施情况	4	3	2	1
落实各级政府行政管理权限情况	4	3	2	1
技术监督、公安、工商、司法等市局外派机构的入驻情况	4	3	2	1
"一站式"行政审批服务的开展情况	4	3	2	1
投资公司、担保公司、银行等金融机构构建的融资平台发展情况	4	3	2	1

续表

评 估 项 目	优	良	中	差
组建重点项目的工作团队（或围绕重点项目进行内部的多部门合作）	4	3	2	1
高新技术产业的集聚度	4	3	2	1
举办由大学、科研院所、企业家及相关政府部门等参与的产学研联席会议情况	4	3	2	1
明确技术选择重点情况	4	3	2	1
为企业或团队选择实验项目、扩大实验范围提供政策支持	4	3	2	1
组织培训和学习的情况（同质性）	4	3	2	1
信息检索平台的建设情况	4	3	2	1
各种形式的信息交流情况（异质性）	4	3	2	1
对新技术产品的政府采购情况	4	3	2	1
税收减免措施	4	3	2	1
财政补贴情况	4	3	2	1
引导在孵企业管理层逐步重视新技术项目的开展	4	3	2	1
项目团队的组建情况	4	3	2	1
新闻媒体对新技术项目/产品/企业的报道情况	4	3	2	1
组织各类新技术产品推介会/交流会的情况	4	3	2	1